ミネルヴァ日本評伝選

大日本は神国なり

北畠親房

岡野友彦著

ミネルヴァ書房

刊行の趣意

「学問は歴史に極まり候ことに候」とは、先哲荻生徂徠のことばである。

歴史のなかにこそ人間の智恵は宿されている。人間の愚かさもそこにはあらわだ。この歴史を探り、歴史に学んでこそ、人間はようやくみずからの正体を知り、いくらかは賢くなることができる。新しい勇気を得て未来に向かうことができる。徂徠はそう言いたかったのだろう。

「ミネルヴァ日本評伝選」は、私たちの直接の先人について、この人間知を学びなおそうという試みである。日本列島の過去に生きた人々の言行を、深く、くわしく探って、そこに現代への批判を聴きとろうとする試みである。日本人ばかりではない。列島の歴史にかかわった多くの異国の人々の声にも耳を傾けよう。

先人たちの書き残した文章をそのひだにまで立ち入って読み、彼らの旅した跡をたどりなおし、彼らのなしとげた事業を広い文脈のなかで注意深く観察しなおす――そのとき、はじめて先人たちはいまの私たちのかたわらによみがえってくる。彼らのなまの声で歴史の智恵を、また人間であることのよろこびと苦しみを、私たちに伝えてくれもするだろう。

この「評伝選」のつらなりのなかから、列島の歴史はおのずからその複雑さと奥ゆきの深さをもって浮かび上がってくるはずだ。これを読むとき、私たちのなかに新たな自信と勇気が湧いてきて、その矜持と勇気をもって「グローバリゼーション」の世紀に立ち向かってゆくことができる――そのような「ミネルヴァ日本評伝選」にしたいと、私たちは願っている。

平成十五年（二〇〇三）九月

上横手雅敬
芳賀　徹

沖一峨筆「建武元勲図」三幅対（鳥取県立博物館蔵）

左から，楠木正成，北畠親房，新田義貞。（xv 頁，口絵解説参照）

菊池容斎筆北畠親房像

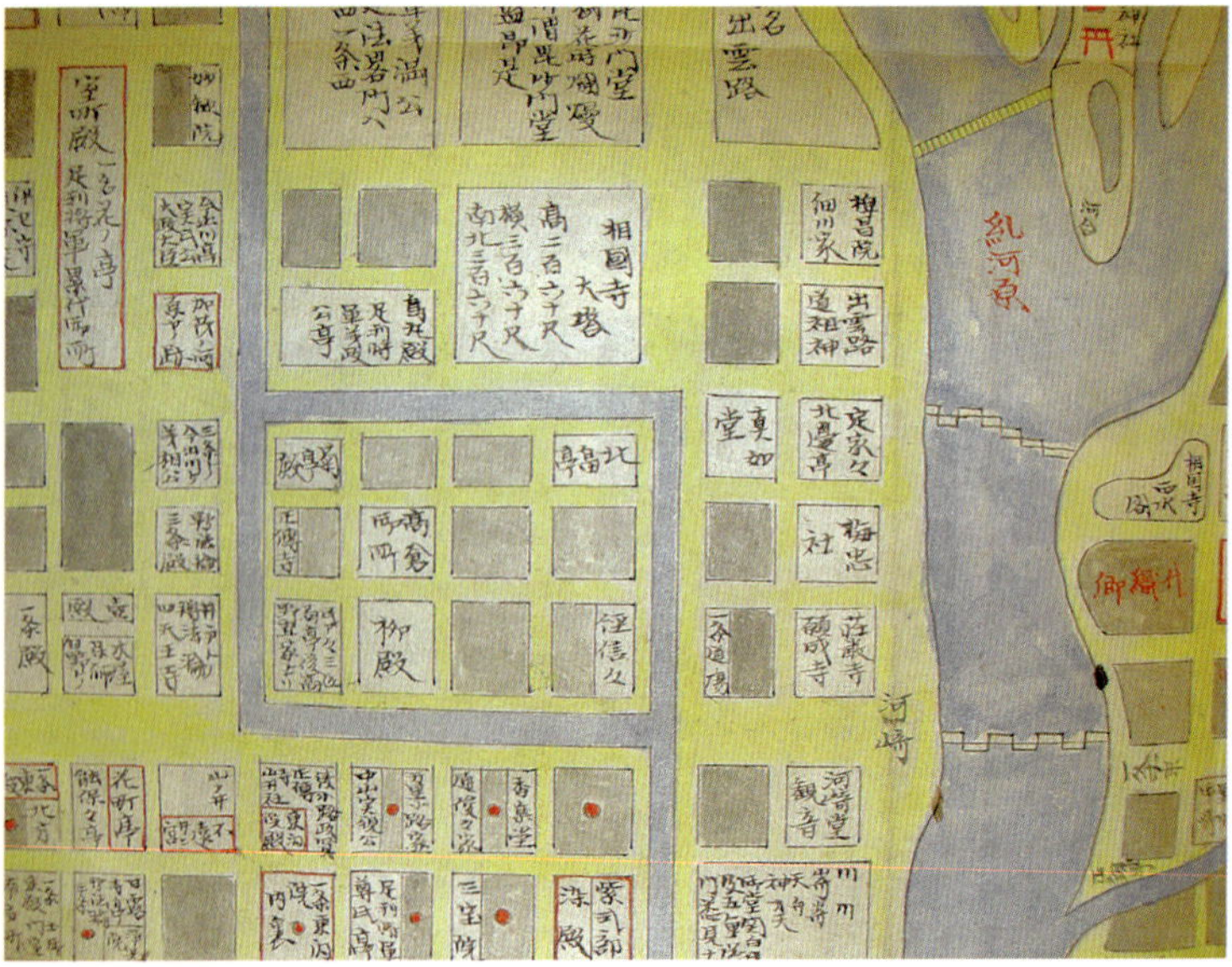

「中古京師内外地図」(部分，京都市歴史資料館蔵)

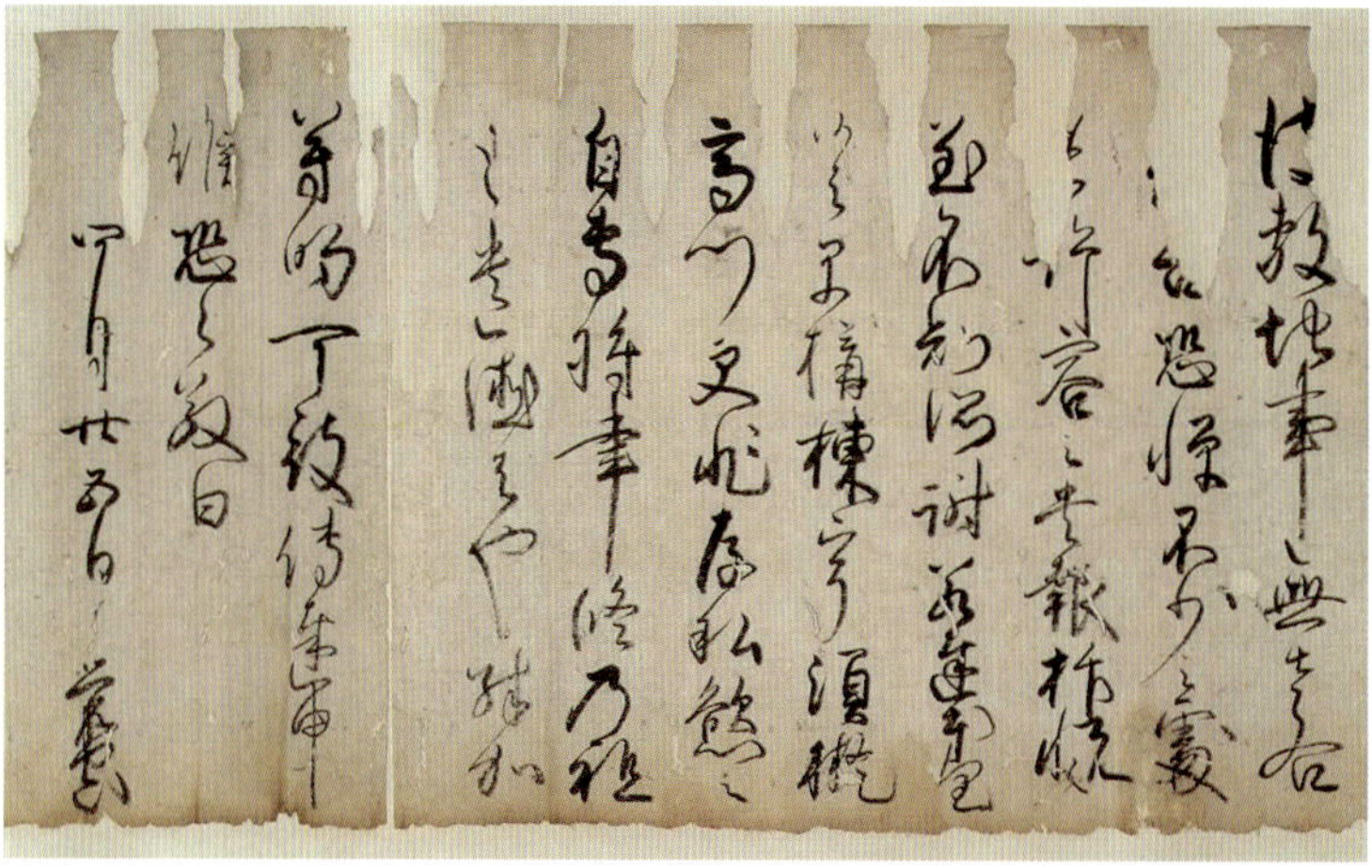

北畠親房自筆書状（久我家文書／國學院大學図書館蔵）

北畠神社庭園（三重県津市美杉町上多気）

賀名生の親房墓（奈良県五條市西吉野町神野）

室生寺の親房墓（奈良県宇陀市室生）

はしがき

今から六百年以上も前、「大日本は神国なり」と宣言して、この国の成り立ちを論じた政治家がいた。本書の主人公、北畠親房《きたばたけちかふさ》がそれである。彼は、その一見ファナティックな発言から、あたかも「軍国主義者」の如く見なされ、戦前においては過度に高く、逆に戦後は過度に低く評価されてきたように思われる。しかし彼は、決して「軍部の独走」を許そうとはしなかった。六百年前の「軍部」、それは文字通りの「将軍」＝征夷大将軍を中心とした幕府のことである。

彼の渾身作『神皇正統記《じんのうしょうとうき》』には、「大日本は神国なり」という文言とともに、「武士たる輩、言へば数代の朝敵なり」といった文言が見て取れる。彼のそうした姿勢は、しばしば「公家としての名門意識に捉われた、武士に対する差別観」と誤解されてきた。しかし彼は、

およそ保元・平治よりこのかたのみだりがはしさに、頼朝と云人もなく、泰時と云者なからましかば、日本国の人民いかがなりなまし。

と述べているとおり、決して武士を蔑視などしていない。彼が憎んでやまなかったのは、

わが功におきては日本国を給へ、もしは半国を給はりても足るべからず

などと放言してはばからない武士たちであり、そのような武士が、その強大な武力（軍事力）を以て、政治に口出ししようとする風潮、まさに「軍部の独走」であった。

たしかに彼のそうした姿勢は、武家中心の政治へと大きく進みつつある時代のなかで、容易に受け入れられるものではなかった。しかし、職業軍人である武士が政治に介入することを決して認めず、文人貴族による「シビリアンコントロール」が必要と考えたその発想は、決して「時代おくれ」などという言葉で片づけられるものではないと私は思う。

もとより彼は、薄甘い平和主義者などではなく、臆病な保身主義者でもない。彼の生涯、特にその後半生は、激烈な戦いの連続である。しかもその戦いのほとんどは、みじめな敗北の連続であったように見てとれる。しかし、長期的視野で見た場合、「戦い」の勝敗は、決してむきだしの武力のみによって決まるものではない。彼がその戦いの中で何度となく発した、

我が朝は神国なる故に、ことさら上を上とし、正を正として、神代の昔より人は九十余代の今に至るまで、此の道は変はらずして数万歳を経たり。

（「吉野御事書案」）

といったその高らかなスローガンは、敵・味方を問わず、多くの人々の心にこだまして、武士が、そのむきだしの武力を以て、朝廷すら滅ぼしてしまいかねない趨勢を、すんでのところで防ぎ止めることに成功した。私はそう考えている。

近代の「神国思想」と「軍国主義」が、どこまで地続きだったのかという議論はここでは措く。しかし、少なくとも中世の、いや親房の「神国思想」には、「武家政権による独走」を決して許さないという強烈な意志が含まれていた。

大日本は、神国なり。

本書は、北畠親房という人物の生涯をたどりながら、人口に膾炙したかかる親房イメージの背景に、「武士たる輩、言へば数代の朝敵なり」という、強烈な武家政治批判の意図が含まれていたことを見てとろうとする、一つの試みである。

北畠親房——大日本は神国なり　目次

図版写真一覧

口絵解説

北畠親房を描いた同時代の肖像画は一つもない。そこで一般に親房像というと、菊池容斎《きくちようさい》（一七八八～一八七八）が『前賢故実』で描いた肖像画（口絵二頁上参照）を用いる場合が多い。その親房像は法体で、机上に書物と硯を備え、いかにも『神皇正統記』執筆中の学者というイメージである。しかしこの絵はモノクロでもあり、私はどうしてもこれを、本書の表紙とする気にはならなかった。

そのようなある日、私は平成十八年（二〇〇六）秋、鳥取県立博物館で開かれた「沖一峨《おきいちが》」展図録の中に、「建武元勲図」という三幅対を見つけた。同図録の解説によれば、「中幅には、着衣の下に鎧を着け戦いに備える護良親王と覚しき人物、そしてそれぞれの家紋から右幅に新田義貞、左幅に楠木正成が配されていると考えられる」とある。しかしよく見れば、中幅の人物の着衣には、まぎれもなく北畠の家紋である割菱紋（神宮花菱紋）が描かれているではないか。これは親房・義貞・正成という「建武元勲」を描いた三幅対に相違あるまい。そう確信した私の脳裏には、この一峨の親房像が刻み込まれてしまった。もとより沖一峨（一七九六～一八六一）もまた、菊池容斎と同じ幕末の絵師であり、本図もまた、親房の時代から五百年以上も経ってから描かれた肖像画であることに変わりはない。しかし、同時代の肖像画が残されていない以上、同じ後世の肖像画を使うのであれば、菊池容斎が日本史上の人物五百余人を描いた『前賢故実』の中の一頁より、沖一峨が親房・義貞・正成という三人を選んで描いた「建武元勲」三幅対の方が、幕末における親房のイメージを、より正確に伝えてくれるのではないか。しかもこの親房像が、これまで護良親王の肖像と思われてきたというのも興味深い。少なくとも、従来知られていなかった「親房像」を世に紹介する価値はあると思う。私が沖一峨の親房像を表紙に選んだわけは、およそ以上のようなことである。

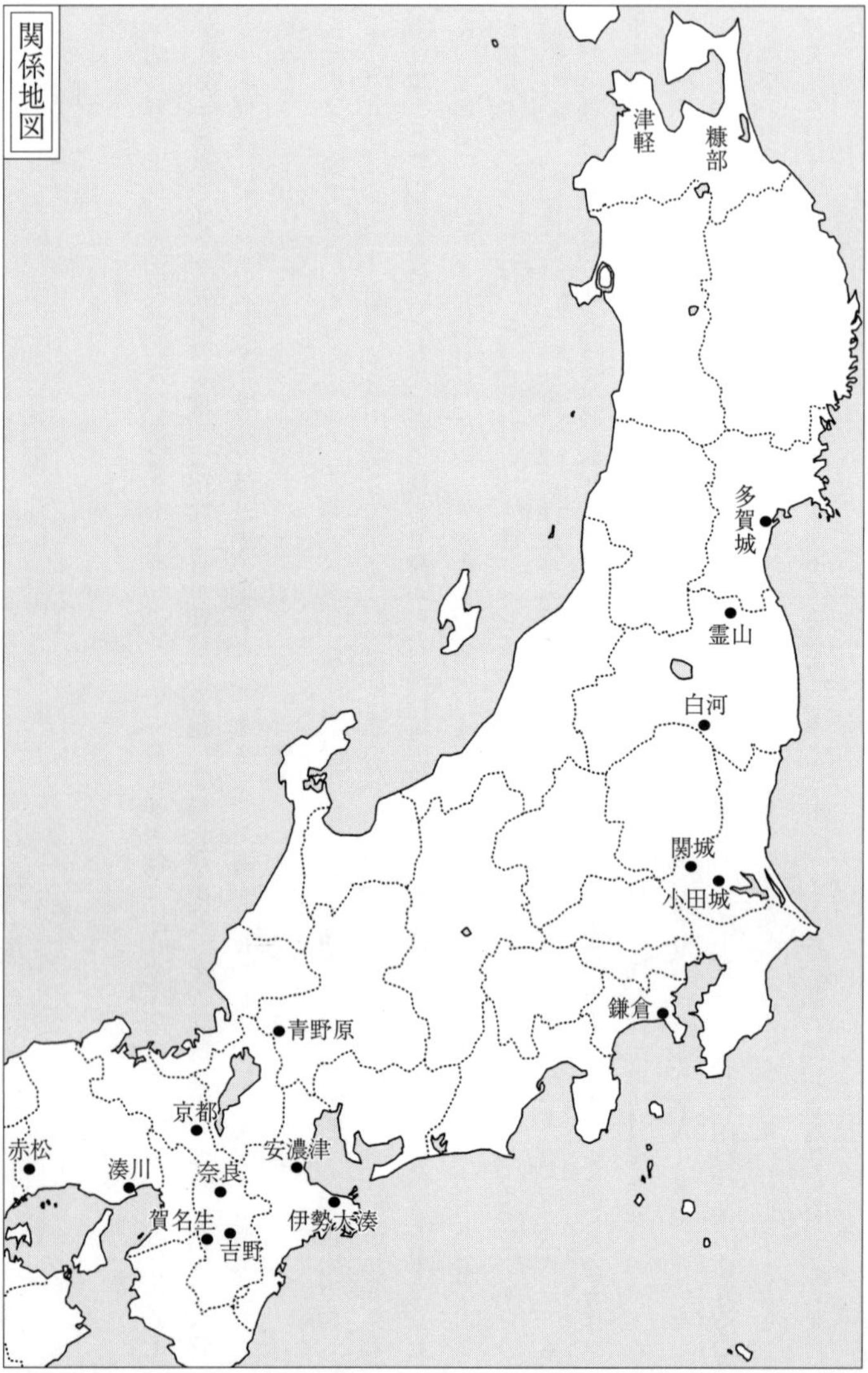
関係地図
津軽
糠部
多賀城
霊山
白河
関城
小田城
鎌倉
青野原
京都
赤松
湊川
奈良
安濃津
賀名生
吉野
伊勢大湊

第一章　京都での日々

1　北畠家の発祥

北畠亭

江戸時代の中頃、寛延三年（一七五〇）に作製された「中古京師内外地図《ちゅうこけいしないがいちず》」という古地図を見ると、現在の京都御所北東隅の辺りに「北畠亭」という記載がある（口絵二頁参照）。この「北畠亭」こそ、本書の主人公、北畠親房《きたばたけちかふさ》生誕の地に他ならない。やはり近世後期に作成された京都の地誌「坊目誌」を見ると、この地は親房の曾祖父、北畠雅家《まさいえ》の邸宅があったことから「北畠」と称されるようになったとされているが、事実は恐らく逆で、洛北の「北畠」の地に、源雅家が邸宅を構えたことから、その一族のことを北畠家と称するようになったというのが真相であろう。

ところで、元禄十五年（一七〇二）に完成した山城国の地誌『山州名跡志《さんしゅうめいせきし》』を見ると、「北畠通りは一条より北、その間三町なりと云々、この条東西に通って、今に言ふ塔壇《とうのだん》の辺りなるか」と記されている。つまり「北畠通り」は、一条通りの北、「塔壇」の辺りを東西三町（約四百メートル）にわたって通っていた小路の名前だというのである。ここに見える「塔壇」とは、応永六年（一三九九）、足利義満によって建立された相国寺《しょうこくじ》の大塔が、応仁元年（一四六七）に焼失し、その基壇のみが残ったことにちなむ地名とされており、今日では相国寺の東、同志社女子中学・高校の北東に、上塔之段町・下塔之段町という地名としてその名残をとどめている。

「北畠通り」が確かにこの上・下塔之段町の辺りを通っていたことは、南北朝時代の貴族、三条公《きん》忠《ただ》の日記『後愚昧記《ごぐまいき》』の応安二年（一三六九）十一月十一日条に、「毘沙門堂の北畠」という地名が記されていること、ここに見える「毘沙門堂」が、今日の上塔之段町西隣の毘沙門町に相当すると考えられることからも明白である。とすると、四百年以上も後の地図より、同時代の日記を信用すべきことは当然であり、親房が生まれた「北畠亭」は、「中古京師内外地図」に描かれた位置より、今出川通りをはさんで二町程北にずれた、今日の上塔之段町辺りに比定することができよう。

この「北畠亭」跡は、一条大路より北、すなわち平安京にとって郊外（京外）に当たる。この地が本格的に都市化するのは、永和四年（一三七八）、足利義満が北大路北に「花の御所」で知られる室町殿を築き、そこに移住してからに他ならない。今日、この「北畠亭」跡の西に伽藍を誇る相国寺も、その四年後の永徳二年（一三八二）、義満によって創建されたものであり、親房が生まれたころの「北畠」は、文字通り洛北に広がるのどかな畠地であったものと考えられる。

それでは、名門貴族の一つとされる北畠家は、なぜこのような鄙びた地にその邸宅を構えたのであろうか。よく知られているとおり、北畠という家は、村上天皇の第七皇子具平《ともひら》親王を祖と仰ぐ村上源氏の一門である。そこで次にこの問題を、村上源氏一門全体の邸宅分布の中から考えていくことにしよう。

村上源氏一門の邸宅

村上天皇の第七皇子二品中務卿《にほんなかつかさきょう》具平親王は、「六条宮」あるいは「千種殿《ちぐさどの》」と呼ばれていた。これは彼が六条坊門の北、西洞院大路と室町小路に挟まれた千種殿に邸宅を構えていたからに他ならない。しかし、晩年の具平親王はこの千種殿に住まず、土御門大路北・万里小路東に位置する土御門《つちみかど》邸を本邸としていた。この土御門邸は具平親王の異母兄、為平《ためひら》親王が暮らす染殿の西に隣接しており、具平親王が晩年、為平親王の娘を娶って嫡男師房《もろふさ》をなしていたこと、一品為平親王の邸宅が染殿一町のみであったはずがないことを考え合わせるならば、土御門邸は元来為平親王の邸宅であり、その西半分が女婿の具平親王に譲られたものと見なすことができよう（角田文衛「村上源氏の土御門第」）。

ところが具平親王は、その嫡男師房が生まれた翌寛弘六年（一〇〇九）年に没してしまい、師房は同母姉の隆姫が嫁していた藤原頼通の上東門院第で育てられることになった（岡野友彦「源師房」）。その間、土御門邸には師房の母為平親王女が暮らしていたらしく、師房もまた源姓を賜って元服すると土御門邸に戻ったらしい。師房が「土御門右大臣」と称され、その日記が「土御門右大臣」にちなんで『土右記』と名付けられていることが、その何よりの証拠と言える。

さて師房の嫡男俊房《としふさ》は、早くに土御門邸を出て三条堀川に居を構え「堀川左大臣」と呼ばれ、次男

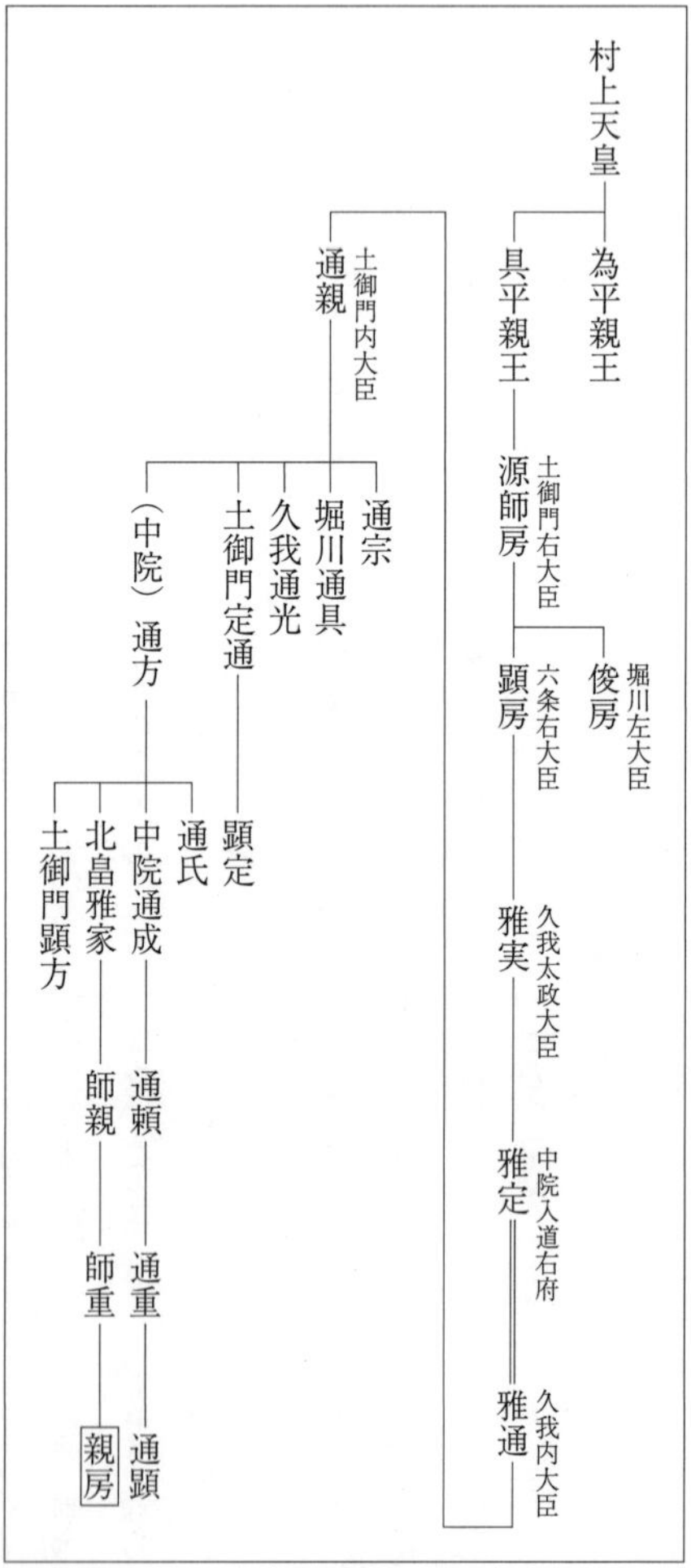

村上源氏系図(1)

の顕房《あきふさ》は晩年、六条大路北・室町小路西に六条殿と呼ばれる新居を営み、「六条右大臣」と称せられた。さらに顕房の嫡男雅実《まさざね》は、土御門邸の西に隣接する土御門高倉第を手に入れ、雅実の嫡男雅定《まささだ》は六条殿の東に隣接する白河上皇の旧院の御所、中院《なかのいん》第を獲得して「中院入道右府」と称された。また一方で、この師房・顕房・雅実・雅定といった村上源氏嫡流の人々は、平安京の西南郊に位置する久我《こが》の地に、「久我山荘」「久我水閣」などとよばれる別荘を営み、特にその久我山荘で没し、久我西辺に葬られた雅実は、「久我太政大臣」と呼ばれたことがよく知られている（岡野『中世久我家と久我

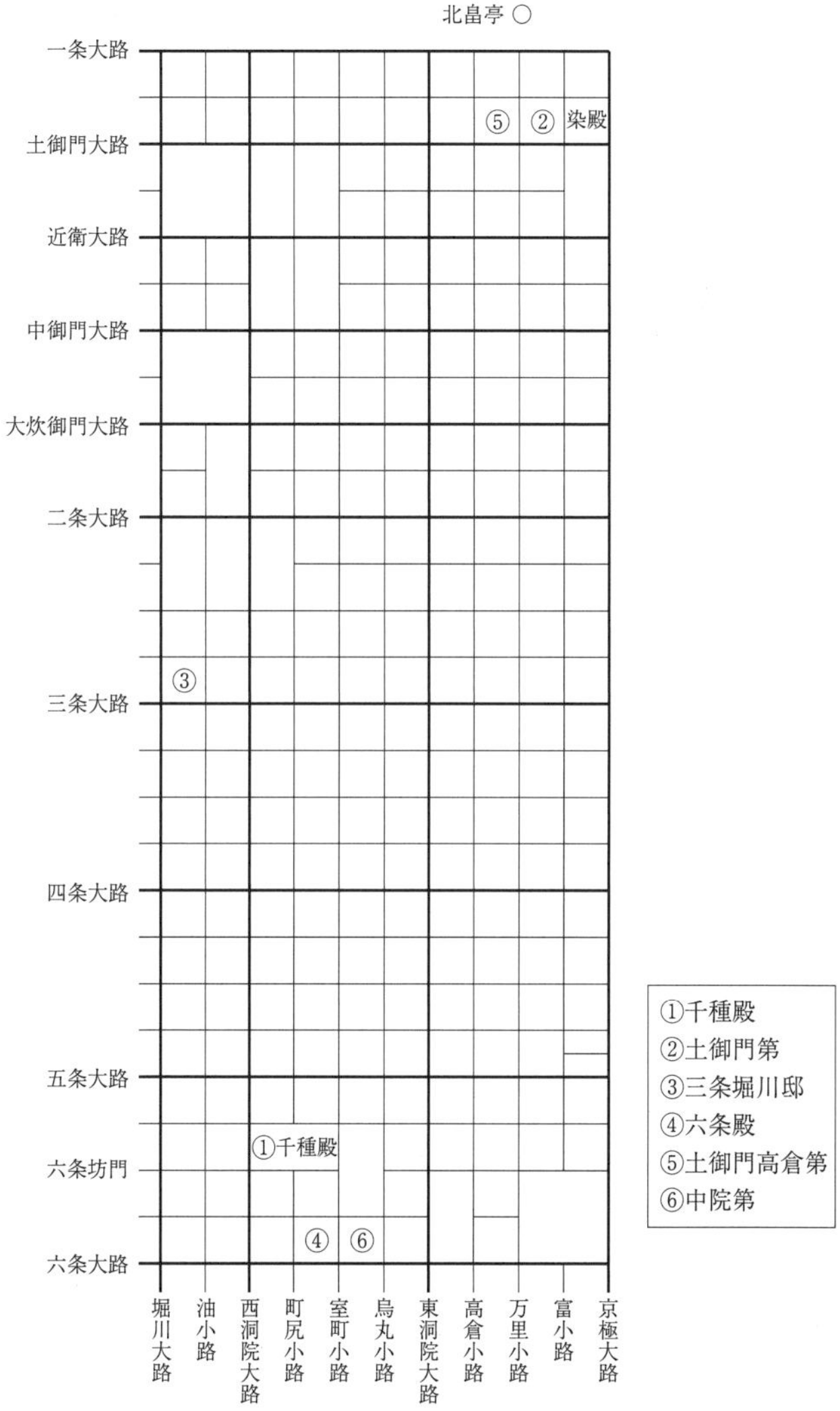
北畠亭
一条大路
土御門大路
近衛大路
中御門大路
大炊御門大路
二条大路
三条大路
四条大路
五条大路
六条坊門
六条大路
⑤
②
染殿
③
①千種殿
④
⑥
堀川大路
油小路
西洞院大路
町尻小路
室町小路
烏丸小路
東洞院大路
高倉小路
万里小路
富小路
京極大路
①千種殿
②土御門第
③三条堀川邸
④六条殿
⑤土御門高倉第
⑥中院第

村上源氏の邸宅

家領荘園』)。

こうして平安末期の村上源氏一門は、①六条坊門の千種殿、②土御門万里小路の土御門第、③三条堀河邸、④六条町尻の六条殿、⑤土御門高倉第、⑥六条室町の中院第、そして⑦郊外の久我山荘という、主として七つの邸宅を所有することになった。雅定の孫で「源博陸《はくりく》」と称された権謀術数の内大臣・源通親《みちちか》が没した後、その四人の子供達がそれぞれ一家をなして堀川・久我・土御門・中院の祖と呼ばれるようになったのは、それぞれ③三条堀川邸・⑦久我山荘・②土御門第・⑥中院第を、各自の邸宅として相続したからに他ならない(ちなみに①千種殿と④六条殿は嫡流の久我家が、⑤土御門高倉第は土御門家が相続していた)。

北畠家の祖雅家《まさいえ》は、この内の四人目、中院通方《みちかた》の次男に当たるわけだが、実はこの通方の家が中院第を相続するまでには様々な経緯があった。そもそもこの通方という人物は、その生前において「中院」と称された形跡がない。それでは、六条室町の中院第は、はたしてどのような経緯を経て中院家に伝わったのであろうか。

中院第の伝領

『新古今和歌集』の撰者として有名な歌人、藤原定家の日記『明月記《めいげつき》』の元久二年(一二〇五)正月十日条を見ると、京都の南で火事があり、六条坊門町尻から六条烏丸まで類焼し、「中院通光卿西築垣」が全焼したことが記されている。通光《みちてる》の父通親はこの三年前、建仁二年(一二〇二)に没しているので、中院第は当初、通親から久我通光に相続されたことになろう。

ところが、それから三十年ほどたった嘉禎～寛元年間になると、中院第は西園寺公経《きんつね》に相伝されていた。國學院大學図書館に所蔵される「久我家文書」という古文書群の中に、次のような文書が残されている。

一条入道太政大臣家
　相博地壱所事
　　在六条室町中院領壱町
右件の領は、子細《しさい》有りて当家伝領するところなり。しかして調度文書を相副《あいそ》へ、土御門前内大臣家領正親町以南高倉以東壱町と相博《そうばく》せらるるところなり。向後更《きょうこう》に牢籠《ろうろう》有るべからざるの状件の如し。（後欠）

すなわち何らかの「子細」があって「中院町壱町」を伝領していた西園寺公経が、これを土御門定通の土御門高倉第と「相博」（交換）したという。ちなみにこの文書は後欠のため年未詳だが、西園寺公経が「一条入道太政大臣」、土御門定通《つちみかどさだみち》が「土御門前内大臣」と記されていることから、土御門定通が内大臣を辞した嘉禎三年（一二三七）以降、西園寺公経が没する寛元二年（一二四四）以前の文書と考えられる。

この頃、土御門定通は既に五十歳を越えており、弟の通方は既に暦仁元年（一二三八）に没してい

源通親
「天子摂関御影　大臣巻」（宮内庁三の丸尚蔵館）より

る。しかるにその通方の子孫、特に三男通成の子孫が中院の苗字を名乗るようになっていくことを考え合わせるならば、中院第は土御門定通から通方の三男通成に伝領されたと考えるのが妥当であろう。つまり中院第は、久我通光から西園寺公経と土御門定通の手を経て、中院通成へと伝えられたものと考えられるのである。それでは源雅定から久我通光まで、村上源氏の嫡流に伝えられてきた中院の邸宅は、いかなる「子細」があって西園寺公経の手に渡り、さらには土御門定通の手を経て中院通成へと伝えられていったのであろうか。

源通親の子供達

その政治的辣腕ぶりから「源博陸」、すなわち源氏の関白と称せられた源通親には、少なくとも十一人の男子がいた。この内の長男は通宗《みちむね》といったが、建久九年（一一九八）、父通親より四年早く、三十一歳で没してしまう。次男の通具《みちとも》は通宗より三歳若い承安元年（一一七一）の生まれだったが、母親が平清盛の甥通盛の娘であったことから、寿永二年（一一八三）の平家都落ち以降、通親の嫡男たるべき資格を失っていた。

そのような中、通親の嫡男として育てられたのが、文治三年（一一八七）に生まれた三男の通光である。建仁二年に通親が没した際、中院第が通光に相続されたのもその結果であろう。しかるにその通光は承久三年（一二二一）、承久の乱に院方として関与した罪で内大臣を辞し、政界から一時的に姿を消さざるを得なくなる。恐らく、通光が中院第を失ったのはこの時に他なるまい。

この時、通光から中院第を伝領した西園寺公経は、鎌倉幕府第四代将軍藤原頼経《よりつね》の外祖父に当たり、承久の乱に際しては後鳥羽上皇の挙兵をいち早く鎌倉に知らせ、乱後は内大臣・太政大臣として鎌倉幕府の意を受けた廟堂改革に取り組んだことでよく知られている。つまり中院第は、承久の乱で院方についた通光から没収されて、鎌倉方についた公経に与えられたと考えられるわけである。それでは西園寺公経は、その中院第をなぜ通光の弟定通《さだみち》に（土御門高倉第との交換という形であれ）返還したのであろうか。

土御門定通
「天子摂関御影　大臣巻」（宮内庁三の丸尚蔵館）より

土御門定通は、通光と一歳違いの同母弟であったが、時の執権北条義時《よしとき》の娘を室としていた関係から、兄の通光とは袂を分かち、鎌倉方についていたらしい。定通に嫁いだ北条義時の娘が、乱前の承久二年に定通の次男顕親《あきちか》を産んでいることからも、定通が乱前から鎌倉方であったことは明白である。そして恐らくはその結果であろう、兄通光が失脚した後は村上源氏一門の中心的存在となり、長兄通具が嘉禄三年（一

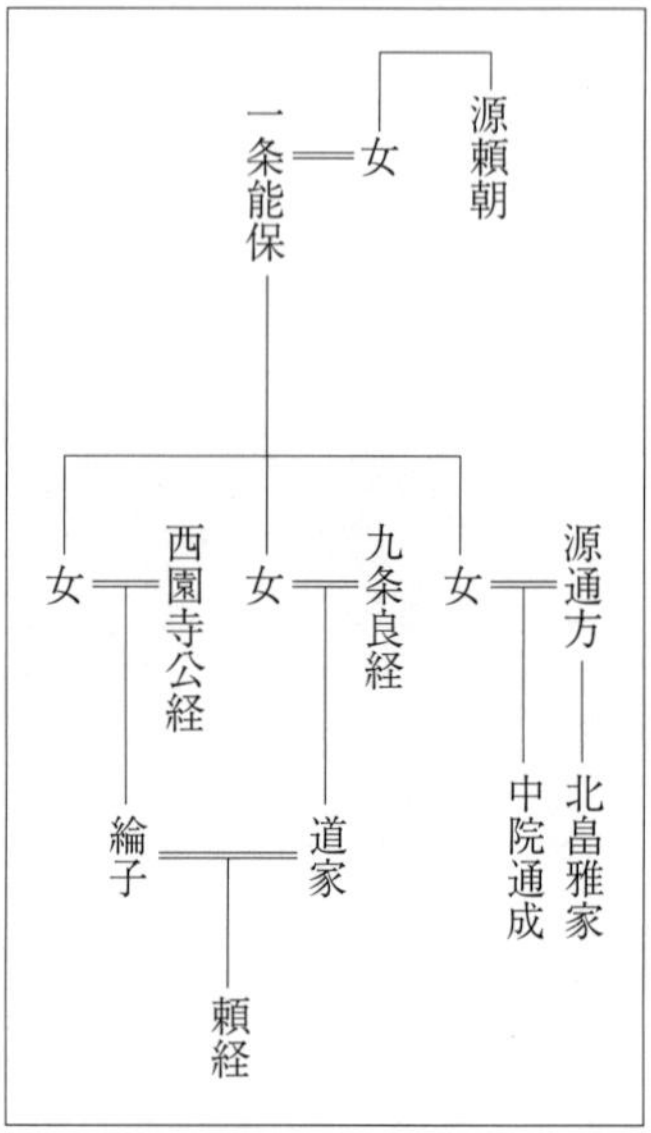

鎌倉方公卿との関係

一二二七）に没した後は、文字通り一門の長として、嘉禎二年（一二三六）には内大臣にまで昇った。西園寺公経が、土御門高倉第と交換する形で、村上源氏と縁の深い中院第を土御門定通に返還した背景には、このような事情があったものと考えられる。

さて、やはり定通と一歳違いの同母弟であった通方は、兄定通と同じく鎌倉方についていたらしい。というのも通方は、鎌倉方公卿として有名な一条能保《よしやす》の娘を室に迎え、承久の乱直後の貞応元年（一二二二）に三男の通成《みちなり》をなしているからである。一条能保は、その室が源頼朝の同母妹であったことから、鎌倉方の公卿として早くから活躍し、頼朝の要請で京都守護の任に当たっていた。その娘の一人は九条良経に嫁いで道家《みちいえ》を産み、別の一人は西園寺公経に嫁いで綸子《りんし》を生んだ。この道家と綸子の間に生まれたのが鎌倉幕府第四代将軍藤原頼経であり、能保は将軍頼経から見て父方・母方双方の曾祖父に当たる。通方はそうした能保の女婿となることで、九条良経や西園寺公経といった鎌倉方の大物公卿と義兄弟の関係を結んでいたのである。

そのような通方が、やはり閨閥を通じて鎌倉方となっていた兄の土御門定通と親密な関係にあったのは、余りにも当然であろう。実際、中院家の祖と呼ばれる通方が、同時代史料には「土御門大納言」などと、土御門の苗字で呼ばれていること、また通方の四男顕方《あきかた》が、定通の養子となって土御門顕方と呼ばれていることなどは、その何よりの証左と言える。西園寺家から中院第を取り戻した定通が、これを通方の三男通成に譲り渡した背景もまた、そうした事情に他なるまい。

それでは土御門定通は、数ある通方の子供達の中から、自らの養子となった土御門顕方や、北畠雅家ではなく、なぜ通成という人物を選んで中院第を譲り渡したのであろうか。実はこの問題にこそ、雅家が、北畠という洛北の地に居を構えることになった事情、そしてひいては北畠という家の性格を決定付けることとなった事情が隠されているのである。

中院通成
「天子摂関御影　大臣巻」（宮内庁三の丸尚蔵館）より

北畠雅家と中院通成

源通親の五男通方には、少なくとも七人の男子のいたことが確認できるが、この内の長男通氏《みちうじ》は、嘉禎四年（一二三八）七月、赤痢に罹って二十六歳の若さで没してしまう。その五ヶ月後の同年末、父通方もまた彼の後を追うかのように五十歳で没してしまい、後に残された次男の雅家（二十四歳）、三男の通成（十七歳）、そして四男の顕方《あきかた》らは、先にも述べたとおり、いずれも叔父土御門定通の庇護下に入ったものと思われる。実際、北畠雅家は万里小路《までのこうじ》とも称していたことが確認されるが、これは、定通の土御門万里小路第を指すものと考えてよいだろう（北畠万里小路亭の可能性もある）。

さてこの時、定通の庇護下に入った通方の子供たちの中で、雅家がその最年長者であったことは、諸史料の記載からまず間違いない。しかるに『尊卑分脈《そんぴぶんみゃく》』や『公卿補任《くぎょうぶにん》』といった史料を見ると、いずれも通成のことを「通方卿二男」などとして、通氏亡き後の最年長者であったかのように記している。これは通成が、先にも述べた一条能保女の実子であったため、鎌倉幕府の政治的影響力により、兄雅家を超えて、通方の嫡男としての地位に就いていたからに他なるまい。実際、通成が仁治三年（一二四二）、二十一歳で三位中将となっているのに対し、雅家はそれから五年も経った宝治元年（一二四七）、三十三歳にしてようやく正四位下参議に叙任されている。しかもこの時、通成は既に正三位権中納言の地位にあり、両者の待遇の差は歴然としていた。

ちなみに雅家の母は村上源氏一門の源雅頼女であった。そもそも雅家が、父通方から「通」の字を継承できず、母方の祖父雅頼から「雅」の字を継承して雅家と名乗っている事実一つを採ってみても、この当時、雅家が一族内でいかなる位置に置かれていたかを推察することができる。

このように考えてくると、彼らを庇護する立場にあった土御門定通が、村上源氏嫡流と縁の深い中院第を、雅家にではなく、通成に譲ったのもまた、かかる事情によるものと考えられよう。逆に言うと、通成より年長であったはずの雅家が、一族ゆかりの中院第を相続できず、洛北北畠の地に住まざるを得なかった背景もまた、このような事情で説明することが可能である。

以上見てきたとおり、北畠という家は、その発祥の瞬間から、鎌倉幕府（武家政権）との間に微妙な緊張関係を持っていた。すなわち、北畠家の祖雅家の父通方は、京都守護一条能保の女婿となることで承久の乱後の京都政界に生き残ることができた。しかしまたそれ故にこそ、その一条能保女が生んだ通成でなければ、通方の後継者となることができず、通成より年長の雅家は、事実上幕府の圧力によって、通方の嫡男としての地位を逐われていたのである。そうした雅家にとって、武家政権の顔色を窺わなければ何もできない当時の公家社会は、おそらく我慢のならないものであったに違いない。

武士たる輩、言へば数代の朝敵なり

『神皇正統記』に記された、この有名な親房の思想の根幹は、まさにかかる北畠家発祥の歴史の中から生み出されたものだったのである。

2　両統迭立期の北畠家

両統迭立と鎌倉幕府

前節で述べてきたとおり、承久の乱後の公家社会は、鎌倉幕府の意向を無視しては成り立ち得ないものとなっていた。しかもそれは、北畠家などといった諸公家衆の家督継承のみに留まる問題ではなく、実に皇位継承のあり方をもゆさぶる事態となっていた。

承久三年（一二二一）、承久の乱に勝利した鎌倉方は、仲恭《ちゅうきょう》天皇を廃位し、後鳥羽・順徳両上皇をそれぞれ隠岐と佐渡に配流（土御門上皇は自ら土佐に遷座）するとともに、後鳥羽院の兄で、安徳天皇とともに平家の都落ちに伴われた関係から出家していた守貞《もりさだ》親王を担ぎ出し、その王子茂仁親王を即位させ、守貞親王に院政を行わせた。後堀河天皇と後高倉院がそれである。

幕府による皇位継承への介入は、実にこの時を嚆矢とするわけだが、この次の、後堀河天皇から四条天皇への皇位継承にあたっては、幕府は何らの介入も行わなかった。幕府としては、明確な討幕の兆候が認められない限り、あえて皇嗣選定に口出しするつもりなど毛頭なかったのである。しかるに仁治三年（一二四二）、四条天皇が十二歳で後嗣なきまま没すると、前摂政九条道家《くじょうみちいえ》が順徳院の皇子忠成王《ただなりおう》を推したのに対し、幕府は、順徳院が承久の乱に積極的に関与していたとしてこれを拒絶し、乱に対して消極的であった土御門上皇の皇子後嵯峨天皇を即位させた。

こうして、幕府の後ろ盾があってはじめて即位できた後嵯峨天皇は、当然の事ながら幕府に対してきわめて従順な態度を貫くこととなった。後深草天皇に譲位して院政を始めた後、幕府の指導のもとに院評定制を整えたのをはじめ、自らの皇子宗尊《むねたか》親王を親王将軍として鎌倉に送ったことなどは、余りにもよく知られた事実である。

そして同上皇は、正元元年（一二五九）、後深草天皇から弟の亀山天皇に皇位を譲らせたものの、後深草・亀山兄弟のいずれを正嫡とするかについては、「関東に仰せ合わさるるの外、別の所存なし」

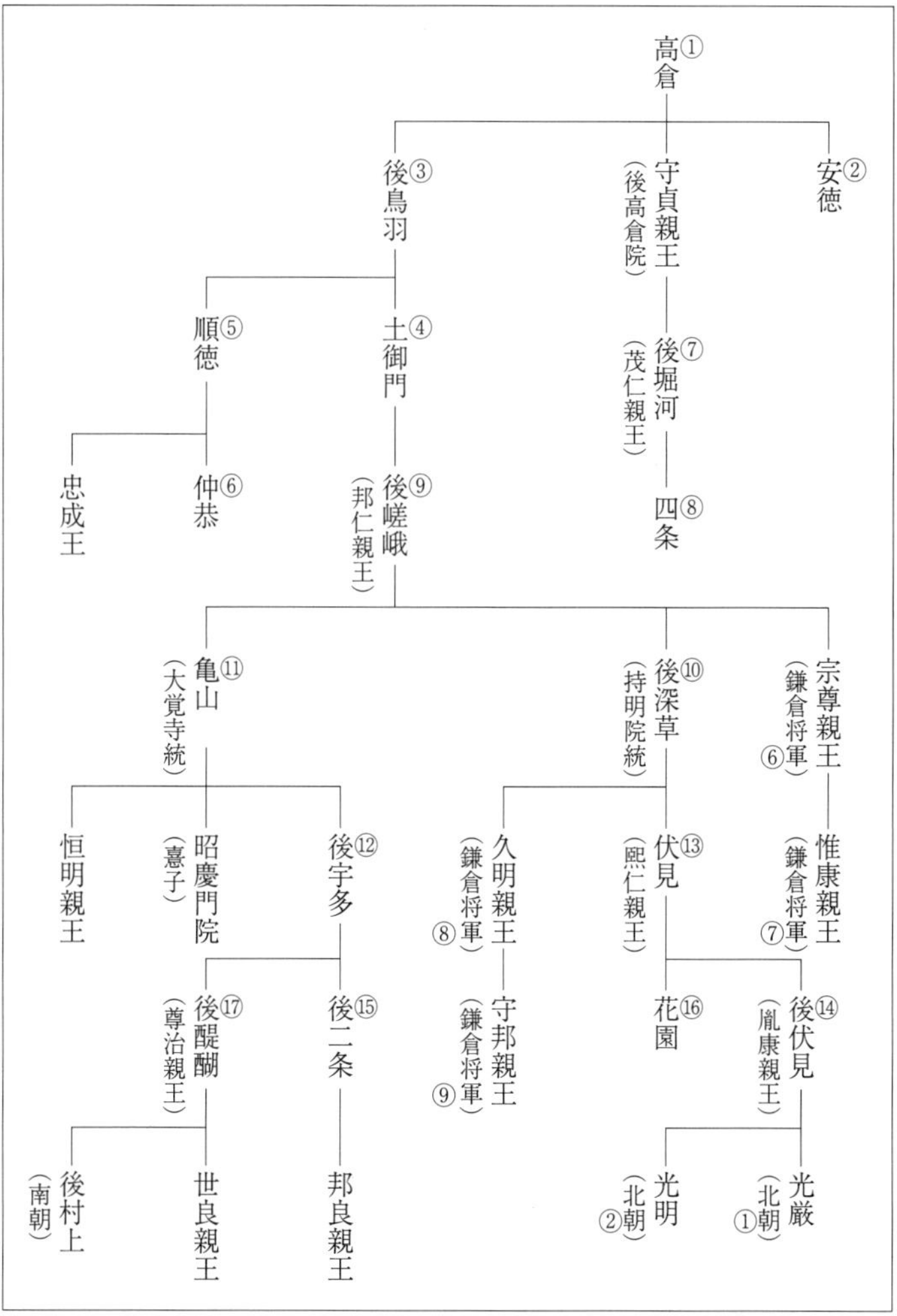

高倉①
安徳②
守貞親王（後高倉院）
後鳥羽③
後堀河⑦（茂仁親王）
四条⑧
土御門④
順徳⑤
仲恭⑥
忠成王
後嵯峨⑨（邦仁親王）
宗尊親王（鎌倉将軍⑥）
後深草⑩（持明院統）
亀山⑪（大覚寺統）
惟康親王（鎌倉将軍⑦）
伏見⑬（熙仁親王）
久明親王（鎌倉将軍⑧）
後宇多⑫
昭慶門院（憙子）
恒明親王
後伏見⑭（胤康親王）
花園⑯
守邦親王（鎌倉将軍⑨）
後二条⑮
後醍醐⑰（尊治親王）
光厳（北朝①）
光明（北朝②）
邦良親王
世良親王
後村上（南朝）

鎌倉時代皇室系図

（宸筆御事書）として、これを幕府に委ねたまま、文永九年（一二七二）に没してしまった。幕府の了解を得なければ、いかなる皇嗣選定も無意味であることを、身を以て知悉していればこその判断であった。

後嵯峨院の没後、幕府は後深草・亀山兄弟の母后である大宮院の意志を受けて亀山天皇の親政を承認し、亀山天皇はまもなく、後宇多天皇に位を譲って院政を開始した。ところがこの時、世をはかなんで出家しようとした後深草上皇を、時の執権北条時宗《ときむね》が慰留し、後深草上皇の皇子熙仁《ひろひと》親王を、後宇多天皇の皇太子に立ててしまう（『増鏡《ますかがみ》』第九「草枕」）。しかも幕府は、その後十年余り皇位にあった後宇多天皇に申し入れ、弘安十年（一二八七）には皇太子熙仁親王（伏見天皇）の即位を実現（『勘《かん》仲記《ちゅうき》』）。さらにその二年後には、やはり幕府の申し入れにより、伏見天皇の皇子胤仁親王がその皇太子に立てられた（『公衡公記《きんひらこうき》』）。後の後伏見天皇がそれである。

ことほどさように伏見・後伏見といった後深草院流（持明院統）の立太子や即位には、いずれも鎌倉幕府が大きく関与していた。同年十月には、後深草院の皇子久明《ひさあき》親王が、三代目の親王将軍として鎌倉に下向しており、両者の関係はますます濃厚になっていく。幕府に依存する持明院統と、幕府から自立しようとする大覚寺統という、「南北朝」の前提となる二つの皇統は、こうしてでき上がっていった。

後嵯峨天皇と村上源氏

このように承久の乱後、幕府が皇位継承に介入するようになることこそ、両統迭立《りょうとうてつりつ》や、さらには南北朝分裂の歴史的前提となっていくわけだが、中でも、四条天皇没後の皇嗣選定に際し、後嵯峨天皇が幕府の意向に添って即位したことの持つ意味は計り知れないほど大きい。この時、幕府の意向を無視し得なかった朝廷は、その後の皇嗣選定に当たっても、必ず幕府に伺いを立てざるを得なくなっていく。そうした意味で後嵯峨天皇の嗣立は、その後の公武関係全体を決定付ける画期的な意味を持つわけだが、ここでは、この皇嗣選定に当たって、北畠家の出身である村上源氏一族が大きく関係していたという事実を指摘しておきたい。

そもそも後嵯峨天皇の父土御門天皇は、「源博陸」源通親の養女承明門院在子《しょうめいもんいんざいし》を母に持ち、外祖父通親の土御門第を皇居としたため土御門天皇と称されたほど、村上源氏と関わりの深い天皇であった。そうした土御門天皇が、外祖父通親の孫娘である源通子《みちこ》との間になした親王こそ、後の後嵯峨天皇、邦仁《くにひと》親王であった。しかし、その邦仁親王が生まれた承久二年（一二二〇）、通子の実父通宗（一一九八年没）も、祖父通親（一二〇二年没）も既にこの世にはなく、しかも翌承久三年には承久の乱が起こって、父土御門天皇もまた土佐（後に阿波）へと遷座してしまう。

かくして全く寄る辺なき身となった二歳の邦仁親王を預かり育てた人物こそ、先にも述べた北畠・中院両家の祖、源通方であった。『増鏡』第四は「さても、源大納言通方の預かり奉られし阿波の院の宮は…」という書き出しで、邦仁親王＝後嵯峨天皇を登場させている。しかるに、親王が十九歳になった暦仁元年（一二三八）、その通方もまた没してしまい、親王は、前述した通方の実子雅家・通成・顕方らとともに、通方の兄土御門定通の庇護下に入っていったらしい。時に、土御門定通の嫡男顕定は二十四歳、次男顕親は十九歳、北畠雅家は二十四歳、中院通成は十七歳であった。後の後嵯峨

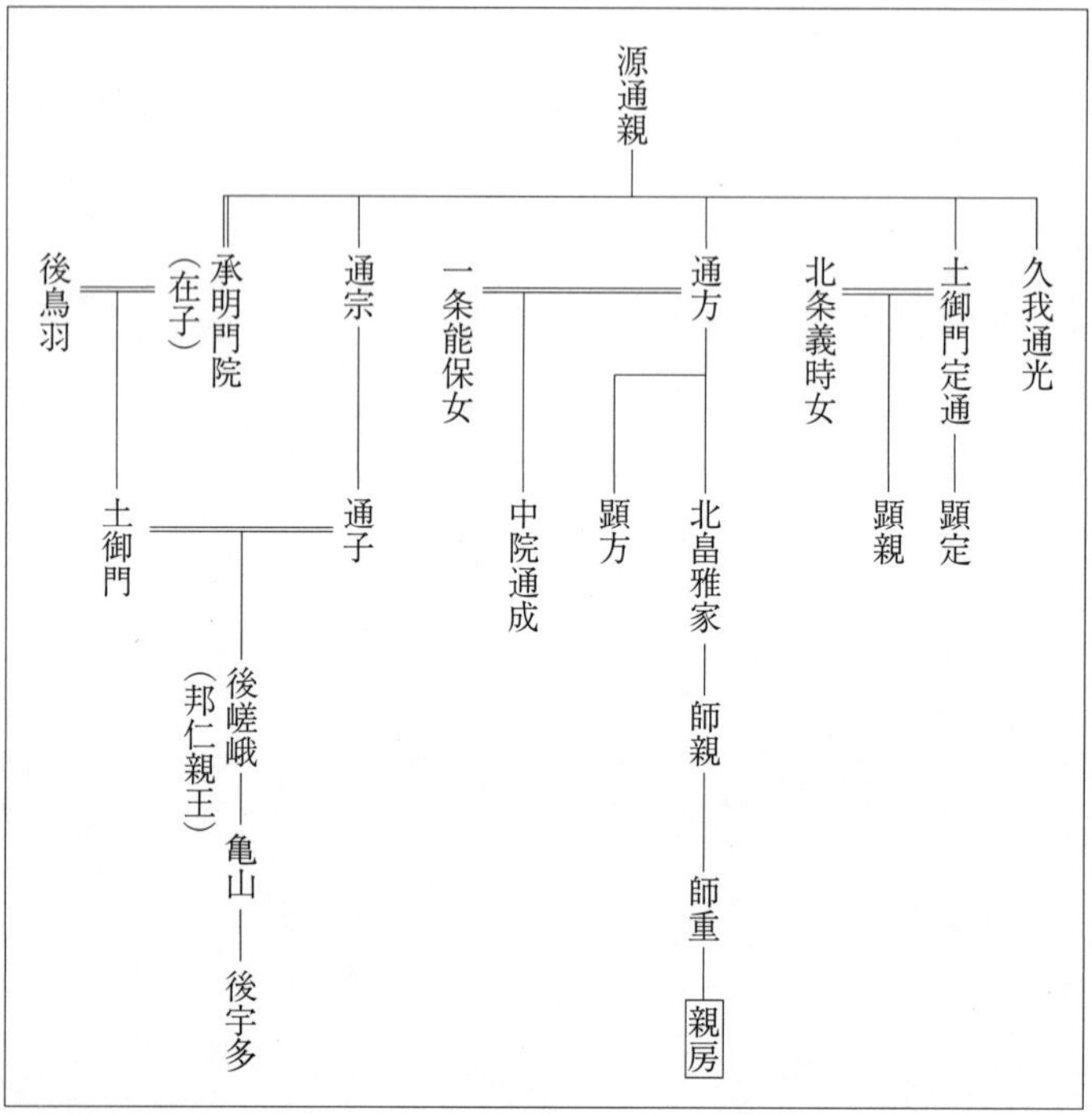
源通親
久我通光
土御門定通
顕定
北条義時女
顕親
通方
北畠雅家
師親
師重
親房
顕方
一条能保女
中院通成
通宗
通子
承明門院
(在子)
後鳥羽
土御門
後嵯峨
(邦仁親王)
亀山
後宇多

村上源氏系図(2)

天皇がこの頃、土御門定通のもとで、ほぼ同世代の若者たちとともに過ごした日々の意味は、決して無視すべきではなかろう。

そして仁治三年（一二四二）、四条天皇の急逝に伴い、時の執権北条泰時《やすとき》の妹を室に持つ土御門定通は、その姻戚関係を通じて幕府に働きかけ、遂に後嵯峨天皇の即位を実現した（『平戸記』『五代帝王物語』など）。定通はまさしく後嵯峨嗣立の裏の立役者だったわけである。実際、後嵯峨天皇即位のその年、嫡男の顕定は権大納言、北条泰時の妹を母に持つ次男の顕親は権中納言に昇進し、中院通成もまた従三位に叙されている。そして四年後の寛元四年（一二四六）、後嵯峨天皇が後深草天皇に譲位して院政を開始すると、まもなく定通の兄久我通光が太政大臣に任ぜられ、村上源氏は完全に承久の乱以前の勢力を回復した。

後嵯峨天皇
「天子摂関御影　天子巻」（宮内庁三の丸尚蔵館）より

両統迭立と公家社会

しかし、こうした後嵯峨院政下における村上源氏一門の繁栄は、後嵯峨院との個人的な繋がりもさることながら、あくまでも鎌倉幕府の後ろ盾があってこそ可能であったことを忘れてはならない。北畠雅家より七歳も若い中院通成が、一条能保の娘を母としていたが故に、常に雅家より上の官位を占め続けることができたのは、その何よりの証左と言える。そして、このような幕府とのコネクションがその出世を左右するという構造は、多かれ少なかれ、当該期の公家社会全体に共通して認められる傾向であった。

しかるに文永九年（一二七二）、後嵯峨院が没して亀山天皇が親政（次いで院政）を開始すると、公家社会には少しずつ変化が訪れる。寛元四年（一二四六）の宮騒動（将軍頼経鎌倉追放事件）にからんで罷免されていた一条実経《さねつね》の嫡男家経《いえつね》が、文永十一年に後宇多天皇の摂政に補せられたのをはじめ、鎌倉で宗尊親王に勤仕し（『吾妻鏡』正嘉元年十一月二十二日条）、親王の鎌倉追放に伴って帰洛していたと思われる花山院通雅《みちまさ》が、建治元年（一二七五）太政大臣に任ぜられる等、比較的幕府と微妙な関係にあった公卿たちが、積極的に登用されるようになっていった。後鳥羽院の近臣として一時しりぞけられていた四条家の人々が本格的に復権するのもこの頃であり、北畠雅家の嫡男師親《もろちか》が権大納言に登用されたのも、まさにこの亀山院政期であった。

弘安十年（一二八七）、そうした公家社会に二度目の転機が訪れる。鎌倉幕府からの申し入れにより、後宇多天皇から伏見天皇への皇位交代が断行されたのである。これはとりもなおさず、後宇多天皇の父亀山院から、伏見天皇の父後深草院への「治天《ちてん》の君《きみ》」の交代を意味していた。治天の君の交代は、公家社会全体に大きな影響を与えずにはおかない。翌正応元年七月十一日、右大臣九条忠教《ただのり》を左大臣に、内大臣近衛家基《いえもと》を右大臣に、権大納言久我通基を内大臣にという大幅な人事異動が行われたのをはじめ、三年後の正応四年には、関東申次西園寺実兼《さねかね》が太政大臣に任ぜられる等、比較的幕府より目されてきた公卿たちが、再び高い地位を得るようになっていく。

かくして皇統が二つに分裂し始めた正応年間、公家社会もまた、親幕府的傾向を持つ持明院統よりのグループと、反幕府的傾向を持つ大覚寺統よりのグループとに大きく分かれつつあった。もとより公家社会にとって最大の関心事は自家の存続であり、いずれかのグループに旗幟を鮮明にしてしまうことは、場合によっては極めて大きなリスクを負いかねない。そこでほとんどの公卿層は、いずれの勢力にもある程度のコンタクトを持ちつつ、周囲の情勢を伺っていた。そのような中、あえて大覚寺統よりの公卿であることを、いち早く鮮明にしていったのが、北畠家の人々であった。

北畠家と大覚寺統　『公卿補任』徳治二年（一三〇七）条を見ると、親房の父北畠師重《もろしげ》が三十八歳で出家した記事の説明として、「院（後宇多院）の御出家に依る也」という割注とともに、次のような頭注が付されている。

祖父雅家後嵯峨院御出家の時出家、父師親卿亀山院御出家の時出家、已に三代父子法程相並ぶ例。

すなわち、北畠家の祖雅家が文永五年（一二六八）十月五日、後嵯峨院と同時に出家したのをはじめとして、その子師親が正応二年（一二八九）九月七日、亀山院の出家に伴って出家し、そして徳治二年七月二十八日、後宇多院の出家に依って師重が出家した事実を、「三代父子法程相並ぶ例」と評しているのである。

かかる北畠家三代の進退は、「この家に伝はる篤実忠誠の心」から「仕へまつった院に殉じて出家した」（久保田収『北畠父子と足利兄弟』）と見なす意見が強い。そして確かに、北畠雅家がその最高官職である権大納言に任ぜられたのは後嵯峨院政の後半、亀山天皇が即位して間もない正元二年（一二六〇）のことであり、北畠師親が同じく権大納言に任ぜられたのも亀山院政の後半、弘安六年（一二八三）のことであった。したがって、彼らが後嵯峨院や亀山院に対し、深い恩義を感じていたことはほぼ間違いない。

しかし、例えば北畠雅家の実弟で、雅家以上に後嵯峨院の恩恵を受け、文永二年に大納言まで昇っていた中院通成は、文永五年の後嵯峨院落飾には従わず、翌文永六年に内大臣に任ぜられた後辞職し、翌文永七年に出家している。こうした雅家と通成の差は、先にも述べたとおり、後嵯峨院との個人的なつながりしか持たない北畠家と、鎌倉幕府という強力な後ろ盾を持つ中院家との相違であった。

幕府とのつながりを持たない（あるいは持てない）北畠家にとって、弘安十年（一二八七）の幕府主導による後宇多天皇から伏見天皇への譲位は、家の将来を悲観させるに充分なものであったに違いない。二年後の正応二年（一二八九）四月、やはり幕府の申し入れによって伏見天皇の皇太子にその皇子胤仁親王が立てられると、同年九月七日、亀山院が世をはかなんで出家したのに従い、北畠師親《もろちか》もまた出家した。

そのような北畠家に再び春がめぐってきたのは、正安四年（一三〇二）、後宇多天皇の皇子後二条天皇が即位し、後宇多上皇の院政が開始された時のことである。翌嘉元元年、ただちに北畠師重が父祖の極官《ごっかん》である権大納言にのぼった。そして先にも述べたとおり、徳治二年（一三〇七）、後宇多院が后の遊義門院《ゆうぎもんいん》を喪って出家すると、師重もまた同日の内に出家している。北畠家の盛衰は、とりもなおさず大覚寺統の盛衰を反映したものに他ならなかったのである。そしてこれこそ、北畠親房という人物の生涯を決定付けた、最大の要因であった。すなわち親房は、北畠という家の嫡男として生まれた時点で、大覚寺統派の公卿として活躍すべき運命が、初めから定められていたと言える。

3　北畠親房の生い立ち

祖父師親の子となる

北畠親房は永仁元年（一二九三）、この時二十四歳であった北畠師重の嫡男として生まれた。永仁元年の生まれというのは諸書に異同がないが、宮内庁書陵部所蔵「北畠親房卿御伝記」には正月十三日、神宮文庫所蔵「北畠准后伝」には正月二十九日の生まれとあり、誕生日までは確定し難い。しかし、いずれにせよ永仁元年正月の生まれというのは間違いなかろう。

ところで、古代・中世の最も基本的な系図集である『尊卑分脈』を見ると、親房は「祖父師親の子となる」と記されている。そして実際、親房は正和四年（一三一五）、祖父師親が没した際に実父の喪に准じて籠居・服解（権中納言を辞任）しており、逆に元亨二年（一三二二）、実父師重が没した際には、亡祖父師親の遺命によって重喪の形式を採らず、五旬（五十日間）の籠居に止めている（『公卿補任』当該年条）。親房は、祖父師親の強い意志によってその養子とされ、師重実子としての立場を放棄していたことが理解できる。

かかる養父子関係が、いつ、いかなる経緯でなされたのかについては詳らかにし得ないが、「親房」という諱は、祖父師親の「親」という偏諱《へんき》を受けて付けられたものに相違なく、逆に父師重の諱を全く継承していないことから考えても、彼が元服して「親房」と名乗り始める頃までには、彼は祖父師親の養子となっていたものと考えられる。

戦前における親房伝の決定版とも言える中村直勝『北畠親房』は、この養父子関係が結ばれた時期を親房誕生直後のこととされ、親房の生まれた永仁元年が、大覚寺・持明院両統の対立が表面化する時期であることなどから、

大覚寺統の系統に属する北畠の家としては、その永仁元年には実父師重は正三位右衛門督であつたとは言へ、まだ廿四歳の若冠であり、其の前途に就いては、多大の不安が横つて居ると言はねばならぬ。だからもし師重が失脚蹉跌しても其の罪が其の子に及ばないための用心であつたと考へられないだらうか。師親の子であるとすれば、師親は既に功成り名遂げて且つ天皇の奉為に出家までした忠臣であるのだから、其の蔭が子供に及んでも然るべきであらう——そんな用意があるのではなからうか。

という推測を加えておられる。

しかし私としては、むしろこの養子関係成立の時期を、親房が十歳前後で元服した乾元元年〜嘉元元年（一三〇二〜〇三）頃のことと考え、その背景に、当該期における亀山法皇と後宇多上皇との微妙な対立関係を見て取りたい。

大覚寺統の分裂

正応二年（一二八九）に落髪していた亀山法皇が、自らの嫡子である後宇多上皇との間に、微妙な対立を見せることとなるきっかけは、乾元二年（一三〇三）、晩年の亀山法皇が、昭訓門院《しょうくんもんいん》瑛子《えいし》との間になした「鍾愛の末子」恒明《つねあき》親王の誕生であった（森茂暁『南朝全史』）。

亀山天皇
「天子摂関御影　天子巻」（宮内庁三の丸尚蔵館）より

親王が生まれて二年後の嘉元三年（一三〇五）、自らの死期が近いことを悟った亀山法皇は、後宇多上皇ならびに持明院統の伏見院にはかって、鍾愛してやまない恒明親王を次の皇太子とする約束を取り付けた。時の天皇は大覚寺統の後二条天皇（亀山法皇の嫡孫）であり、しかもその後二条天皇には、恒明親王より年長の嫡子邦良親王がいたのだから、この時点で恒明親王の立太子を了承するということは、後宇多―後二条―邦良親王と続く皇統の断絶を意味するに等しい。この時期、持明院・大覚寺の両統に分裂していた皇統は、大覚寺統の内部で、さらに再分裂する兆候を見せ始めていたと言える。永仁元年（一二九三）に生まれた親房は、ちょうどその頃、公家社会にデビューしなければならなかった。

なお、親房の元服の時期については諸説あり、久保田収は『北畠准后伝』によってこれを正安二年（一三〇〇）、親房八歳の時のこととされているが（『北畠父子と足利兄弟』）、私としては、

例えば『公卿補任』などの記事によると、久我家などでは、その元服年が十一、二歳とするものが多く見られるから、親房の元服も、ほぼ十歳ころと想像して大過ないであろう。（中略）このような意味において、親房が、宮廷に参仕し、現実に公家社会の交わりに参入することとなるのは、おそくとも、左近衛権少将、そして右近衛中将に任ぜられた親房十一歳のころから、すなわち、嘉元元年ころからと言って、それほど大きな見当はずれにはならないと考えられる。

という我妻建治説（『神皇正統記論考』）に賛同したい。確かに親房は正安二年、八歳で兵部権大輔に任ぜられており（『公卿補任』）、これも一つの元服の目安とは考えられようが、彼は一歳で従五位下に叙されており、元服前であっても叙任がなされていた可能性が高い。

この我妻説によれば親房は、亀山法皇の「鍾愛の末子」恒明親王が誕生した、まさにその前後に元服していたことになる。前述したとおり恒明親王の誕生とは、後宇多院系の皇統がその父亀山法皇によって廃される可能性を示唆していた。北畠親房がその元服に当たり、祖父師親の養子となったのは、

親房の実父師重が、斜陽の傾向にある後宇多院の側近であったことと決して無関係ではあるまい。今後の皇統継承の可能性が薄い後宇多院系の公卿（師重の実子）として公家社会にデビューするよりも、次期東宮予定者たる恒明親王系、すなわち亀山法皇の側近師親の養子としてデビューする方が、どれだけ安心かわからない。そうした計算があったと考えられるのではなかろうか。そしてもし、この推測が当たっているとすると、親房はこの時点で、亀山法皇の「鍾愛の末子」であり、次期東宮予定者たる恒明親王の側近となるべきことが予定されていたと言える。

恒明親王から世良親王へ

ところが嘉元三年に亀山法皇が没すると、恒明親王を次の皇太子にという約束はたちまち反古となった（森茂暁「皇統の対立と幕府の対応」『鎌倉時代の朝幕関係』所収）。後宇多上皇は嫡孫邦良親王を改めて東宮に立てようとし、恒明親王の生母昭訓門院との間に対立が表面化したのである。そうした両者の思惑が絡み合う中、徳治三年（一三〇八）に後二条天皇が二十四歳の若さで没すると、持明院統から花園天皇が即位し、その東宮には後宇多上皇の皇子尊治《たかはる》親王（後の後醍醐天皇）が立てられることとなった。

この尊治親王立太子は、一見すると後宇多上皇の主導の下に進められたように見てとれる。しかし、後宇多上皇の最終目標があくまでも嫡孫邦良親王の立坊であったこと、尊治親王の母談天門院が、親王を産んだ後、後宇多上皇よりむしろ亀山法皇の寵愛を強く受けていたこと、尊治親王が花園天皇より九歳も年長の二十一歳であったこと等を勘案するならば、尊治親王の立太子は、恒明親王を推す故亀山法皇派と、邦良親王を推す後宇多上皇派の痛み分けとして選ばれた、ワンポイントリリーフ起用

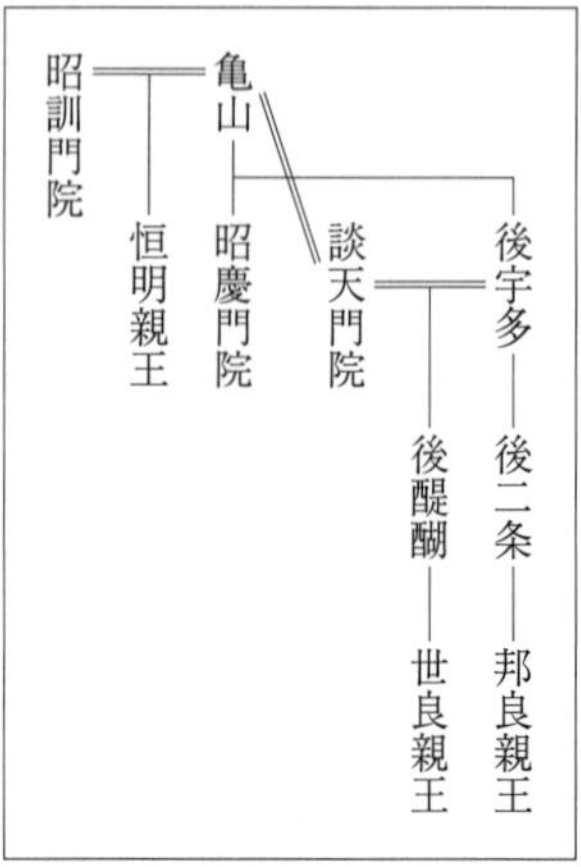

亀山法皇派と後宇多上皇派

であった可能性が高い。実際、文保二年（一三一八）に尊治親王＝後醍醐天皇が即位すると、その皇太子には後宇多上皇の念願であった邦良親王が立てられた。後醍醐天皇は、あくまでも「一代の主」（一代限りの天皇）に過ぎなかったのである（森茂暁『南朝全史』）。

それでは、この文保二年の邦良親王立坊によって、恒明親王を推していた故亀山法皇派の人々は、完全にその政治生命を絶たれてしまったのであろうか。確かに、恒明親王立坊の可能性は皆無に等しくなった。しかし、ここで政治は不思議な展開を見せる。恒明親王の立坊を望んでいた故亀山法皇派の人々が、今度は、自らの実子に皇位を伝えたいと考える後醍醐天皇と結びつくことによって、邦良親王を推す後宇多上皇派に抵抗するという道を選んだのである。そのような勢力を代表する人物として、亀山法皇の皇女、昭慶門院憙子という女院に注目してみよう。

『増鏡』「さしぐし」の段に、「昭慶門院は、あまたの宮たちの御中に、すぐれてかなしき物に思きこえさせ給へりしかば、御処分などもいとこちたし」とあるとおり、彼女は、数ある亀山法皇の子女の中で最も法皇の寵愛が深く、きわめて多くの所領を譲渡されたことで知られている。しかし、当該期の皇女女院領の伝領過程を詳細に検討された金井静香の研究によれば、彼女が亀山法皇から直接譲り受けた所領は必ずしも多くなく、その所領の大半は亀山院の生母大宮院から伝わったものであり、しかもその所領の全ては、「恒明の親王へ、後にはまいらせられ候へく候」(『史籍集覧』所収「亀山院御凶事記」)という法皇の遺勅によって、いずれは恒明親王へと相続させる約束になっていたという(『中世公家領の研究』)。

しかるに、そのような故亀山法皇派＝恒明親王派の代表的皇族とも言うべき昭慶門院憙子が、実際にその所領を譲ったのは、後醍醐天皇の皇子世良親王であった(天竜寺文書「世良親王遺跡臨川寺領目録」)。森茂暁の研究によれば、昭慶門院が世良親王に所領を譲ったのは元亨年間(一三二一〜二四)とされており(『皇子たちの南北朝』)、その頃、恒明親王は未だ一九〜二二歳の青年皇族として健在であったのだから、これは法皇の遺勅に対する明白な違約行為ということになる。

恒明親王から世良親王へ。この昭慶門院の「鞍替え」は、独り昭慶門院だけの判断ではなく、当該期に於ける故亀山法皇派全体の方針転換によるものであったと私は思う。亀山法皇の側近北畠師親の養子として公家社会にデビューした親房が、その前半生を世良親王の傅役として過ごすことになる事情も、そこに隠されていると考えるのである。

昭慶門院御領目録

親房と世良親王との個人的な関わりについては、また本章の最後に論ずることとして、ここでは、世に「昭慶門院御領目録」と称されてきた史料の中に、若き日の親房の名が見えることから、当該期における親房の位置付けを再確認しておこう。

「昭慶門院御領目録」は嘉元四年(一三〇六)の所領目録で、世に竹内文平所蔵文書として知られているが原本は未見。京都大学や東京大学史料編纂所の謄写本を基に、各種自治体史などに翻刻されている。かつては昭慶門院憙子内親王の所領目録と考えられてきたが、近年の研究では「後宇多が恒明親王を退けて確保した大覚寺統王家領の全容」であったことが明らかにされつつある（前掲金井『中世公家領の研究』）。すなわち、嘉元三年に亀山法皇が亡くなり、名実ともに「治天の君」となった後宇多上皇が、恒明親王を次期皇太子にという約束を反故にする中で、大覚寺統の院領荘園を再把握するために作成した目録とされている。

そうした所領目録の中に、親房の名は次のように登場する（傍点筆者）。

肥後国阿蘇社　守忠　御年貢三千疋
　郡浦　万里小路大納言入道
神宮寺　同、里々両所知行相違有るべからざるの由、院宣を親房朝臣に下され了んぬ、
甲佐社　宰相典侍　御年貢二千疋

阿蘇社は言うまでもなく肥後国の一宮であり、郡浦と甲佐社はそれぞれ肥後国宇土郡と益城郡に鎮座する阿蘇の末社、神宮寺は神仏習合の中で阿蘇社内に置かれた青龍寺を指すものとされている（阿蘇品保夫『阿蘇社と大宮司』）。これらの社寺は、中世に入るとそのほとんどが荘園的領知の対象となっており（小島鉦作『神社領知制の研究』）、そのような事情で、こうした社寺が「所領目録」に載せられ

ていたわけである。

ところで、そうした荘園的領知には、院や摂関などといった最高権門しか掌握することのできない「本家」という権利と、その下の、いわゆる一般貴族たちが掌握していた「領家」とよばれる権利があり、一つの荘園（ないしは荘園的領知を受けた社寺）に対して、少なくともこの二種類の荘園領主がいるのを常とした。前掲所領目録で言えば、本目録の作成主体である後宇多上皇こそが、これら社寺の「本家」であり、個々の社寺の下に記された人名が、それぞれの「領家」ということになる。

阿蘇社の領家として記された「守忠」は、村上源氏の一族で、前節で触れた源雅定の養子定房の玄孫にあたる。阿蘇社の領家職は、この雅定から定房を経て守忠へと至る家系に伝えられていたのである（岡野『中世久我家と久我家領荘園』）。それでは、郡浦社と神宮寺の領家として記された「万里小路大納言入道」は、一体誰を指すのであろうか。

親房の出発点　右の所領目録を見ると、郡浦社・神宮寺の両所知行を安堵する旨の後宇多上皇院宣が、北畠親房に対して下されており、「万里小路大納言入道」もまた北畠家の人間であった可能性が高い。そして実際、前節でも述べたとおり親房の曾祖父雅家は、「北畠」の他に「万里小路」をも称していた（『尊卑分脈』）。とするとこの「万里小路大納言入道」は、雅家の嫡子にして親房の祖父であり、弘安七年（一二八四）に権大納言を辞し、正応二年（一二八九）に入道となっていた北畠師親その人に相違あるまい。

それでは、阿蘇社とその末社・神宮寺を列記した中で、北畠師親を領家とする二カ所についてのみ、その知行を安堵する旨の院宣が、孫の親房に対して下されているということは、どのように考えたらよいのであろうか。

北畠師親という人物が、後宇多上皇と微妙な対立関係にあった亀山法皇の側近であったこと、そして本目録が、そのような法皇の没後、大覚寺統の領有する荘園群を再把握するため、後宇多上皇によって作成されたものであったことを先に述べた。とすると、北畠師親の所領二カ所を、孫の親房に安堵したこの院宣は、後宇多上皇が、故亀山法皇派の所領を再把握するとともに、これを故法皇派の貴族に再安堵することで、新たに大覚寺統の嫡流となった自らの立場を知らしめる意味をもっていたと考えられよう。実際、本目録の末尾には、故法皇派を代表する皇族である昭慶門院憙子内親王に対して、その所領を安堵する旨の後宇多上皇院宣が載せられている。そしてこれこそ、本目録が「昭慶門院御領目録」と誤解されてきた所以でもあった。この院宣について、上述した金井説では、

後宇多は、大宮院領を含む大覚寺統の王家領すべてを掌握し、そのうちの昭慶門院分を改めて同女院に安堵することにより、大覚寺統の嫡流としての自身の立場を、昭訓・昭慶両門院ひいては公家社会に知らしめようとしたと考えられる。

と評価されているが（『中世公家領の研究』）、親房に対する院宣もまた、規模こそ違え、これと同様の意味を持つものであったに相違ない。

しかもこの当時、後宇多上皇の側近には、師親の嫡子にして親房の実父である権大納言師重がいたのだから、師親の所領を師重に安堵するという選択肢も、上皇にはあり得たはずである。にもかかわらず上皇は、これを敢えて親房に対して安堵した。私はここに、当該期における師親・師重・親房の三者と、後宇多上皇との微妙な関係が見て取れると思う。北畠師親の所領は、後宇多院の意志とは関わりなく、孫であり養子である親房に安堵されなければならなかった。逆に言うと親房は、師重の実子としてではなく、あくまでも祖父師親の養子として、後宇多院との微妙な緊張関係を以て、廟堂公家社会にデビューしなければならなかったのである。

4 親房の前半生

三十八歳まで

謡曲「敦盛」に「人生五十年」と詠われたとおり、中世社会の平均寿命はおよそ五十歳を越えるものではなかった。親房の同時代人でも、後醍醐天皇が五十二歳、足利尊氏が五十四歳でこの世を去っており、新田義貞に至っては享年三十九歳に過ぎない。そのような当時、人々はおよそ四十歳前後を一種の定年と考えていた節がある。先にも述べたとおり、親房の父師重は徳治二年（一三〇七）、三十八歳で出家しており、祖父師親は正応二年（一二八九）、四十六歳で出家していた。当時の人々にとって出家とは、今日で言う定年退職に他ならない。四十歳を過ぎてからの人生は、彼らにとっていわば「第二の人生」であったと言える。

しかるに今日、私たちが北畠親房の事跡として想起する活躍の数々は、そのほとんどが四十歳を過ぎてからの、いわゆる「第二の人生」のそれに他ならない。歴史に「もしも」は禁物だが、もし親房の出家後に、あれほどの大内乱が起きなかったとしたら、親房という人物の評伝は、鎌倉末期を生きた一人の有能な公家というだけのもので終わっていただろう。

次に掲げる表は、三十八歳で出家するまでの親房の官位と、各種の古記録から抽出できる限りの事跡を一覧表にしてみたものである。それでは私たちはこの表から、いかなる親房の前半生を読みとることができるだろうか。

北畠親房の前半生

年	西暦	年齢	月日	位階	官職	記事	典拠	天皇	院
永仁元	一二九三	1	6月24日	従五位下			公卿補任	伏見	
永仁二	一二九四	2	正月6日	従五位上			公卿補任		
永仁五	一二九七	5	2月18日	正五位下			公卿補任		
永仁六	一二九八	6	5月23日	従四位下			公卿補任		
正安二	一三〇〇	8	正月5日	従四位上			公卿補任	後伏見	伏見
			閏7月14日		兵部権大輔		公卿補任		
嘉元元	一三〇三	11	正月20日		左近衛権少将		公卿補任	後二条	後宇多
			12月17日	正四位下			公卿補任		
			12月30日		右近衛権中将		公卿補任		
嘉元三	一三〇五	13	正月4日			亀山法皇御幸始に供奉	公秀公記		

嘉元三	一三〇五	13	正月6日	正四位下		後宇多上皇常磐井殿行幸に供奉	実躬卿記	後二条	後宇多
			11月18日		権左少弁・伊予権介		公卿補任		
嘉元四	一三〇六	14	正月元日			後宇多上皇御所年始の儀に参仕	公秀公記		
			正月15日			亀山法皇御月忌の御幸に供奉	実躬卿記		
			4月			平野祭、梅宮祭月次祭に参仕	洞院家記		
			6月			平野祭、梅宮祭大祓に参仕	洞院家記		
			9月12日			後宇多上皇結縁灌頂のため亀山殿御幸に参仕	嘉元四年結縁灌頂記		
徳治元	一三〇六	14	12月22日		左少弁		公卿補任		
徳治二	一三〇七	15	2月18日			後鳥羽院御八講に際し奉行	実躬卿記		
			5月12日			後宇多上皇供花結縁のため長講堂御幸に供奉	実躬卿記		
			11月1日		弁官を辞し弾正大弼に任ず		公卿補任		
徳治三	一三〇八	16	正月26日			後宇多法皇伝法灌頂のため東寺御幸に供奉	隆長卿記		
			8月19日			章義門院殿上始に際し昇殿	公秀公記		
延慶元	一三〇八	16	11月8日	従三位			公卿補任	花園	伏見

延慶三	一三一〇	18	3月9日	正三位			公卿補任	花園	伏見
			12月11日		参議		公卿補任		
延慶四	一三一一	19	正月3日			花園天皇御元服に慶を奏上	花園天皇宸記		
			正月7日			白馬節会、御元服に慶を奏上	花園天皇宸記		
			正月17日		左近衛権中将を兼ねる		公卿補任		
			正月10日			伏見・後伏見両上皇らの法勝寺御幸に供奉	継塵記		
			2月5日			釈奠宴穏座に参仕	園太暦		
			3月25日			後伏見上皇皇女御行始に供奉	継塵記		
			3月27日			県召除目の儀に参仕	園太暦		
			3月29日		弾正大弼を止め備前権守を兼ねる		公卿補任		
			4月28日			改元の儀に参仕	花園天皇宸記		
応長元	一三一一	19	6月15日			後伏見上皇皇女内親王宣下に供奉	公秀公記		
			6月27日			後伏見上皇内親王傅始に供奉	槐抄		
			閏6月3日			花園天皇土御門殿への御方違行幸に供奉	公秀公記		
			7月20日		左兵衛督・検非違使別当		公卿補任		

応長元	一三一一	19	8月12日	正三位		西園寺公衡の堂供養に参仕	公秀公記	花園	伏見
			12月8日			園家門相続に付き幕府と相談し勅裁によるを伝う	角田敬三郎旧蔵文書		
			12月20日			花園天皇衣笠殿への方違御幸に供奉	花園天皇宸記		
			12月21日		権中納言		公卿補任		
応長二	一三一二	20	3月15日		左兵衛督・検非違使別当を止む		公卿補任		
正和元	一三一二	20	8月10日	従二位			公卿補任		
			10月12日			小除目に際し上卿	花園天皇宸記		
			11月30日			清涼殿に参仕	花園天皇宸記		
正和二	一三一三	21	正月9日			政始に際し上卿	花園天皇宸記		
			2月7日			釈奠に際し上卿	花園天皇宸記		
			2月12日			日時文奏上	花園天皇宸記		
			2月17日			国忌に際し上卿	花園天皇宸記		
			3月11日			賀茂別雷社刃傷殺害事件により軒廊御卜に参仕	師守記		
			4月26日			解陣に際し上卿	花園天皇宸記		
			5月28日			小除目の儀に際し上卿	花園天皇宸記		
			6月13日			八幡社軒廊御卜に参仕	花園天皇宸記		
			7月5日			広義門院御産御祈七仏薬師法初日に際し上卿	花園天皇宸記		

年号	西暦	年齢	月日	位階	官職	事項	出典	天皇	院
正和二	一三一三	21	7月9日	従二位		後伏見上皇皇子降誕の儀に参仕	公秀公記	花園	伏見
			8月6日			後宇多法皇高野山御幸に供奉	後宇多天皇御幸記		
			12月26日			任大臣節会に参仕	花園天皇宸記	花園	後伏見
正和三	一三一四	22	4月4日			権僧正性守をして妙法院門跡を相承せしむるを奉行	妙法院文書		
			4月27日			石清水社奉幣使を勤仕	花園天皇宸記		
			6月8日			住吉社神殿上棟日時定に際し上卿	花園天皇宸記		
正和四	一三一五	23	4月17日		祖父師親の喪に権中納言を止む		公卿補任		
正和五	一三一六	24	正月5日	正二位			公卿補任		
文保二	一三一八	26	2月21日			後醍醐天皇践祚に際し御文書等御文庫搬入に従事	継塵記	後醍醐	後宇多
			2月23日			立坊定の儀に参仕	継塵記		
			2月27日			後醍醐天皇に清涼殿にて拝謁	継塵記		
			3月4日			後醍醐天皇禁中諸殿歴覧に供奉	継塵記		
			12月10日		権中納言に還任		公卿補任		
文保三	一三一九	27	4月28日			改元の儀に参仕	改元部類		
元応元	一三一九	27	8月5日		中納言		公卿補任		

元応元	一三一九	27	10月26日	正二位		神護寺に灌頂小阿闍梨設置につき奉行	神護寺文書	後醍醐	後宇多
元応二	一三二〇	28	3月13日			御八講参列	花園天皇宸記		
			10月21日		淳和院別当		公卿補任		
元応三	一三二一	29	正月14日			後宇多法皇石清水八幡宮御幸に供奉	花園天皇宸記		
			2月23日			改元の儀に参仕	花園天皇宸記		
元亨二	一三二二	30	4月5日		右衛門督・検非違使別当を兼ねる		公卿補任	後醍醐	
元亨三	一三二三	31	正月13日		権大納言		公卿補任		
			5月		奨学院別当		公卿補任		
			6月15日		按察使を兼ねる		公卿補任		
			6月20日			作文御会及び御遊に参仕し笙を勤仕	花園天皇宸記		
			10月11日			安楽光院阿弥陀堂に参向し笙を勤仕	花園天皇宸記		
元亨四	一三二四	32	正月15日			持明院殿作文御会に参仕	花園天皇宸記		
			正月19日			中殿詩御会及び管弦御会に参仕し笙を勤仕	中殿御会部類記		
			正月19日			恒貞親王持明院殿参行に扈従	花園天皇宸記		

元亨四	一三二四	32	正月22日	正二位		和歌御会始に参仕	後光明照院関白記	後醍醐	
			4月27日		大納言		花園天皇宸記		
			8月22日			亀山院皇子聖護院順助法親王の入室に扈従	後光明照院関白記		
			8月26日			後醍醐天皇より常御所にて唐物五種下賜	後光明照院関白記		
正中元	一三二四	32	12月14日			後醍醐天皇東寺仏舎利奉請により二粒奉請	東寺百合文書		
正中二	一三二五	33	正月17日		内教坊別当		公卿補任		
			7月7日			七夕和歌御会に候じ詠歌	臨永和歌集		
			9月9日			小除目の儀に際し上卿	後光明照院関白記		
			10月9日			東寺領太良荘の訴により国司尋問の旨を東寺に伝う	田中教忠旧蔵文書		
			11月18日			東大寺の訴により薬師寺の大和国美濃荘濫妨を尋問す	東大寺文書		
正中三	一三二六	34	2月7日			後醍醐天皇東寺仏舎利奉請により一粒奉請	東寺文書		
			3月18日			最勝光院を東寺に寄附せらるるに付き上卿	東寺百合文書		

正中三	一三二六	34	4月26日	正二位		改元の儀に際し上卿	継塵記	後醍醐	
嘉暦元	一三二六	34	9月17日			石清水八幡宮焼亡に付き造進宣下に際し上卿	石清水文書		
嘉暦二	一三二七	35	3月24日			県召除目の執筆勤仕	叙位除目執筆抄		
			9月1日			春日神木木津遷座中、議定に出仕	師守記		
			10月26日			後醍醐天皇法勝寺大乗会臨幸に際し上卿	公卿補任		
嘉暦三	一三二八	36	7月8日			後醍醐天皇東寺仏舎利奉請に際し奉行	東寺百合文書		
嘉暦四	一三二九	37	8月29日			改元の儀に参仕	継塵記		
元徳二	一三三〇	38	正月5日			叙位の執筆勤仕	叙位除目執筆抄		
			2月23日			中殿和歌御会に参仕、序を執筆	御遊抄		
			9月17日			世良親王の事により出家	公卿補任		

主な事跡

まず嘉元三年（一三〇五）正月、十三歳になった親房が、亀山法皇の二条殿御幸始に供奉している記事が注目される。これは我妻建治も指摘されているとおり、古記録に登場する親房の初見史料であり、親房が晩年の亀山法皇側近として、その廟堂活動を開始していたことを如実に物語っていよう。

次いで徳治二年（一三〇七）十一月、十五歳の親房が左少弁を辞任していることに注目したい。『公卿補任』や『弁官補任』によれば、これは故冷泉経頼の二男頼俊（頼隆）が、少弁・中弁を経ずに大蔵卿から直接右大弁に任ぜられたことに対する「腹立ちの余り」の辞職であったという。この記事は早くから注目され、

親房といふ人の性情の一面を知る事が出来よう。（中村直勝『北畠親房』）

であるとか、

この十五歳の少年の行動のなかに、親房の生得の性格と、その後に『職原抄』を著すべき人の面目がうかがわれて興味深く感ぜられる。（我妻建治『神皇正統記論考』）

などと評されてきた。それはもちろんそのとおりであろうが、かかる大胆な判断が、十五歳の少年単独でなされたとは考えがたく、その背後には、後宇多院政の人事に反発する祖父師親の姿が垣間見えよう。

第三に注目されるのは、従三位参議から正二位権中納言に至る親房の主な昇進が、持明院統たる花園天皇の下で行われたという事実である。先にも述べたとおり、北畠という家は、早くから大覚寺統

よりとしての立場を鮮明にしていたのだから、やはりこのような抜擢は異例のことと言わざるを得ない。この背景に、持明院統の人々も認めざるを得ない親房の実力があったことは言を待つまいが、併せて、花園天皇が大覚寺統、なかんづく後醍醐天皇（故亀山法皇派）との関係を良好に保とうしていた可能性も忘れてはなるまい。

さらに第四として、応長・元応・元亨・嘉暦・元徳という五つの元号について、その改元の儀に関わっているという事実が挙げられる。この点についてもやはり我妻建治の詳細な研究があり（『神皇正統記論考』）、親房が『周易』に関する豊富な知識を有し、いわゆる宋学的立場に立った意見を述べていたことなどが指摘されている。

そして最後に、後醍醐天皇の治世に入った後、北畠家として初めて淳和・奨学両院別当に補され、正中元年（一三二四）には権大納言を極官としてきた父祖の例を超え、大納言に任ぜられたという事実が指摘できよう。これもまた早くから注目され、「その人物識見がすぐれたことを物語る」（久保田収『北畠父子と足利兄弟』）ものとされてきた。中でも我妻は、「親房がこの両院別当に補せられたについては、当時格別の子細があったからだと言われている」と指摘されている。ここで言う「格別の子細」とは、『中院一品記《なかのいんいっぽんき》』暦応三年（一三四〇）八月十六日条に、

一、淳和・奨学両院別当事、（中略）北畠大納言入道親房、先御代これに補すと雖も、その段に於ては子細有り、その故は入道に対し種々懇望に及び、別儀を以て優恕せらるべきの旨申すの間、

別に執り申し了んぬ。彼の状等に分明なり。

とある「子細」を指しているわけだが、それではこの「子細」とは、一体何を意味しているのであろうか。

淳和・奨学両院別当

北畠親房自身が著した故実書『職原抄《しょくげんしょう》』の「奨学院別当」の項を見ると、淳和・奨学両院別当の職は、次のように規定されている。

源氏の公卿第一の人、これを称す、納言たるの時、多く奨学・淳和の両院を兼ね、大臣に任ずる日、淳和院を以て次の人に与奪す。奨学院に於ては猶これを帯す。

すなわち、淳和・奨学両院別当は、源氏の筆頭公卿が補せられる職であり、その筆頭公卿が大納言・中納言である時には淳和・奨学両院別当を兼ねるが、筆頭公卿が大臣である時、その者は奨学院別当のみに補され、「次の人」つまり大納言・中納言としての筆頭公卿が淳和院別当に補せられる慣習になっていたという（岡野『源氏と日本国王』）。

実際、親房が淳和院別当に補された元応二年（一三二〇）、源氏の筆頭公卿は太政大臣久我通雄《みちお》であり、中納言北畠親房はその「次の人」に他ならなかった。親房は、何か「格別の子細」があって両院別当に補されたのではなく、この慣習に忠実に補されていたに過ぎない。

むしろこの背景には、この二年前の文保二年（一三一八）三月、後醍醐天皇が即位したこと（大覚寺統に皇位が遷ったこと）によって惹起された大幅な人事異動が関係している。すなわち、皇太子邦良親王の春宮権大夫となった権中納言堀川具親《ともちか》が同年八月に女性問題で解官。同じく八月、二十八歳で権大納言に任ぜられた中院通顕《みちあき》が三カ月で辞任。翌元応元年六月、六十九歳で内大臣となった六条有房が病に倒れてまもなく死亡。その後を襲って内大臣となった中院通重《みちしげ》（通顕の父）がやはり三カ月で辞任。一方同年八月には北畠親房が権中納言から中納言に転じ、十月には久我通雄が太政大臣に抜擢された。このめまぐるしい人事異動によって、親房は中納言でありながら、源氏筆頭公卿の「次の人」にまで上りつめてしまったのである。

ところでこの時、主として不遇を託つこととなったのが中院家の人々であることは注目される。先にも述べた通り中院家は、北畠の祖雅家の実弟通成に始まる家でありながら、鎌倉幕府とのコネクションを有していたが故に、常に北畠家より上の地位を確保し続けてきた家であった。そしていわゆる両統迭立時代、皇位が別の皇統へと遷る度に、親幕府方公卿と反幕府方公卿の間で、少なからぬ地位の逆転が起きていたことも前述した。文保～正中年間における中院家の不遇と北畠家の昇進は、そうした振り子が、極端に振れた一事例と見なすことができよう。

先に掲げた『中院一品記《なかのいんいっぽんき》』は、この時不遇を託つことになった中院通顕の嫡男（通重の孫）通冬《みちふゆ》の日記である。通冬にとって親房の両院別当就任とは、何か「格別の子細」でもなければ認めがたいものであったに相違ない。しかもちょうどその頃（通冬の時代）は、筆頭公卿が両院別当になるという原則が崩れ、「大臣相続家」出身者が両院別当になるという原則が、新たに生まれつつある時代であった（岡野『中世久我家と久我家領荘園』）。先の『中院一品記』の記事は、まさにそのような時代の中で、親房のような大臣相続家以外の者が、両院別当になってきたことへの憤懣からなされた発言であったことも忘れてはなるまい。

源氏長者

かくして元応二年に淳和院別当となった親房は、三年後の元亨三年（一三二三）、権大納言に任ぜられるとともに、太政大臣久我通雄が職を辞したことで、源氏の筆頭公卿となり、奨学院別当をも兼ねることとなった。淳和・奨学両院別当源氏長者北畠親房の誕生である。

ところがこの元亨三年の『公卿補任』を見ると、同年九月、大納言に任ぜられた久我長通《ながみち》（通雄の嫡子）もまた「奨学院別当」に補されている。それでは、久我通雄の跡を継いで奨学院別当に地位に就いたのは、嫡男長通だったのだろうか、それとも親房だったのであろうか。

その謎を解く鍵は、この時、長通が父通雄から勘当されていたという事実に隠されている。小川信の詳細な研究（「鎌倉時代および建武政権下の尾張国海東三ヶ庄について」『日本歴史の構造と展開』）が示す通り、通雄は応長元年（一三一一）、五十四歳でなした末子の通定を偏愛し、この時既に三十二歳となっていた嫡男の長通を正和二年（一三一三）に廃嫡していた。元亨三年に太政大臣を辞した通雄は、その家督を長通に譲るつもりなど、毛頭なかったわけである。実際、同年の『公卿補任』「源長通」の項には、「年来父公義絶。今年五月勅に依る」という注記があり、彼の大納言就任が、父通雄の譲りによるものではなく、後醍醐天皇の勅命によるものであったことを物語っている。

そのような長通が、父通雄の跡を受けて奨学院別当の地位に就いていたとは考えがたい。そして翌元亨四年（正中元年）、恐らくは通雄の反発を受けてであろう、長通が大納言を免ぜられると、逆に親房が大納言に任ぜられ、ここに親房が正真正銘の源氏筆頭公卿となった。

これまで、北畠親房が淳和・奨学両院別当の地位に就いていたことについては、得てして「その人物識見がすぐれたことを物語る」と捉える傾向が強かった。しかし、いわゆる「家格」が固定化した中世社会に、これまで一度も大臣を出したことのない北畠家出身の親房が、その「人物識見」のみで両院別当の地位に就けるはずがない。彼がこの地位に就けた背景には、第一に幕府よりの傾向が強かった中院家に対する後醍醐天皇（後宇多院政）の抑圧的な人事が関係しており、第二に村上源氏の名門久我家の内部対立を受けた「漁夫の利」に等しい事情があった。

実際、嘉暦四年（一三二九）、通雄の偏愛する通定が十九歳に成長して中納言に任ぜられると、時の筆頭公卿である大納言親房をさしおいて、中納言通定が奨学院別当に補されている（『公卿補任』）。家柄から言っても、また年齢的にも村上源氏一門の最長老であった通雄にとって、親房は寵児通定が元服するまでの「つなぎ」役に過ぎなかったわけである。

しかるにこの嘉暦四年から翌元徳二年にかけて、事態は急展開を見せる。嘉暦四年九月、死期の迫った通雄に長通が迫って両者の和睦が実現し、長通が権大納言に還任。同年十二月に通雄が七十三歳で没すると、翌年二月には後ろ盾を失った通定が中納言を辞し、同日付で長通が内大臣に就任したものの、三月には拝賀・着陣に及ぶ間もなく辞任。そして同年九月、親房が傅役として仕えた世良親王が没し、親房もまた出家してしまう。

この間、両院別当の地位は、親房・通定・長通の三者間を行き来していたようにも見てとれる（『公卿補任』）。しかし私としては、元徳二年九月に出家するその時まで、親房が両院別当・源氏長者の地位にあったものと考えたい。そして、この正中元年から元徳二年までの七年間、親房が源氏長者の地位にあったということは、その後の親房や北畠家の歴史に、少なからぬ影響を与えることになるわけだが、それはまたずっと後の話である（第五章参照）。

世良親王のこと

元徳二年（一三三〇）九月十七日、傅役として養育してきた世良親王が、十八歳で夭逝したことに伴い、親房が三十八歳で出家したことについては、『公卿補任』にも、また『尊卑分脈』にもその記載があり、『増鏡』には、

今年（元徳二年）も人多くにわか病みして死ぬる中に、帥の御子（世良）も重く悩ませ給て、あへなく失せ給ぬ。（中略）御めのとの源大納言親房、我世つきぬる心ちして、とりあへず頭をろしぬ。この人のかく世を捨てぬるを、親王の御事にうちそへて、かたがたいみじく、御門（後醍醐）も口惜しくおぼし歎く。世にもいとあたらくし惜しみあへり。

とあって、後醍醐天皇をはじめ、世の人々に少なからぬ衝撃を与えた事件であったことが伺い知られる。しかるに親房は、そうした人々の慰留には耳を貸さず、まさに「我世つきぬる心ち」して世を捨

てた。なおこの日、親房は世良親王の枕元にあって、親王の遺言を書き記している。すなわちその「御遺命書」（天竜寺文書）の奥書に、

此の条々、去る十三日夜に之を仰せ置かる。偏に御平滅を期し記し置く能はず。図らずも大漸の間、後日の為筆を染むる所なり。

とあって、九月十三日の夜、自ら死期の近いことを悟った世良親王が、親房に種々の遺言を申し置いたにもかかわらず、親房はひたすら親王の病気平癒を信じ、その遺言を記し置くことができず、十七日に図らずも親王が臨終を迎えたため、十三日に承った親王の遺言を、改めて「御遺命書」に認めたというのである。この史料については、夙に中村直勝が注目され、

元徳二年九月十三日の夜、御最後が近附いたと思召された親王が親房にいろいろと死後の事を仰せられたのを聞いて、親房は、あまりの悲しさとあまりの本意なさに、御遺命を筆にする事が出来なかった。

と評価されてきた。かかる中村説独特の「涙もろい」親房像は、その後の親房研究に少なからぬ影響を与えてきたように思われる。しかし、むしろこの史料からは、「偏に御平滅を期し」、あえて遺言を

記さなかった親房が、親王薨去のその日付で遺命書を作成するに当たり、その信憑性に疑念を挟まれないようにするため、十三日付で遺命を承っていたことを付記した、「冷静な」親房像をこそ読み取るべきであろうと私は思う。

いずれにせよこの元徳二年九月十七日、親房が「我世つきぬる心ちして」出家を遂げていたことだけは間違いない。しかるにこの直後から、時代は急展開を見せる。翌元弘元年（一三三一）八月、いわゆる元弘の変が起こり、翌年三月には後醍醐天皇が隠岐に流されてしまう。しかし、その年末から翌年にかけて、護良《もりよし》親王や楠木正成、赤松円心《あかまつえんしん》らの活躍により幕府軍は苦戦を強いられ、閏二月には後醍醐天皇が隠岐を脱出。四月に入り、足利高氏が後醍醐天皇方に転じたことで形勢は完全に逆転し、同年五月、遂に鎌倉幕府は滅亡。六月には後醍醐天皇が帰京し、ここにいわゆる建武政権が樹立された。

元弘の変と北畠一族

ところで一般に、この時期の親房は「我世つきぬる心ちして」出家を遂げた直後ということもあり、政変の埒外にあって事態を静観していたとされている（中村直勝『北畠親房』他）。実際、親房父子は元弘の変に際して、鎌倉幕府から何らの処罰も受けていない。しかしこの時、北畠一族の中には、元弘の変の首謀者として斬首された公卿がいた。

それこそ、親房の祖父師親の甥に当たる従二位権中納言北畠具行《ともゆき》である。具行は後醍醐天皇に東宮時代から近侍して、「君ノ恩寵モ深カリキ」（『太平記』巻第四）と謳われた側近であったが、元弘の変に際して六波羅追討の宣旨発給に携わり（『増鏡』第一五）、その結果「あまたの中にとりわきて重かるべく聞こゆる」罪を犯した者として（『増鏡』第一六）、佐々木道誉《どうよ》に連行され、関東に下向する途中の元弘二年六月十九日、近江の柏原というところで斬首された（『公卿補任』）。

親房と具行が、北畠一族の中でいかなる関係にあったかを知る手がかりはない。しかし、親房のその後の激烈なる生涯を思うとき、彼が元弘の変をただ傍観していたとは考えがたい。具行の背後に親房ありと勘ぐるのは、決して穿ちすぎた見方ではあるまい。

そもそも、親房が元弘の討幕運動に関わらなかったとされる根拠として、彼が建武政権内で、これといった要職に就いていないという事実がよく挙げられる。ちなみに、古代・中世の最も信頼される系図集である『尊卑分脈』を見ると、親房は南朝で「一品・准大臣」にまで昇ったと記されており、これを建武政権成立時のこととしている辞典類（山川出版社『日本史広辞典』など）もある。しかし後述するとおり、親房が従一位（一品）に叙されたのは、彼が陸奥から帰京した後の建武三年（一三三六）正月のことであり、また准大臣に任ぜられたのは、彼が常陸から吉野へと帰着した興国五年（康永三年、一三四四）のことであった。建武政権成立当時、親房はあくまでも正二位入道前大納言として、政権中枢から一歩距離を置いた立場にあったのである。

しかし、政権中枢から遠ざけられていたからといって、討幕運動に関わっていなかったと見るのは早計に過ぎよう。この時期、幕府滅亡の最大の功労者であった足利高氏もまた、新政権の中枢から遠ざけられ、「高氏なし」とささやかれていた（『梅松論《ばいしょうろん》』）。またやはり討幕運動の一方の主役である大塔宮護良親王もほぼ同様の冷遇を受けていた。建武政権成立時における親房の立場は、この両者（足利高氏と護良親王）と後醍醐天皇の、微妙な対立関係を抜きにしては語れない。それでは次に、この問題について、親房の陸奥下向と絡め、章を改めて論じていくことにしよう。

第二章　陸奥への旅立ち

1　大塔宮護良親王

英雄を生み出すのは、その資質であろうか、それとも環境であろうか。無論いかなる環境が与えられたとしても、それに打ち勝ち、これを我がものとする資質がなければ、英傑となることはできまい。しかし、いかに優れた資質の持ち主であっても、凡庸な生涯は、凡庸な人物しか生み出さない。

陸奥という環境

当時の公家社会を顧みても、「後の三房」として親房と並び称された万里小路宣房《までのこうじのぶふさ》や吉田定房《よしださだふさ》はもちろん、『徒然草』の著者として有名な吉田兼好、『園太暦《えんたいりゃく》』の記者として知られる洞院公賢《とういんきんかた》など、親房と同等か、あるいはそれ以上の資質を有する人物は何人もいた。しかるに親房という人物が、結果として彼らとはレベルの異なる思想を手に入れることができたのは、彼が都を離れ、地方の現状を目の当たりにしていたからだと私は思う。

当時の公家は、京都で生まれ、京都から一歩も外に出ることなく、その生涯を閉じるのを常としていた。そうした中で親房は、陸奥・伊勢・常陸そして吉野と、全国各地を転々とし続ける生涯を余儀なくされた。そのような環境が、北畠親房という人物の思想形成に与えた影響は、計り知れないほど大きなものがあると思うのである。

少し後のことになるが、延元三年（暦応元年、一三三八）五月、親房の嫡男顕家《あきいえ》が、後醍醐天皇に対し、建武政権の非を諫める七ヶ条からなる上奏文を提出した。その第一条には「もし一所に於て四方を決断せば、万機紛紜して、いかでか患難を救はんや」とあり、京都一カ所で全てを決断しようとする中央集権主義を批判し、奥羽・九州・関東などに藩鎮を置いてこれに軍事・民政の両権限を与えるべきであると主張している。この地方分権主義こそ、三年の間、陸奥にあって地方の生活を目の当たりにしてきた顕家の切実な肉声であり、それはまた父親房の思いでもあったに違いない。

したがって私は、京都にいた頃の親房が、既に「一代の指導者であり人望の中心であった」（中村直勝『北畠親房』）とする説には同意しない。北畠親房という人物は、その出家後、陸奥・伊勢そして常陸へと下向し、その現状を目の当たりにして、その地の人々と交流する中で、四十歳を超えてから、人間として大きな成長を遂げたと考える。本書が、親房の足跡（京都・陸奥・伊勢・常陸・吉野）をその章立てとした所以である。

そのような意味で、親房が初めて地方に下向することとなった陸奥下向の事情は、彼の生涯を探る上できわめて重要な意味を持つ。それではいったい誰が、親房を陸奥へと向かわせたのであろうか。

下向の発案者

この点について、かねてから注目されてきた史料として、『保暦間記《ほうりゃくかんき》』の次のような記事がある。

二品兵部卿護良親王と申す、征夷将軍にならぬことを鬱憤して、とかく思計給ける程に、東国の武士、多くは出羽陸奥を領して其の力もあり、是を取り放さんと議して、当今の宮一所下し奉るべしとて、国司には彼の親王に親しく成り奉りけるにや、土御門入道大納言親房息男顕家卿をなして、父子共に下さる。

すなわち、後醍醐天皇の皇子にして、天皇の隠岐配流後、討幕運動の主力となってきた大塔宮《おおとうのみや》護良親王が、鎌倉幕府滅亡後、東国武士団が足利に組織されつつある状況を憂慮し、彼らの多くは陸奥・出羽に所領を有しているのだから、東北を関東から切り離すことで、足利の勢力を削げるはずだと考え、親房・顕家父子を陸奥に下向させたというのである。

この史料は、夙に佐藤進一によって注目され、「この案は護良の主唱にはじまり、かれの舅であり、母方の従兄弟に当たる親房の協力によって実現したものである」とされてきた（『南北朝の動乱』）。しかしながら近年では、護良親王の発案を否定的に捉える見方の方が強い。それは『保暦間記』が南北朝中期に成立した後世の編纂物であるのに対して、親房その人の著作である『神皇正統記』に、護良親王の関わりが一切記されていないことを重視した見解である（伊藤喜良『東国の南北朝動乱』など）。もっとも、既に加地宏江の指摘にあるとおり（『伊勢北畠一族』）、『神皇正統記』には、親房が最も心を込めて養育したはずの世良《よよし》親王に関する記述が全く見当たらず、その記述内容を額面どおりに受け取ることはできない。むしろ当事者だからこそ書けなかったこと、書くことの憚られたことも多かったと判断すべきであろう。そして、もしそうだとすると、以下の諸点から考えて、やはり親房父子の陸奥下向は、護良親王の発案であったものと考えられる。

第一に、下向時における親房父子の官位である。先にも述べたとおり、建武政権成立時の親房は、何らめぼしい官位に叙任されたわけでもなく、従三位参議の顕家が従五位下相当官の陸奥守に任ぜられたことは、むしろ左遷人事に等しい。後醍醐天皇が自らの発意で親房父子を陸奥に下向させたのであれば、後年尊氏叛乱後に行われた如く、親房を従一位、顕家を権中納言などに叙任してから下向させるのが筋であろう。

第二に、下向後の陸奥国府のあり方である。既に佐藤進一の指摘があり、また本書でも後に詳述するとおり、親房父子が陸奥国で構築した政治体制は、まさしく「奥州小幕府体制」と称すべきものであった。そしてそれは、自ら征夷大将軍の地位を望んだ護良親王の発想にこそ似つかわしい。まして幕府政治の復活を決して認めようとしなかった後醍醐天皇のよくする発想ではあるまい。

第三に、陸奥という着眼点そのものである。建武元年十月、護良親王が後醍醐天皇によって捕縛された際、南部・工藤らの奥州武士数十人が「宮の御内の輩」として逮捕されていることからも知られるとおり（『梅松論』）、陸奥という地域は、護良親王の重要な支持基盤の一つであった。佐藤進一は、彼ら南部・工藤氏らを「北畠の手を通じて護良のもとに送り込まれた奥州武士」であろうとしている

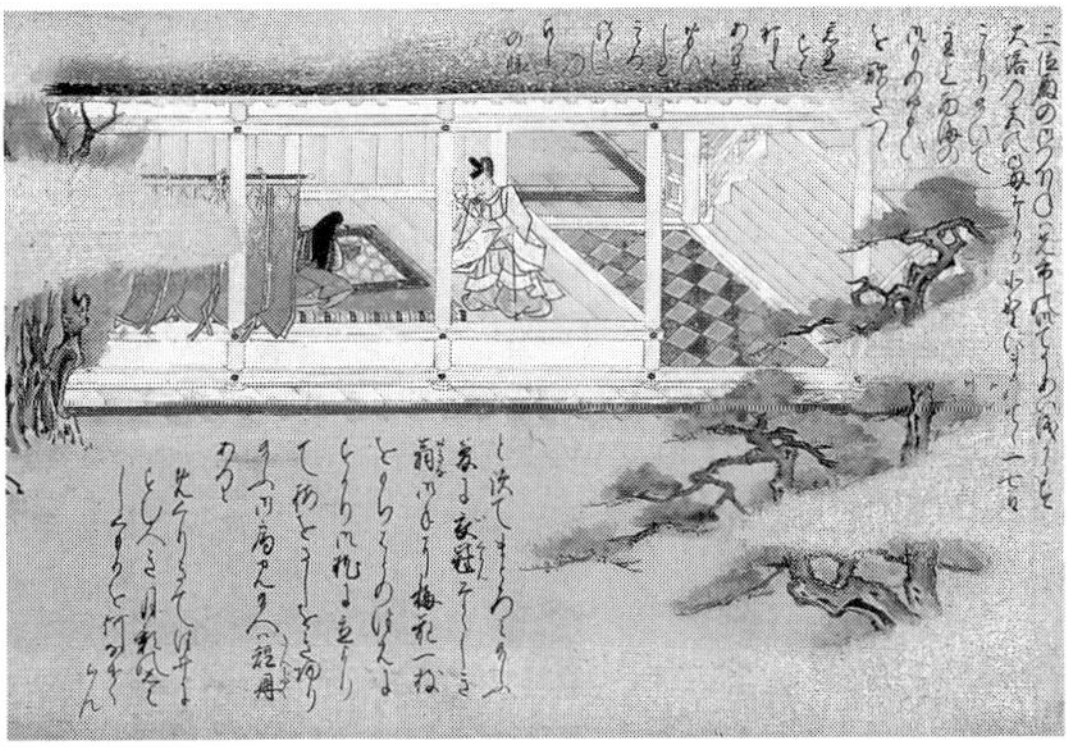

民部卿三位局
「太平記絵巻　第二巻」（埼玉県立歴史と民俗の博物館蔵）より

が、むしろ熊野三山を主な活動の拠点とし、出羽三山と頻繁な往来のある修験者たちをその勢力基盤としていた、護良親王ならでは人脈の方が先行していた可能性は高い。

従三位親子と民部卿三位局

そのような護良親王と北畠親房をつなぐ接点として、古くから注目されてきた人物に、親房の伯母に当たる源親子《ちかこ》という女性がいる。すなわち、天皇系図の根本史料として有名な『本朝皇胤紹運録《ほんちょうこういんしょううんろく》』を見ると、護良親王の母は「民部卿三位大納言源師親女」と記されており、親房の祖父師親の娘が親王の母であったとされている。一方『尊卑分脈』を見ると、北畠師親には「従三位親子」という娘のいたことが知られ、かつてはこの二つの史料から、護良親王の母＝民部卿三位局＝北畠師親の娘＝従三位親子とされてきた。

しかしその後、護良親王の母民部卿三位局と従三位親子は別人であることがわかってきた。というのも、『公衡公記』正応二年（一二八九）正月十七日条に「権大納言典侍　師親卿女」とあることや、『伏見天皇宸記』同年三月一日条に「典侍親子　権大納言典侍」とあることなどから、師親女親子は『権大納言典侍集』という私家集を残したことで知られる京極派の歌人であり、伏見院に東宮時代からその崩御まで仕えた典侍であったことが、国文学の世界で明らかにされてきたのである（井上宗雄『中世歌壇史の研究　南北朝期』、岩佐美代子『京極派歌人の研究』など）。さらに玉井幸助によれば、『本朝皇胤紹運録』に伏見院皇子尊悟法親王の母として見える「権大納言局　参議具氏女」も同一人で、おそらく親子の実父は中院具氏《ともうじ》であったが、幼い頃に父具氏を亡くし、父の従兄弟に当たる師親の養女となったのであろうとされている（『中務内侍日記新注』）。

これに対して民部卿三位局は、『増鏡』「むら時雨」の段に、

むかし、亀山院に、御子など生み奉りてさぶらひし女房、此ごろは、后宮の御かたにて、民部卿三位ときこゆる御腹に、当代（後醍醐）の御子も出でものしたまへりし、山の前座主にて、今は大塔の二品法親王尊雲ときこゆる、

とあるとおり、かつて亀山院の寵愛を受けて親王を産んだ後、院の孫に当たる後醍醐天皇の后となって護良親王を産んでいた。ちなみに民部卿三位局が産んだ亀山院の皇子は、『金沢文庫古文書』所収

「金沢貞顕書状」に「民部卿三品は、梨下門主宮（当代御子）・聖護院准后（亀山院御子）御母儀に候なり」とあることから、聖護院准后尊珍法親王であったことが知られる。しかるに『本朝皇胤紹運録』を見ると、尊珍法親王の母は「従三位資子」とされており、「従三位親子」ではない。

民部卿局と北畠具行

ここまでのところを整理すると、第一に護良親王の母は民部卿三位局といい、亀山院の皇子尊珍法親王の母でもあり、その実名を資子といったらしいこと、第二に北畠師親女（実は中院具氏女）の親子は権大納言典侍とよばれ、伏見院の皇子尊悟法親王の母であったことの二つが確認でき、この二つから、民部卿三位局と権大納言典侍親子は別人と断定できる。

それでは、民部卿三位局は北畠師親の娘ではない、ということになるのであろうか。例えば平田俊春は、東寺本『天台座主記』に護良親王（尊雲法親王）が「後醍醐天皇々子、母三品藤原経子」と記されていることの方に注目され、森茂暁はそこから護良親王の母を、日野経光女経子と推定されている（『皇子たちの南北朝』）。しかし、ここでもう一度『本朝皇胤紹運録』を見直すと、護良親王の母民部卿三位局を「大納言源師親女」としているだけで、それを『尊卑分脈』に見える「従三位親子」としているわけではないことに気づかされよう。とするならば、権大納言典侍親子と民部卿三位局が別人だとしても、『尊卑分脈』に載らないもう一人の師親女＝民部卿三位局がいた可能性は残るのではないか。

ここで注目される史料に、加地宏江『伊勢北畠一族』の中でも紹介された次の「後醍醐天皇綸旨」（大徳寺文書）がある。

下総国遠山方御厨領家幷びに地頭職、具行卿菩提料所として民部卿局大徳寺に寄付の由、聞こし食された了んぬ。永代管領相違あるべからず。てへれば天気此の如し。之を悉せ。以て状す。

元弘三年八月十日　　　　　　　　　　　　　左中将（花押）

宗峯上人御房

すなわち、元弘の変で斬首された北畠具行（前章末参照）の菩提を弔うため、「民部卿局」なる女性が、建武政権成立直後の元弘三年（一三三三）八月、大徳寺に下総国遠山方御厨の領家職と地頭職を寄進し、後醍醐天皇がそれを承認・保障したというのである。

北畠具行の菩提を弔っていることから、ここに見える「民部卿局」は、『大日本古文書』の注にあるとおり、北畠氏出身の女性と考えて間違いあるまい。とすると、『金沢文庫古文書』などから護良親王母を「民部卿三位局」と称したことが確実である以上、護良親王母を「藤原経子」とする東寺本『天台座主記』の記事より、「民部卿三位局」を「大納言源師親女」とする『本朝皇胤紹運録』の記事の方が信用できよう。

民部卿局と宰相典侍

さらにもう一つ、護良親王母を北畠師親女と考えたい状況証拠の一つとして、前章でも掲げた嘉元四年（一三〇六）の「昭慶門院御領目録」がある。

肥後国阿蘇社　守忠　御年貢三千疋

郡浦　　万里小路大納言入道
神宮寺　同、里々両所知行相違有るべからざるの由、院宣を親房朝臣に下され了んぬ、
甲佐社　宰相典侍　御年貢二千疋

本目録において、肥後国阿蘇社の末社郡浦社と同社神宮寺の領有を認められている「万里小路大納言入道」が、北畠師親に当たることは前章で述べた。とするならば、同じく阿蘇社の末社である甲佐社を領有している「宰相典侍」もまた、北畠家の女性と見なすのが適当であろう。

これまでの研究では、この「宰相典侍」を権大納言典侍源親子とする説が主流であった（日本歴史地名大系『熊本県の地名』平凡社など）。そして確かに、親子の実父が参議中院具氏であるとすると、「宰相（参議の唐名）典侍」というその女房名もうまく説明できよう。しかし、正応二年（一二八九）に「権大納言典侍」と名乗っていた親子が（前掲『公衡公記』『伏見天皇宸記』）、なぜ嘉元四年になって「宰相典侍」なのかという疑問は残る。また前章で述べたとおり、そもそも本目録は、後宇多院が大覚寺統の領有する荘園群を再把握するために作成した「大覚寺統所領目録」であった。とすると、いかに北畠家の女とは言え、持明院統の伏見院に仕え、皇子までなしていた権大納言典侍親子が、大覚寺統の領有する甲佐社の領家職を伝領し得たのかという不自然さも拭えない。以上のことから私は、この「宰相典侍」を、もう一人の師親女＝民部卿三位局と考えたい。

前章でも述べたとおり、右の目録に見える北畠師親と親房は、この前年に没した亀山法皇側近の公

卿であり、法皇の没後、その末子恒明親王から後醍醐天皇の皇子世良親王へと、近侍の対象をスライドさせていった。とすると、彼らと並んで阿蘇社の末社を領有していた「宰相典侍」もまた、亀山法皇に仕えて尊珍法親王を産み、その後、後醍醐天皇の后となって護良親王を産んだ民部卿三位局こそがふさわしいように思われる。

さらに、先にもその一部を掲げた『金沢文庫古文書』「金沢貞顕書状」の前半部分を見ると、

> 吉田前大納言室家三位局逝去の旨、同じく承り了んぬ。宮々の母儀民部卿三品、吉田と一体の由、その聞こえ候し。その事にて候やらん。別人候か。委細承るべく候。

とあり、民部卿三位局は護良親王を産んだ後、後醍醐天皇の側近にして「後三房」の一人に謳われた吉田定房に再嫁していたことが知られる。この吉田定房は、右の目録が作成された嘉元四年の前年末まで参議（宰相）の地位にあったので（『公卿補任』）、その室民部卿三位局も「宰相典侍」と称されたと考えることも可能であろう。なお本文書によると、三位局は金沢貞顕《かねさわさだあき》が健在の鎌倉末期に没したことになるが、前述したとおり、彼女は建武政権成立後の元弘三年まで生存していた。おそらく「貞顕書状」が「別人候か」と疑っているとおり、この時没した定房室と民部卿三位局は別人に相違ない。

護良親王と北畠親房

以上述べてきたとおり、私は大塔宮護良親王の母民部卿三位局を、『本朝皇胤紹運録』の記載どおり、北畠師親女と考える。もちろん『尊卑分脈』に記

載がない以上、本当に親子以外の「もう一人の」師親女がいたのかという疑問は残る。また「民部卿局」の召名となる官途に、師親やその一族が就いていないという弱点もある。ただ、『尊卑分脈』に見える従三位親子も師親の実子ではなく、師親の従兄弟中院具氏の娘であったと推定されていることからすれば、民部卿三位局もまた、民部卿の地位にあった何者かの実子でありながら、何らかの事情で北畠師親の養女となった可能性もあるのではないか。

いずれにせよ護良親王の母については、その多くが謎に包まれたままである。民部卿三位局と呼ばれた女性であったことは間違いないが、その実名は資子（『本朝皇胤紹運録』尊珍法親王母）とも、経子（東寺本『天台座主記』）とも言われ、判然としない。若き日に亀山法皇の寵愛を受け、後醍醐天皇の后となった後、吉田定房の室となっていたことも、その波乱に満ちた生涯を象徴している。そして実にそのことこそが、後醍醐天皇と護良親王という複雑な父子の愛憎関係に、きわめて微妙な陰

護良親王　「伝大塔宮出陣図」（個人蔵）

影を落としていたように思われてならない。

なお森茂暁は、もし護良親王と北畠親房が従兄弟同士だとすると、『神皇正統記』に登場する護良親王の記述が、余りにも「冷静で淡々としており」、特にその最期を記した箇所など、「とても身内の受難を語る語り口とは思われない」ことを指摘している。しかし、前述した加地の反論にもあるとおり、親房が心を込めて養育した世良親王に関する記述を欠くことなどから、『神皇正統記』の記述内容を額面どおりに受け取ることは難しい。

実際、かなり後のことになるが、興国二年（一三四一）の夏、親房のいる常陸に下向してきた護良親王の遺児興良《おきよし》親王のことを、親房は「当家また殊に由緒の御事候」と称している（興国三年五月二十六日付「北畠親房書状」阿蘇文書）。なおこの興良親王については、その母が親房の妹とされており（菅政友『南山皇胤録』）、ここに記す「由緒」もまた、自らの甥に当たるという意味なのかも知れない。しかしそのいずれにせよ、護良親王と北畠親房は従兄弟もしくは義兄弟（あるいはその両方）の関係にあったことが明白なのである。

天下三分の形勢

それでは、なぜ『神皇正統記』は護良親王の最期をきわめて淡々と記し、また護良親王こそが親房父子陸奥下向の発案者であることを明記しなかったのであろうか。私はそれこそ、親房が建武政権成立直後における後醍醐天皇と護良親王の対立関係を、決して『神皇正統記』に記そうとしなかったためと考えている。

『太平記』巻第十二が最も鮮明に描き出しているように、鎌倉幕府滅亡直後における最大の政局は、足利高氏を警戒する護良親王と、高氏を重用する後醍醐天皇との対立関係にあった。しかるに『神皇正統記』は当該期の政局を、あくまでも高氏の陰謀と、彼を重用し過ぎた後醍醐天皇の失策として描き切ろうとした。そもそもかかる『神皇正統記』の見方は、まさしく当該期における護良親王の立場そのものとも言えるわけだが、『神皇正統記』が、そのような護良親王その人をあえて描き込まなかったのは、結果として後醍醐天皇と対立することになった護良親王を描くことで、心ならずも天皇と対立してしまった自らの過去を描くことを懼れたからではないかと私は思う。

赤松円心
（兵庫県赤穂郡上郡町・宝林寺蔵／上郡町教育委員会提供）

きわめて単純化すれば、鎌倉幕府滅亡直後の政局は、後醍醐天皇とその寵妃阿野廉子《あのれんし》・千種忠顕《ちぐさただあき》・名和長年《なわながとし》らを中心とする一派と、護良親王と北畠親房・赤松円心らを中心とする一派、そして足利高氏・直義《ただよし》兄弟を中心とする一派とに分かれ、いわば三すくみの状態にあった。このような三派が形成された背景には、討幕運動の真の主役であった後醍醐天皇が、隠岐に配流されて事実上身動きがとれなかったのに対し、畿内近国で終始一貫討幕運動を牽引し続けてきたのが護良親王とその一派であったということ、にもかかわらず最終的に幕府を滅亡へと追い込んだのが、足利高氏らの率いる旧御家人勢であったという、鎌倉幕府滅亡へと至る複雑な相関図が関係していた。

隠岐で後醍醐天皇と苦楽を共にした阿野廉子や千種忠顕・名和長年らは、自分たちが常に討幕運動の中心にいたつもりでいた。一方、天皇配流後の畿内でゲリラ戦を継続し、終始一貫して幕府軍を悩ませ続けた護良親王や楠木正成・赤松円心らも、自分たちこそ討幕運動の主役という自負があった。そして、最終的に六波羅探題を陥れ、嫡男の千寿王《せんじゅおう》（後の足利義詮《よしあきら》）を新田義貞とともに鎌倉へと攻め込ませた足利高氏とその一門も、幕府を倒したのは自分たちだと思っていた。このうち、楠木正成や結城《ゆうき》親光《ちかみつ》らは、早くに後醍醐天皇を中心とする一派に取り込まれ、「天下に結城（親光）・伯耆（名和長年）・楠木（正成）・千種頭中将《とうのちゅうじょう》（忠顕）、三木一草《さんぼくいっそう》と言はれ」るほどの権勢を誇ったが（『太平記』巻第十七）、護良親王の下で畿内におけるゲリラ戦の主力を担った赤松円心は、播磨国佐用《さよう》荘一所のみという恩賞しか受けられなかった。これは建武政権が、護良親王を中心とする一派を正当に評価しようとしなかった明確な徴証と言える。

阿野廉子の三皇子

そして、本書の主人公北畠親房もまた、建武政権の中でこれといった要職に就くことなく、元弘三年（一三三三）の十月二十日、嫡男顕家とともに義良《のりよし》親王を奉じて京をたち、陸奥国へと下向していった。陸奥国府への下着は同年十一月二十九日とされている（『相顕抄《そうけんしょう》』）。これもまた、建武政権が護良親王派の有力公卿を京都から遠ざけた人事であったと見なすことができよう。しかも、面白いことに同年十二月、建武政権は足利尊氏（高氏）の弟直義に義良親王の兄成良《なりよし》親王を奉じさせて鎌倉へと下向させている。

建武政権成立直後に行われたこの二つの地方下向政策、すなわち義良親王を奉じた北畠父子の東北下向と、成良親王を奉じた足利直義の関東下向は、その後の両者の行動が、前者は南朝、後者は北朝と、余りにもかけ離れたものとなっていったため、下向当初から、例えば前者が建武政権の政策の一環であったのに対し、後者は足利兄弟の謀略によるものであったというように、全く別の意図によるものであったと考えられることが多い。

しかしながら、むしろこの両者には共通点の方が多い。例えば義良親王も成良親王も、いずれも後醍醐天皇の寵愛を一身に集めていた阿野廉子が産んだ皇子である。この廉子という女性は、天皇との間に三人の皇子を産んでいるが、その長男に当たる恒良親王は、翌建武元年（一三三四）の正月、後醍醐天皇の皇太子に立てられている。つまり、元弘三年十月から翌年正月という四カ月の間に、三男の義良親王が東北へ、次男の成良親王が鎌倉へと遣わされ、そして長男の恒良親王が京都で皇太子に立てられているということから考えて、これらの諸政策は、いずれも後醍醐天皇と寵妃廉子の立案によるものであったと考えざるを得ない。

前述したとおり、建武政権成立時の政局は、阿野廉子を中心とする一派と、護良親王を中心とする一派、そして足利尊氏を中心とする一派に分かれ、いわば三すくみの状態にあった。阿野廉子が自らの産んだ皇子二人を、それぞれ護良親王派と足利尊氏派の最有力者に託して地方へと下したのは、地方支配を充実させたいという両派の思惑を逆手にとり、両派の有力者を中央から遠ざけるとともに、最終的には三派のいずれが勝利を収めても良いよう、皇子たちの将来に対して布石を打ったものと見なすこともできる。

しかし、この三派の微妙な緊張関係は、そう永くは続かなかった。護良親王と足利尊氏を対立させて両者の力を削ごうとした阿野廉子の目論見と、後醍醐天皇と護良親王を対立させて両者の力を削ごうとした足利尊氏の謀略が絡み合う中で、建武元年十月、護良親王は阿野廉子派の名和長年に逮捕され、足利尊氏に引き渡されてしまう。そもそも、後醍醐天皇と足利尊氏の対立を最初から基本に考えがちな後世の歴史家は、この事件を、尊氏の謀略にはまった天皇の失策と評してきた。しかし先にも述べたとおり、当該期における基本的対立軸は、むしろ護良親王と後醍醐天皇との間にこそあった。後醍醐天皇派の名和長年によって逮捕された護良親王が、足利尊氏に引き渡され、鎌倉の直義のもとへ送られたという、この一見不可解な事件処理の仕方は、かかる対立構図を念頭に置かなければ正当に評価することが出来ない。『梅松論』の伝える「武家（尊氏）よりも君（後醍醐）のうらめしく渡らせ給ふ」という護良親王の独白こそが、この事件の真相を赤裸々に物語っていよう。

尊氏を高氏と表記すること

建武政権内におけるこの深刻な内部対立は、主として足利尊氏という人物に対する警戒感の温度差をめぐって惹起されたものであった。そこで、その温度差を象徴する事例として、足利尊氏を「高氏」と記すことの意味について触れておこう。

周知のとおり、足利高氏は元弘三年（一三三三）八月、六波羅陥落の功績によって従三位・武蔵守に叙任されるのと同時に、後醍醐天皇の諱「尊治」の一字を賜って「尊氏」と名乗ることを許された。しかるに建武二年（一三三五）十一月、建武政権に反旗を翻した尊氏は、朝廷から全ての官職を剝奪されており、当然「尊」の字の使用もこの時、同時に認められなくなったものと考えられてきた（平泉澄「足利高氏名分論」『建武』三巻一号など）。しかし、同年十一月から後醍醐天皇が没する延元四年にかけて発給された「後醍醐天皇綸旨」を通覧すれば明らかなとおり、当時の後醍醐天皇の朝廷は、尊氏のことを必ず「尊氏・直義以下の凶徒」などと記しており、決して公式には「尊」の字を召し上げていない（岡野「尊氏を高氏と表記すること」）。

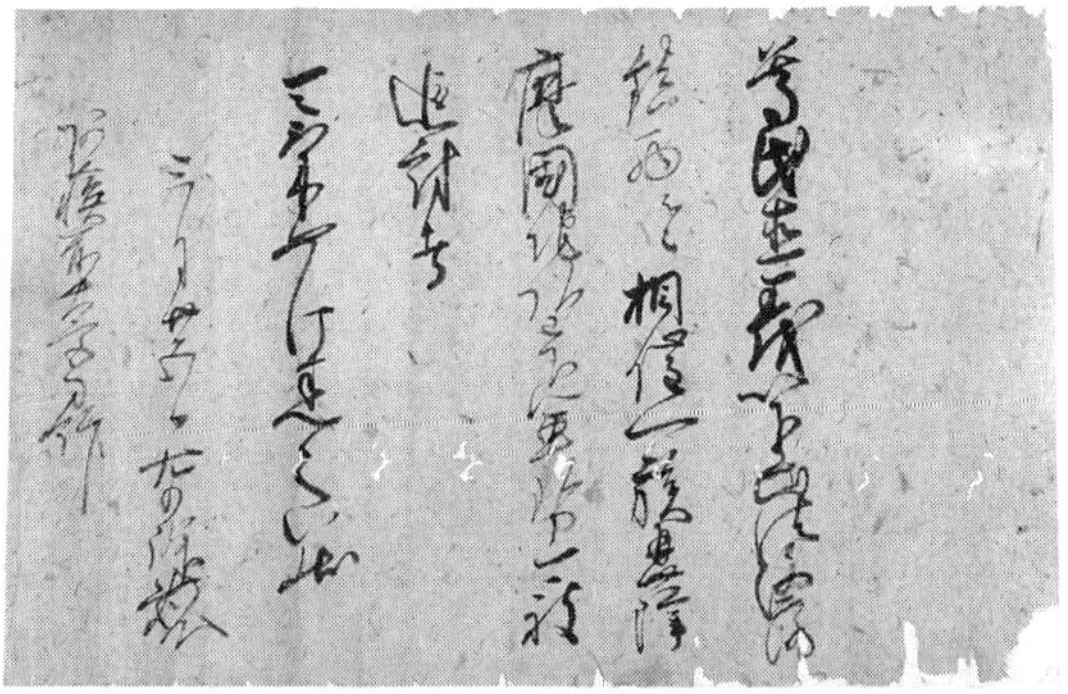

延元元年３月25日付後醍醐天皇綸旨
（阿蘇家文書／熊本大学附属図書館蔵）

にもかかわらずこれまでの研究、特に戦前に主流であった南朝中心の歴史学が、尊氏のことを「高氏」と記してきたのは、久保田収が『北畠父子と足利兄弟』の自序に、「親房が神皇正統記に記しているのに倣って高氏をもって終始した」と断っているとおり、『神皇正統記』の記述に倣った結果に他ならない。そこで今度は『神皇正統記』の方を通読すると、親房は、同書の中で一度も高氏のことを「尊氏」とは記しておらず、そもそも元弘三年八月、後醍醐天皇が高氏に諱の一字を賜ったという事実そのものを無視していることに気づかされる。

つまり、元弘三年八月に「尊」の一字を賜りながら、建武二年十一月にこれを召し上げられたという解釈は、高氏を重用してその偏諱まで与えた後醍醐天皇の立場と、そのような天皇の姿勢を「さしたる大功もなくて、かくやは抽賞せらるべき」(『神皇正統記』)と批判し続けた親房の立場を、無理やり整合的に理解しようとした結果、生じた誤解に他ならない。元弘三年、高氏に対して「尊」の字を賜った後醍醐天皇は、尊氏が叛いたその後も、彼のことを「尊氏」と称し続けていたのであり、一方の親房は、最初から高氏に「尊」の字が与えられたという事実そのものを認めていなかった。

なお後に、南朝の主が後村上天皇に代わり、親房がその補佐を担うようになると(第五章参照)、当然のことながら南朝から出される綸旨には、「尊氏」ではなく「高氏」と記されるようになる。したがって、結果として建武政権(南朝)は、尊氏から「尊」の一字を召し上げた形になる。しかしそれは、後醍醐天皇から親房へと、南朝の主導権が移行した結果として起こったことであり、建武二年十一月、尊氏の謀反と同時に「尊」の一字が召し上げられたという歴史事実は、どこにも存在しなかったのである。

ちなみに本書では、主人公親房の意志には背くことになろうが、後醍醐天皇が最後まで「尊氏」と記し続けているという事実と、尊氏自身がその後、生涯を通じて「尊氏」と自署し続けているという事実を重視し、元弘三年八月以降の高氏については、これを全て「尊氏」と記していくことにしたい。

2　奥州小幕府構想

以上述べてきたとおり、建武政権成立当初の政局は、尊氏を警戒する護良親王と、彼を重用する後醍醐天皇との対立にあり、北畠親房の政治思想は、護良親王のそれに近いものがあった。しかるに周知の如く、護良親王は自ら征夷大将軍となることを望み、北畠親房は『神皇正統記』の中で鎌倉幕府政治を高く評価していた。それに対し、後醍醐天皇は幕府政治の復活を決して認めようとしなかった。それでは、幕府政治を評価する護良親王と北畠親房が尊氏を警戒し、幕府政治を認めようとしない後醍醐天皇が尊氏を重用するという、一見逆転しているかのようなこの構図は、どのように理解すればよいのであろうか。

幕府とは何か

この構図が逆転しているように見えるのは、「幕府」なるものについての私たちの誤解が大きく関係している。足利家による室町幕府、徳川家による江戸幕府の存在を知っている私たちは、征夷大将軍と言えば、最初から武家が就くべき職であったものと考えがちである。しかし鎌倉時代に限ると、武家が将軍の地位にあったのは建久三年（一一九二）から建保七年（一二一九）までの二十七年間に過ぎず、その後の百二十年近くは、摂関家の子弟や皇族がその地位に就いていた。なかでも建長四年（一二五二）以降の八十年余は、親王が将軍職に就くという「伝統」が連綿と続いていたのである。八十年という歳月は世代を完全に入れ替える。ということは建武政権成立時において、「親王将軍」以

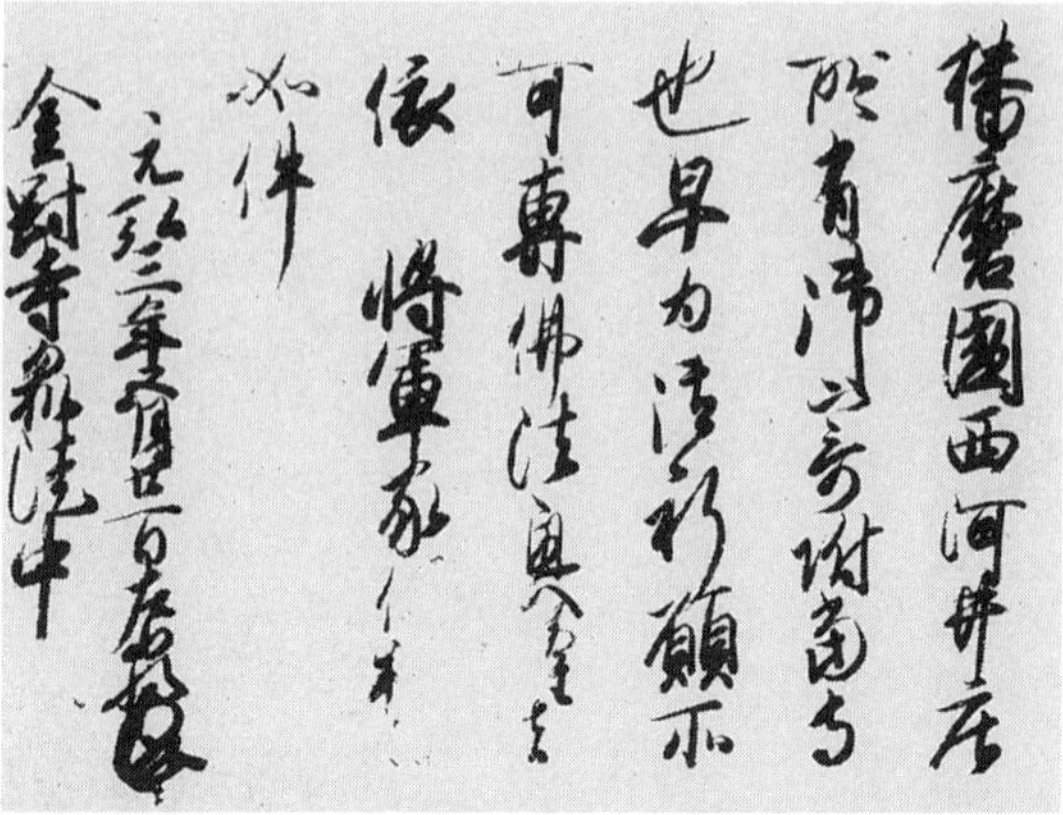

護良親王令旨（大阪府河内長野市・金剛寺蔵）

外の征夷大将軍を実体験として知る者は生存していなかったということを意味していよう。これはつまり、「親王将軍」が当時の常識であったということに他ならない。

　大塔宮護良親王が望んだのは、まさにかかる「親王将軍」の地位であった。実際、元弘三年（一三三三）五月以降の「護良親王令旨」は、「将軍家の仰せに依って」で書きとめる形式が増え、一見すると鎌倉幕府の「関東御教書」と区別がつかない程である。もちろん、鎌倉時代の親王将軍が、ほとんど実権を持たない「傀儡将軍」であったのに対し、護良親王は自ら実権を有する親王将軍になろうとした点に、大きな違いはある。しかしそのいずれにせよ、護良親王や北畠親房にとって、征夷大将軍とは親王こそが就くべき地位であり、武家であり御家人であった足利などが望むべき地位ではないと認識されていた。

『神皇正統記』は、尊氏のことを再三にわたって「ただ家人の列なりき」、「いはむやひさしき家人なり」と称している。永らく「家人」＝御家人であった足利が将軍になれるくらいなら、とっくの昔に北条が将軍になれたはずではないか。これが護良親王や北畠親房の立場であった。

それに対し、聖断主義・綸旨万能主義を掲げる後醍醐天皇にとって、たとえ我が子護良親王であろうと、幕府政治の復活を目指す存在は、決して認められるものではなかった。そしてむしろ後醍醐天皇は、かつての武家政治を、天皇親政の下で実現しようとしていた節がある。

守護と国司の併設

かつて、建武政権と言えば醍醐・村上朝の「延喜・天暦の治」を意識した「復古的」な政権であり、幕府政治はもとより、院政や摂関政治すら否定して、「律令制」を目指した「反動的」政権であったと考えられてきた。しかるに昭和四十二年（一九六七）、黒田俊雄の「中世の国家と天皇」（後に『日本中世の国家と宗教』所収）が発表されて以来、建武政権はむしろ、「封建王政を意図した」斬新で「革新的」な政権であったとする理解が通説となりつつある。考えてもみれば、恩賞方や雑訴決断所・武者所などといった新政府の機構は、「律令制」を意識したものと言うより、政所や問注所・侍所などといった旧幕府機構を継承した側面の方が強い。なかでも注目されるのは、建武政権が守護制度を存続させたという事実である。

源頼朝が「諸国総追捕使」に任ぜられたと『増鏡』が伝えるとおり、武家政権の最大の眼目は、諸国の守護（総追捕使）を統率するところにあった。後醍醐天皇は幕府を滅ぼす一方で、武家政治の骨格とも言うべき守護制度を、そのまま新政権の下に吸収した。これは天皇自らが「諸国総追捕使」の職務を担おうとしていた現れに他なるまい。

なおこの時、建武政権が守護と国司を併設していることに注目し、守護制度の存続より、国司制度の「復活」の方を重視する見方も根強い。しかし、そうした見解は、『神皇正統記』に「諸国に守護をおきて、国司の威をおさへしかば、吏務と云こと名ばかりに成ぬ」とあること等から、鎌倉時代の国司制度は、守護制度に取って代わられ、「名ばかり」の存在となっていたとする前提に基づいている。しかるに、例えば鎌倉時代の基礎的土地台帳である「大田文」が、国衙の在庁官人によって作成されていたことからも明らかなとおり（石井進『日本中世国家史の研究』）、地方行政機構としての国衙体制は、鎌倉時代を通じて厳然と機能し続けていた。

そしてむしろ吉井功兒が明らかにされたとおり（『中世政治史残篇』）、「鎌倉末期から建武政権初期の公家社会では、〝国司〟とは〝知行国主〟を意味」していたことを考え合わせるならば、建武政権による国司制度の復興とは、知行国制を廃して「律令制にもとづく国務執行国司制度」の復活を目指していたと考えた方がよかろう。さらに吉井は、「新政期中の武士の国務執行国司で国司守護兼帯に任ぜられた」者の中に、「複数国にわたる兼職者」が多いことから、「この現象は、後醍醐政権が国司による全国地方行政を望みながら、現実には守護を設置して鎌倉幕府の検断制度を残さねばならなかった事情」によるものであろうとしておられる。これを私なりに言い換えると、後醍醐天皇は、鎌倉末期の公家政権下にあった知行国制度を廃し、武家政権下にあった守護制度を活用することで、律令制にもとづく国務執行国司制度の復活を試みていたということになろうか。

後醍醐天皇や北畠親房は、一般に「公家中心のきわめて観念的な人物」と酷評されることが多く、そのどちらかを再評価する場合も、「親房などに比べて」とか、「後醍醐のそれに比べて」などといった言説で、他の一方を守旧派の代表であるかのように片付けてしまうことが多い。しかし、彼らの政治構想が結果として失敗に終わったからといって、これを「非現実的な復古主義」と見なすことは正確ではない。そもそも当該期において、鎌倉幕府の達成を一切否定することなどできるはずがあるまい。彼らは彼らなりに、鎌倉幕府の達成をいかに継承すべきか、頭を悩ませていた。

護良親王や親房は、武家を頂点としない幕府政治を考え、後醍醐天皇は、幕府を置かない武家の活用を考えていた。それに文字通り、武家による幕府政治の再興を目論む尊氏一派を加えた三派の妥協の産物として生まれたのが、佐藤進一の言う「奥州小幕府」「鎌倉小幕府」構想であり、吉井の言う「特別国司」制度であったと私は思う。

陸奥国府体制

それでは、「奥州小幕府」とも呼ばれる当該期の陸奥国府は、具体的にはいかなる政治体制を採っていたのであろうか。『建武年間記』によると、陸奥国府の最高首脳部は八人の「式評定衆」によって構成され、その下に各七名からなる「引付」が三番設置され、さらに政所執事・寺社奉行・安堵奉行・侍所といった諸奉行が置かれていたという。

「評定衆」の下に「引付衆」が置かれ、「政所」や「侍所」などからなるその構成は、まさにそれだけでも「奥州小幕府」と呼ぶにふさわしいが、それより大切なのはその構成メンバーである。最高首脳部たる「式評定衆」八人は、北畠父子とともに京都から下ってきた冷泉家房《れいぜいいえふさ》・藤原英房《ひでふさ》・入道元覚《にゅうどうげんかく》の三人と、結城宗広《むねひろ》・親朝《ちかとも》・伊達行朝《だてゆきとも》という奥羽の武将三人、そして二階堂行朝《にかいどうゆきとも》・顕行《あきゆき》という旧幕府の吏僚二人によって構成されており、そのメンバーのうち、二階堂行朝は引付衆の一番、結城親朝は二番、二階堂顕行は三番の引付頭人を勤め、さらに二階堂顕行は政所執事、同行朝は評定奉行を兼ねていた。つまり、陸奥国府における事務方の主役は二階堂一族であったと言える。

二階堂氏は鎌倉幕府草創期、二階堂行政《ゆきまさ》が源頼朝に仕えて公文所寄人・政所別当となって以来、代々政所執事となり、幕府の文官中最も重用された一族としてよく知られている。鎌倉幕府の滅亡後、その一族は建武政権に登用され、雑訴決断所の所衆となった他、同じ頃、鎌倉の足利直義によって編成された「関東廂番」＝「鎌倉小幕府」の番衆にも名を連ねていた。すなわち、当該期の二階堂氏は、京都の後醍醐政権、北畠氏の「奥州小幕府」、足利氏の「鎌倉小幕府」のいずれにも重用された「鎌倉幕府の遺産」そのものだったわけである。

このような「吏僚」二階堂氏の活用をはじめ、当該期の陸奥国府は、頂点に「将軍」たる義良親王を奉じ、陸奥守北畠顕家がいわば「執権」、その父親房がいわば「得宗」として実権を握り、その下で、「有力御家人」としての結城氏・伊達氏、そして吏僚二階堂氏たちが評定衆を構成するという、鎌倉幕府と極めてよく似た体制をとっていた（伊藤喜良『東国の南北朝動乱』など）。これこそ、当該期の陸奥国府が「奥州小幕府」と呼ばれる所以である。むろん、「得宗」「執権」に擬せられる北畠父子が武士ではなく、純然たる公家であったという点に、大きな違いは認められよう。しかしながら公家衆、なかでも村上源氏の公家衆が親王将軍に従って下向し、「幕府」を支えるという前例には、実は八十年以上も前からの伝統があった。

関東伺候の村上源氏

鎌倉中期、後嵯峨天皇の嗣立に当たって、村上源氏の土御門定通《さだみち》とその一族が大きな働きを果たしていたことについては前章で詳しく述べたが、建長四年（一二五二）、鎌倉に下って最初の親王将軍となった宗尊《むねたか》親王は、その後嵯峨天皇の第一皇子であった。したがって、宗尊親王と村上源氏との関係は深く、北畠・中院両家の祖に当たる中院通方の四男で、土御門定通の養子となっていた土御門顕方《あきかた》は、宗尊親王に供奉して鎌倉に下向していた（『吾妻鏡』建長四年三月十九日条・同年四月一日条、『宗尊親王御下向記』）。しかも、顕方の妹一条局は、宗尊親王の乳母を勤めていたことが知られており、土御門顕方とその一族は、宗尊親王の鎌倉在住中、常にその御所に近侍していたらしい。

例えば弘長二年（一二六二）、奈良西大寺の叡尊《えいそん》が鎌倉に下向した際、顕方とその母美濃局、妹の一条局が揃って受戒し、将軍宗尊親王も受戒を希望したが、北条時頼の意見によってこれを猶予したという（和島芳男『叡尊・忍性』）。これは顕方とその一族が、親王将軍に対し多大な影響力を有していた一つの証拠と言える。ちなみにこの間、顕方は鎌倉在住のまま文応元年（一二六〇）に正二位、弘長二年には大納言に叙任されており、これもまた、陸奥在住のまま従二位権中納言に叙任された北畠顕家の前例と見なすことができよう。

そして文永三年（一二六六）、二十五歳となった将軍宗尊親王が、得宗北条時宗と対立して鎌倉から京都に帰された際、顕方とその子顕実・雅方兄弟はこれに供奉している（『吾妻鏡』文永三年七月四日条）。顕方一族はどこまでも宗尊親王と一体であった。しかも村上源氏の関東下向は、決してこれで終わったわけではなく、雅方の孫（顕方の曾孫）土御門俊方は、嘉暦四年（一三二九）の正月に行われた前将軍久明親王の百箇日法要で布施取役人を勤めており（佐伯藤之助所蔵文書）、当時の将軍守邦親王に勤仕していた。

私たちは、えてして執権政治が始まって以降の鎌倉幕府というものについて、執権や得宗を中心にしたものとして考えがちである。しかし幕府が幕府である以上、その中心はあくまでも将軍家であり、京都から下ってきた宮将軍家の周辺には、決して執権や御家人たちが入り込むことのできない、京下りの廷臣たちの世界が広がっていた。そうした「関東伺候廷臣」の世界について、詳細な検討を加えられた湯山学の研究によれば、関東に伺候した人数だけから言っても、頼朝の妹を室とした一条能保の一条家や、頼朝の弟阿野全成《ぜんじょう》の姻族である三条家（阿野家）、あるいは摂家将軍の一族である難波家に匹敵する人数の、村上源氏が関東に下向したことが明らかにされている（湯山学『相模国の中世史』）。とするならば、義良親王に近侍して「陸奥小幕府」を構成した北畠父子の原型は、こうした「関東伺候」の村上源氏に求めることができよう。

北畠父子が「奥州小幕府」において、得宗と執権を兼ねた「伺候廷臣」であったとするならば、「奥州小幕府」における最有力御家人は白河結城一族であった。

結城一族

そもそも結城氏は、小山政光《おやままさみつ》の三男朝光《ともみつ》が頼朝から下総国結城郡を与えられて結城を称したことに始まる鎌倉幕府の有力御家人であり、朝光の孫に当たる広綱《ひろつな》・祐広《すけひろ》兄弟の時、広綱が下総結城氏の家督を継いだのに対し、祐広は陸奥国白河荘に所領を得て、白河結城氏の祖となった。このように白河結城氏は元来庶流であり、本拠の白河荘すらその北半分を本家の下総結城氏に領有されていたわけだが（熱海白川文書）、その立場を大きく逆転させたのが、祐広の子宗広《むねひろ》であった。

結城宗広は当初、御家人として足利高氏らとともに笠置山の後醍醐天皇を捕縛するための幕府軍に加わっていたが（『太平記』）、やはり幕府軍に加わって上洛していた宗広の次男親光《ちかみつ》が、護良親王の令旨を受けて討幕方に転じると、ちょうど鎌倉にいた宗広もまた、新田義貞の鎌倉攻めに加わった。ちなみに最近の山本隆志の研究によると、この時鎌倉に攻め込んだ勢力は、義貞を中心とする新田勢と、足利千寿王を中心とする足利勢、そして宗広を中心とする結城勢などが、それぞれ独自の判断で行動していたのであり、必ずしも義貞によって統率されていたわけではない。例えば新田一族の中でも世《せ》良《ら》田《だ》氏や岩松氏などは、むしろ足利勢と連携していたという（山本『新田義貞』）。

結城宗広（三重県伊勢市・光明寺蔵）

そのような「カオス状況」にあった討幕諸勢力の中で、結城一族は、宗広が鎌倉、次男の親光が六波羅へと攻め込んだ。つまり結城一族は、旧御家人勢力の中で、足利・新田に次ぐ第三の功績を挙げたことになる。なかでも、京に攻め込んだ結城親光に対する後醍醐天皇の信頼は厚く、「天下に結城（親光）・伯耆（名和長年）・楠木（正成）・千種頭中将（忠顕）、三木一草と言はれ」るほどの権勢を誇ったことは先にも述べた。

そして年が改まった元弘四年正月、親房とともに陸奥に下向していた宗広は、遠く京都から結城一族の惣領に任ずる綸旨を受け取り（結城家文書）、翌建武二年には、顕家から白河荘金山郷内新田村の領有を認められている（結城神社文書）。鎌倉末期、下総結城氏の庶流に甘んじていた宗広とその一族は、討幕運動に加わるという大きな賭に出ることで、一挙に結城氏惣領の地位と、本拠白河荘の領有を認められていたのである。

津軽合戦と奥羽の武将たち

ちなみに、それより遡る元弘三年十二月、陸奥国府に到着した直後の北畠顕家は、宗広の嫡男親朝《ちかとも》に陸奥国糠部《ぬかのぶ》郡内九戸を領有させている（結城神社文書）。陸奥国糠部郡は現在の青森県の東半分から岩手県北部に及ぶ日本中世最大の「郡」であり、文治五年（一一八九）の奥州合戦の後に鎌倉北条氏の所領となり、元弘三年五月の鎌倉幕府滅亡後は足利尊氏によって領有されていた（比志島文書）。北畠父子は、尊氏の所領のうち、最北の拠点である糠部の地に、腹心結城親朝を配することで、足利氏の勢力を北から牽制しようとしていたのである。

この時親朝に与えられた糠部と、その西に位置する津軽半島は、当該期における中央政界での勝敗を決する最重要拠点であった。すなわち、津軽半島の東には中世「日本」の最北端として「異国との境界地」と意識された外ヶ浜があり、西には文字どおり海外交易の拠点として北日本随一の港湾機能を有する十三湊《とさみなと》があった。鎌倉北条氏は、糠部郡の地頭として津軽四郡・外ヶ浜を手に入れ、鎌倉政界における地位を確固たるものとすることができたのであり、北条氏滅亡直後、その支配権を継承したのは、先にも述べたとおり、足利尊氏その人であった。入間田宣夫の言説を借りれば、「糠部・外

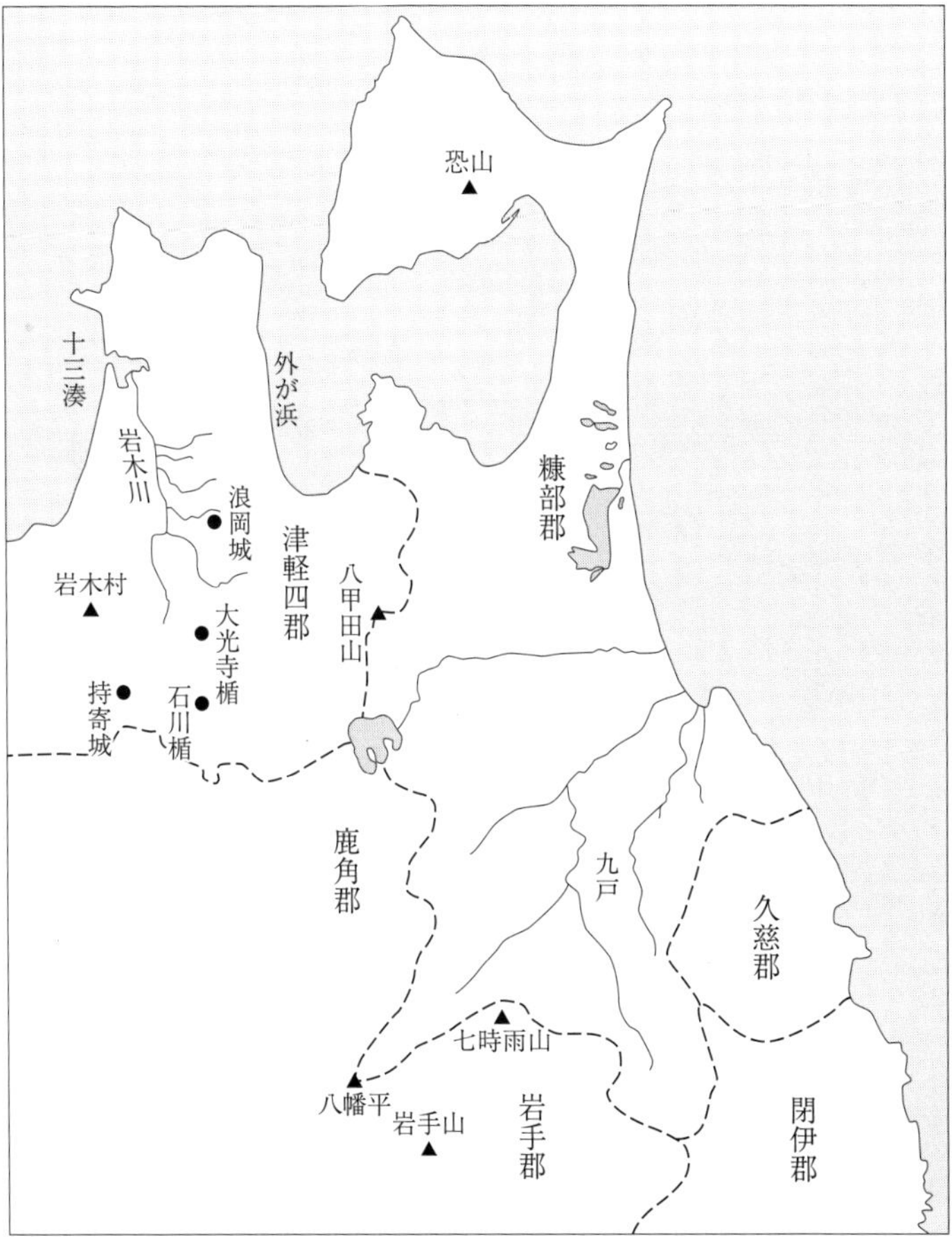

中世の糠部と津軽（入間田宣夫『北日本中世社会史論』より）

が浜を制するものは京・鎌倉をも制すというべきか。あるいはその逆もなりたちうるか」(『北日本中世社会史論』)ということになる。護良親王が、「東国の武士」から「出羽陸奥」を「取り放さんと議して」(『保暦間記』)親房父子を陸奥に下向させたのも、まさしくそのために他ならない。

したがって、陸奥に下向した直後の顕家が、結城氏を使ってこの津軽・糠部の地(現在の青森県)を、足利氏から「取り放さん」としたのも当然のことと言える。ところが、ちょうどその元弘三年十二月、津軽の大光寺楯《だいこうじだて》(現在の青森県平川市)では、鎌倉北条氏残党の叛乱が起きていた。津軽・糠部の地は、北条氏の残党にとっても、足利氏や北畠氏といった敵の手に渡すわけにはいかない最重要拠点だったわけである。

さて津軽で挙兵した得宗被官の残党曾我光高らは、北条一門の名越時如《なごえときゆき》を担いで大光寺楯に立て籠もった。これに対し陸奥国府は翌建武元年四月、多田貞綱《ただささだつな》を派遣して大光寺楯を攻め落とし、曾我氏らの叛乱軍は津軽石川楯(現在の青森県弘前市)に逃れたが、ここも南部師行《なんぶもろゆき》によって攻め落とされ、彼らは津軽持寄城《もちよせ》(同じく弘前市)へと落ち延びた。そして同年八月、顕家は伊賀盛光《いがもりみつ》に命じて津軽に総攻撃を開始し、九月には大河戸隆行《おおかわどたかゆき》にも出兵を命じている。そして同年十一月、遂に持寄城が落城し名越時如は降服、曾我氏は捕らえられた。

これが奥州下向直後の北畠父子を最も悩ませた津軽合戦の全貌であるが、興味深いのはこの際、津軽合戦の最前線で戦った武将たちの顔ぶれである。この内、南部氏については鎌倉末期、既に糠部郡の地頭に任ぜられていたとされており、津軽合戦に参加していて何の不思議もないが、伊賀氏は陸奥国磐城郡好島荘（現在の福島県いわき市）の預所、大河戸氏は陸奥国宮城郡山村（現在の宮城県仙台市）の地頭であり、遙か津軽の地まで出兵することは決して容易ではない。にもかかわらず、彼らが津軽合戦に動員されているということは、この津軽合戦なるものが、当時の陸奥国府にとって、いかに重要な総力戦であったかということを如実に物語っていよう。

ちなみに伊賀氏は、後に好島荘《よしまのしょう》の鎮守飯野八幡宮の神職として飯野氏を名乗るようになり、大河戸氏は大河戸・山村・朴沢《ほうざわ》の三家に分かれ、この内の朴沢氏が近世まで存続したことから、これらの合戦の様子は飯野家所蔵「飯野文書」や東北大学所蔵「朴沢文書」によって詳しく知ることができる。

多賀国府はどこに

それでは当時の親房父子は、陸奥国のどこから彼らに指令を出していたのであろうか。この件については、国会図書館本『保暦間記』に、建武四年春「顕家卿打負テ多賀ノ国府ヲ落」とあることなどから、古代国府の置かれた多賀城（現在の宮城県多賀城市）にいたと考えられがちである。しかし、古代の陸奥国府多賀城は、十世紀半ばにその役割を終えていたことが発掘調査によって確認されている。つまり、親房父子が拠点とした「多賀ノ国府」は、今日の国指定特別史跡「多賀城」の中にはなかったのである。

とすると、中世「多賀ノ国府」はどこにあったのであろうか。今のところ、現在の仙台市宮城野区岩切のあたりとする説（『仙台市史』通史編2）や、古代政庁跡にほど近い多賀城市五万崎《こまざき》を有力候補地とする説（入間田宣夫「陸奥府中ノート」）などがあり、判然としない。このうち、岩切の東光寺には中世の板碑が一五〇基以上も集中しており（『仙台市史』特別編5）、その近く、岩切の高森城（鴻ノ館）

を「多賀ノ国府」とする説も根強い。しかし夙に吉田東伍《よしだとうご》が、「延元より正平の間の古文書記録等に、国府云々、岩切城云々、と書き別けたるもの、歴々たり」と指摘しているとおり（『大日本地名辞書』）、「国府」「府中」と「岩切城」とは当時の古文書の中で明確に区別されており、「多賀ノ国府」を岩切地区に比定することは難しい。一方、多賀城市内の五万崎については、「余目氏旧記」の記述から、「こまさき」に「府中城」のあったことが論証できるが（前掲入間田論文）、「多賀ノ国府」に相当するような中世の遺跡は未だ発見されていない。

　ここで注目されるのが、この岩切から五万崎までを含む広大な「府中」域を本拠としていた留守氏の存在である。留守氏は本姓を伊沢氏といい、建久元年（一一九〇）、家祖伊沢家景《いえかげ》が鎌倉幕府から陸奥国留守職に任ぜられて奥州統治を任されて以来、代々その任に就いたため、その職名から留守氏を称するようになった。そもそも「留守」とは、平安中期以降に国司遙任の制が広まった結果、国司の留守居役の役所として諸国の国衙《こくが》に設置された「留守所」に由来する名称であり、留守所の構成員を「在庁官人」という。彼ら諸国の在庁官人たちは、全国各地で国衙機能の中枢を担い、ひいては在庁の屋敷（館）群そのものが「国衙」あるいは「国庁」などと呼ばれるようになっていったことが指摘されている（小川信『中世都市「府中」の展開』）。しかも陸奥国の場合、鎌倉時代を通じて守護職が置かれず、将軍家の知行国となる十三世紀中頃まで、留守氏による統治が認められていた。さらに元弘三年九月三日、在京のまま陸奥の国務を見ていた時期の北畠顕家が、陸奥の結城宗広に綸旨事書を伝えた御教書（結城家文書）を見ると、「国宣を留守三郎左衛門尉に付し遣わさるべく候」とあり、顕家

多賀城跡碑（宮城県多賀城市）

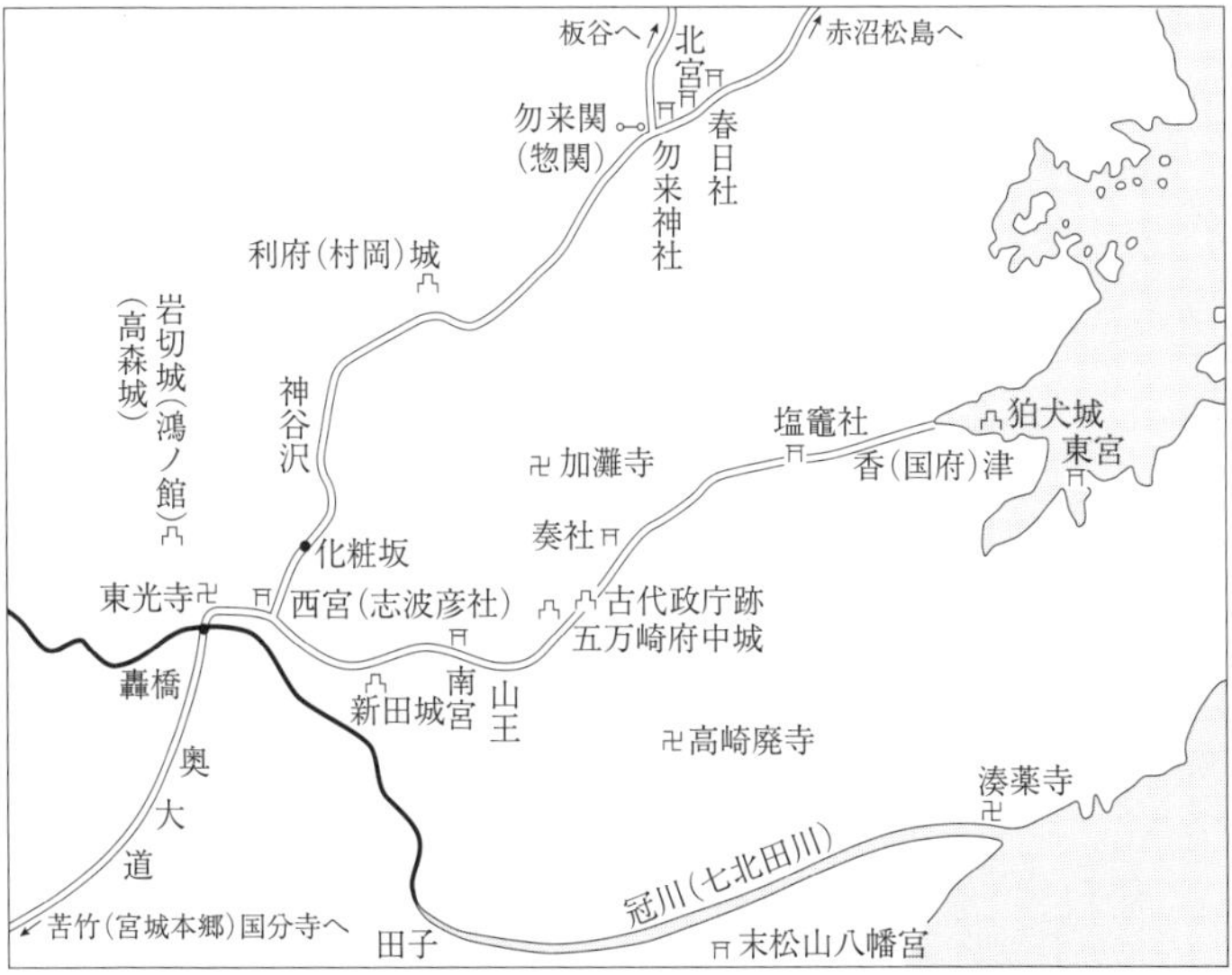

多賀国府の候補地（入間田宣夫「陸奥府中ノート」より）

の「国宣」は留守氏に託して現地に伝えられている。

つまり留守氏は、鎌倉幕府から陸奥国留守職に任ぜられた家でありながら、否、むしろそうであるからこそ、その実績を北畠氏からも評価され、「奥州小幕府」の中でも重要な地位を占めていたのである。以上の徴証から、陸奥に下向した北畠父子は、留守氏の居館を「多賀ノ国府」とし、そこを本拠地としていたものと考えられよう。ただ残念ながら、当該期における留守氏の中心的居館がどこにあったのかは不明とせざるを得ない。

3 尊氏叛く

親房の帰洛

かくして陸奥の地に着々と「奥州小幕府」体制を築きつつあった親房であったが、間もなく、久しく陸奥に滞在することの許されない事情が起こった。その事情とはすなわち中央政界の変化であり、更に言えば足利尊氏の去就である。

建武二年（一三三五）七月、最後の得宗北条高時の遺児で、信濃の諏訪氏のもとに身を隠していた北条時行《ときゆき》が、軍を率いて鎌倉を奪還するという事件が起きた。いわゆる中先代の乱である。この北条時行を討伐するため鎌倉へと下った足利尊氏は、八月に鎌倉を奪還した後も後醍醐天皇からの召還命令に従わず、逆に新田義貞を討伐するよう天皇に奏上する。これに対して後醍醐天皇は、新田義貞に尊氏追討を命じて出陣させ、これを受けた尊氏は十二月、遂に建武政権に反旗を翻して東海道を西上し、翌年の正月には京都まで攻め入るに至る。

この足利軍の背後を突いた軍勢こそ、尊氏離反の報に接して直ちに陸奥で追討軍を編成し、足利軍の後を追って南下してきた北畠軍に他ならない。すなわち『梅松論』は次のように伝える。

> 去元弘三年御一統の時、北畠亜相禅門、准后腹の三の宮を懐き奉て出羽陸奥両国の守として管領ありしほどに、五十四郡の軍勢を率して後詰の為に不破の関を越てむかふよし聞えけり。（中略）去程に正月十三日より三ヶ日の間、山田矢橋の渡船にて宮幷北畠禅門（親房）、出羽陸奥両国の勢ども雲霞のごとく東坂本に参着しければ（後略）

かつてはこの記事によって、北畠親房は建武三年正月、顕家や結城宗広らとともに、出羽陸奥「五十四郡の軍勢」を率いて上洛したものと信じられてきた（日本古典文学大系『太平記』頭注など）。しかし、夙に久保田収が指摘しているとおり（『北畠父子と足利兄弟』）、親房は顕家の率いる軍勢より一足早く、建武二年の十月には上洛を果たしていた。

久保田はその根拠として、親房自身が記した『関城書《かんじょうしょ》』に、「贈一位（顕家）在国の時、愚身（親房）上洛の後、高氏叛逆の風聞に就きて、不日上洛し、遂に大義を成し畢んぬ」とあることと、『北畠准后伝』が親房の帰京を建武二年の十月としていることを挙げている。確かにそのとおりであるが、ここではより確実な史料として、親房自身が建武二年八月十七日、「兼ねて又、三河前司（結城親朝）

進発せしめ候の処、同道に於ては一切難儀たるべく候」（原漢文）として、自らの上洛に対する親朝の同道を断っている書状（結城家文書）のあることを付け加えておこう。親房は、建武二年の八月には陸奥を出発し、同年十月までには帰洛していたのである。

足利尊氏（京都市・等持院蔵）

尊氏が不義 その実を知らず

親房の帰洛が建武二年の八月から十月であるとすると、それは尊氏の鎌倉下向以後であり、また尊氏の離反以前という、きわめて微妙な時期に当たることになる。ここで注目されるのは建武二年十月、召還命令に従わない尊氏に対して、後醍醐天皇が、

たとひ其の忠功莫大なりとも、不義を重ねば逆臣たるべき条勿論也。則ち追伐の宣旨を下さるべし。

として、直ちに追伐の宣旨を下そうとした際、親房ら公卿たちが、

尊氏が不義、叡聞に達すと雖も、未だ其の実を知らず。罪の疑しきを以て、功の誠あるを棄てられん事は仁政に非ず。

と諫言したと伝える『太平記』巻第十四の記事である。

これまでこの記事については、前掲『梅松論』の記事を信用する立場から、「当時親房はまだ陸奥にいたことになる」（加地宏江『伊勢北畠一族』）として、これを否定的に見る立場が主流であった。しかし前述したとおり、建武二年十月当時、親房は確かに在京していたのであり、あえてこの記事を否定的に捉える必要性はない。

むしろここで問題となるのは、早くから尊氏の動きを警戒していた親房が、この期に及んで尊氏を弁護するような諫言をしただろうかという点である。常識的に考えれば、この年の七月、従兄弟（ないしは義兄弟）であり、最大の理解者でもあった護良親王を、その足利の手によって暗殺されている親房が、「尊氏が不義（中略）未だ其の実を知らず」などと主張することは考えづらい。しかし、この記事で注目されるのはその後半、「罪の疑しきを以て、功の誠あるを棄てられん事は仁政に非ず」と主張している点である。

先にも述べたとおり、親房は『神皇正統記』において当該期の政局を、足利尊氏を重用し過ぎた後醍醐天皇の失策を中心として描いている。

抑も彼の高氏御方にまいりし、其の功は誠にしかるべし。すずろに寵幸ありて、抽賞せられしかば、ひとへに頼朝卿天下をしづめしままの心ざしにのみなりにけるにや。（中略）さしたる大功もなくてかくやは抽賞せらるべきと、あやしみ申す輩もありけりとぞ。

またやはり先にも述べたとおり、延元三年（一三三八）、北畠顕家は後醍醐天皇に七ヶ条からなる上奏文を提出しているが、その第三条で顕家は、「官爵の登用を重んぜらるべき事」として武士を安易に高位高官に登用することを批判するとともに、第五条では「法令を厳にせらるべき事」として、建武政権の朝令暮改ぶりを痛烈に批判している。

以上の状況証拠を勘案すると、建武二年十月、陸奥から帰洛したばかりの親房が、「功の誠あるを棄てられん事は仁政に非ず」として尊氏追討の宣下に反対したという『太平記』の記事は、十分に蓋然性があるものと考えられよう。すなわち親房は、むやみに尊氏を厚遇しておきながら、安易にまたこれを破棄しようとしている後醍醐天皇の朝令暮改ぶりに対して、このままでは世論の信頼を失う可能性があると諫言したかったに違いない。そしてそのような親房の懸念は、決して杞憂ではなかったのである。

顕家の上洛

親房の諫言もむなしく、建武二年十一月十九日、後醍醐天皇は尊氏追討のために新田義貞を出陣させ、同二十六日には尊氏・直義の官位を剝奪する。当初、勅勘を懼れて鎌倉の浄光明寺に籠もっていた尊氏であったが、たとえ隠遁してもその罪を許さずという綸旨（実は偽作）が出されたと聞かされ（『太平記』）、また弟直義の命が危ういと知ると（『梅松論』）、十二月十一日には自ら出陣して箱根竹ノ下の戦いで義貞軍を破り、敗走する義貞軍を追って西上。翌建武三年正月八日には京にほど近い山城八幡に攻め入り、十日に後醍醐天皇が比叡山に逃れると、翌十一日、遂に尊氏自身が入京するに至る。

そして先にも述べたとおり、その尊氏の背後を突いた軍勢こそ、遙か陸奥の地から足利軍を追って南下してきた北畠軍であった。すなわち、正月十三日付の結城宗広宛「北畠親房書状」（結城家文書）には「奥州国司（顕家）相共に上洛せらるるの由聞こしめされ、公私喜悦他事無く候也」とあり、親房は顕家と宗広の上洛を誰よりも喜んでいる。なおこの書状からも親房が、顕家の上洛以前に予め帰洛していたことは明白である。

この正月十三日以降、北畠顕家の率いる奥羽勢は、新田義貞・楠木正成らと連携しつつ各所で足利軍と戦いを繰り広げ、同二十七日には尊氏を京から丹波へと敗走させる。そして、三十日には後醍醐天皇が京都に還幸し、二月に入ると足利軍は丹波から兵庫、さらには九州へと逃れていった。

親房の喜びはいかばかりであったろう。二月二日付書状の中で親房は、

北畠顕家
（福島県伊達市・霊山神社蔵）

遠路を凌ぎ参洛、御大事に逢ふの条、感じ思しめすの上、所々の合戦、一族相共に軍忠を致すの由、聞こしめす。

として、宗広の勲功を賞している（結城家文書）。また、後醍醐天皇が

結城宗広に綸旨を下して、「宗広は公家の御宝《おたから》」という勅語と、鬼丸の太刀を与えたのもこの時と伝えられている。そして二月四日、北畠顕家は右衛門督と検非違使別当を兼ね、三月二日には権中納言に任ぜられた（『公卿補任』）。

しかしまたこの戦勝は、建武政権に大きな政策転換を迫るものでもあった。考えても見ればこの時、足利軍を破った主力は、あくまでも奥羽の北畠軍であり、新田軍でもなければ楠木軍でもなかった。換言すればこれは、後醍醐天皇直属軍を倒した足利の「鎌倉小幕府」軍が、北畠の「奥州小幕府」軍に敗れたとでも評することができようか。「幕府を置かない武家の活用」という後醍醐天皇の政権構想は既に敗れ去ったのである。勝者であるはずの官軍の士気が意外に振るわず、「所詮朝敵追討の一段、諸人意を入れざるの条、不可説に候（どうも変だ）」と親房を焦慮させたのは、二月八日のことであった（結城家文書）。政権は親房を必要としていた。

北畠一品入道

政府の方針転換は、まず同年二月二十九日、建武三年を延元に改元することから始められた。この時、改元を主張したのが洞院公賢《とういんきんかた》をはじめとする公卿層であり、後醍醐天皇自身はむしろ改元に消極的であったこと、にもかかわらず天皇が、結果として公卿層の主張に押され、改元に追い込まれていたことを明らかにされた佐藤進一は、

> 公賢のいうように、貴族たちは、かならずしも改元そのものが目的なのではない。後醍醐が立てた「建武」の年号をおろすことで、新政を批判しているのだとわたくしは解釈する。

と述べておられる（『南北朝の動乱』）。

たしかにちょうどその頃、政府内部では後醍醐天皇の「新政」そのものに対する批判の空気がみなぎっていた。同年正月、後醍醐天皇のお気に入りであった万里小路宣房と千種忠顕が、相次いで出家に追い込まれているのは（『公卿補任』）、その何よりの証拠と言える。そのため後醍醐天皇は、これまでの「新政」に手を染めておらず、むしろ批判的な立場にあった親房を、彼らに代わる側近として迎えることで、「新政」批判派の公卿層を抑えようとしていた。

なお、これより先の同年正月、後醍醐天皇の叡山行幸に供奉していた親房は、叡山の行宮において天皇から従一位に叙されている。この事実を、猪熊本『神皇正統記』の奥書に「親房卿、建武三年叡山臨幸の時、行宮に於て一品に叙す。出家の後と云々」とあることから発見された中村直勝は、

親房の一位したのも普通は元弘三年車駕隠岐から還幸後、親房再び出仕した際だらうとされて居るに、此の奥書によると建武三年叡山臨幸の際として居る。或は採るべきか、採るべからざるか。今俄に取捨を決しかねるので、ありのまゝを記して再考の期を俟つより外仕方がない。

として、その結論を留保された（『北畠親房』）。しかるにその後、久保田収は、諸関連史料からこの『神皇正統記』奥書の記事を信用されるとともに、「この年の叡山行幸は正月と五月から十月との二度である」とした上で、『東寺仏舎利勘計記』の建武二年閏十月から翌年三月十五日までの記事に、「一

粒一品宗玄」（宗玄は親房の法名）とあることから、親房は建武三年三月までに一品に叙されていることが明白であるとして、親房は同年正月の叡山行幸中に従一位に叙されたと結論づけられた。実際、同年十二月以降、北畠親房が大量発給するようになる御教書の類には、多く「北畠一品入道家の仰せに依って」と記されており、この時期、親房が出家の身でありながら一位に叙されていたことは疑う余地がない。

そして同年三月下旬、陸奥大介・鎮守府大将軍に任ぜられた北畠顕家が、三品陸奥太守に叙任された義良《のりよし》親王を奉じて、結城宗広とともに再び陸奥国へと下向していった。しかし、親房はこれに同行せず、「新生後醍醐政権」の中枢として京都に留まった。ここに、広く世に知られた後醍醐天皇の重臣としての親房第二の人生が、四十四歳にして、ようやく始まろうとしていたのである。

しかしそのわずか二カ月後、九州で勢力を挽回した足利尊氏が、有名な湊川の合戦で楠木正成を破り、京都に攻め込んでくる。後醍醐天皇はこの難を逃れて再び叡山に遷幸し、約五カ月間足利軍と対峙したのち、同年十月、尊氏の要請を受け入れていったん京都に戻ることとなった。親房が伊勢へと下向していくのは、まさにこの時のことであった。

第三章　伊勢の神風

1　伊勢下向

伊勢と北畠氏

筆者自身が三重県在住のためでもあろうが、伊勢における北畠人気の高さには驚かされることが多い。これは言うまでもなく親房以降、織田信長の登場に至るまで、二百年以上にわたり「伊勢国司」として南伊勢に君臨し続けた北畠氏の存在が、その郷土意識に大きな影響を与え続けている結果に他なるまい。喩えて言うならば、甲斐における武田信玄が、伊勢における北畠親房と藤堂高虎に当たるとでも言うことができようか。

しかし、親房六十一年の生涯の中で、伊勢滞在の期間は決して長くはない。京都で生まれ育った四十一年間と比べようもないのは当然として、常陸滞在の五年間、晩年を過ごした吉野での十一年間より遙かに短く、陸奥での二年間（元弘三年十月～建武二年十月）より更に短い、一年十一カ月（延元元年十月〜同三年九月）を数えるに過ぎない。にもかかわらず親房が、その僅か二年足らずの滞在期間で、伊勢国司二百年の権力基盤を築くことができたのは何故なのだろう。

伊勢と北畠氏の結びつきについて、最も早く論及された研究者は、明治〜大正時代を代表する歴史学者久米邦武である。すなわち久米は、

思ふに北畠家は伊勢の多気《たげ》あたりに所領あるを根拠とし、度会《わたらい》吹上の大湊《おおみなと》より東国交渉の便を占め、東の方面に当れり、是を北畠氏の伊勢国司となり始終南朝の藩屛たるの原由となす。

として、北畠氏は元来「多気あたりに所領」を有していたのであろうと推測された（『南北朝時代史』）。しかし後述するとおり、北畠氏が多気（現在の津市美杉町）を根拠とするようになるのは、興国三年（康永元年、一三四二）、親房の次男顕能《あきよし》が、足利方の伊勢守護高師秋《こうのもろあき》の攻撃を受けて、玉丸《たまる》城（現在の玉城《たまき》町）を放棄した後のことと考えられ、鎌倉時代から、多気の地が北畠氏の所領であったとは、到底考えられない。

久米に次いでこの問題を本格的に検討されたのは大西源一である。すなわち大西は、「どう云ふ訳で北畠氏は伊勢へ参ったか」として、第一に「神宮を奉戴するといふ」精神上の理由、第二に「伊勢の神宮の神領」に目を着けたという経済上の理由、第三に「伊勢の大湊が大古から東国方面の交通の門戸であった」という交通上の理由、第四に「大湊は東国交通の門戸であると同時に、志摩、熊野の

海賊の根拠地でもあった」ことから可能となる海上権の掌握、そして第五に「従来伊勢が宮方の巣窟であったこと」という五つの理由を挙げて、このことを論ぜられた（『北畠氏の研究』）。

これを私なりに要約すると、まず何より神宮が鎮座しており、神宮祠官たちの信仰上、あるいは物理的な援助を期待することができるということ（第一・第五）、またそれによって、神宮及びその周辺の豊富な経済力と海上輸送能力を手に入れることができるということ（第二・第四）、そして伊勢という土地が、元来、近畿地方と関東・東北地方とをつなぐ海上交通の要衝であったこと（第三・第四）という、大きく三つに分類することができよう。

このように、親房がなぜ伊勢を選んだのかという問題については、既に大西によって論じ尽くされた観がある。しかし視点を逆にして、伊勢という地域社会が、なぜ北畠氏という権力体を積極的に受け入れたのかという問題になると、大西をしてなお「従来伊勢が宮方の巣窟であった」という一言で片付けられてきたように思われる。そこで本章では、親房が伊勢を選んだ原因について、若干の私見を付け加えるとともに、親房を受け入れることとなった伊勢の事情を中心に、伊勢国司二百年の端緒となった親房の伊勢下向について、詳しく見ていくことにしたい。

義貞と親房

親房が伊勢に下向したのは、延元元年（建武三年・一三三六）十月十日のことと考えられている（金勝院本『太平記』、後述）。先にも述べたとおり、九州で勢力を挽回した足利尊氏が、この延元元年の五月に、有名な湊川の合戦で楠木正成を破り、京都に攻め込んでくる。後醍醐天皇はこの難を避けて再び叡山に遷幸し、約五カ月間足利軍と対峙したのち、同年十月、尊氏の

湊川神社（神戸市中央区）

要請を受け入れていったん京都に戻ることとなった。

『太平記』巻第十七「義貞北国落」の段を見ると、この十月十日、後醍醐天皇の京都還幸に際して新田義貞は、その直前に皇位を継承したとされる「春宮」（恒良《つねよし》親王）と、「一品中務卿親王」（尊良《たかよし》親王）を奉じて北国へ、「妙法院ノ宮（尊澄法親王、後に還俗して宗良《むねよし》親王）は御舟に召されて遠江国」へと落ち延びており、更に金勝院本『太平記』を見ると、この際「北畠大納言親房卿ハ伊勢国」へと落ちていったとされている。しかし、既に大西源一の考証がある通り（『北畠氏の研究』）、宗良親王の歌集である『李花集』に、「延元二年の夏の頃、伊勢国一瀬といふ山の奥にすみ侍しに」とあることなどから、宗良親王（妙法院ノ宮）は、親房に奉じられて伊勢へと下向していたことが明らかである。おそらくは、義貞が恒良・尊良の両親王を奉じて越前に下向したのと同じ十月十日、親房もまた宗良親王を奉じて伊勢へと下向していったのであろう。

そして、その二カ月後の十二月二十一日深夜、後醍醐天皇自身もまた夜陰に乗じて京都を脱出し、三種の神器を奉じて吉野に遷御。ここに京都の北朝と吉野の南朝という両朝が並び立つ、南北朝の時代がはじまった。つまり親房の伊勢下向は、南北朝分裂の前夜、義貞と親房の二人に自らの皇子を預けて、全国の南朝勢力を糾合させようとした後醍醐天皇の意志と、深く関係するものだったわけである。

それでは、なぜ義貞は越前、親房は伊勢へと下向していったのであろうか。まず義貞については、その本拠地である新田荘のある上野国（群馬県）が、越後国（新潟県）と隣接しており、また建武政権において、義貞が越後守に任ぜられていることなどから、北陸に拠点を持つ義貞が、越前から越後、そして上野国の南朝勢力を糾合しようとしていたものと考えられる。

一方の親房については、前述してきたとおり、彼自身がこれまでの二年間、陸奥国に下向して現地に「奥州小幕府」を築きつつあったこと、またこの延元元年当時、陸奥国には嫡男の顕家が健在であったことなどから、太平洋交通を使って伊勢と陸奥とを呼応させ、東国の南朝勢力を糾合しようとしていたものと考えられる。言い換えるなら、義貞は日本海側、親房は太平洋側を担当したということができようか。

幻の伊勢遷幸計画

この時、新田義貞の奉じた皇太子恒良親王が、その直前、後醍醐天皇から密かに皇位を継承しており（ただし、三種の神器は実は後醍醐天皇の手許にあり、間もなくこの皇位継承は取り消される）、北国落ちする義貞が、後醍醐天皇の帰洛によって「賊軍」の扱いを受けることのないよう配慮されていたことは、『太平記』の記事などでよく知られている。それでは、伊勢に下向した親房に対して、後醍醐天皇はどのような配慮をしていたのであろうか。

ここで注目されるのは、年が改まったばかりの延元二年正月元旦、親房が陸奥にいる嫡男の顕家に対して送った次のような書状である（結城家文書）。

三陽吉朔、万事帰正。なかんづく東藩威を輝かすこと、桓文の業に同じからず。幕府の専柄、湯武の道を唱ふべし。幸甚幸甚。祝着極まりなし。そもそも主上（後醍醐天皇）京都を出御して河内東條に幸し、即ちまた吉野に復御す。御願を果たされんが為、勢州に幸ずべきの由、仰せられ候なり。天下復興程あるべからず。愚身（北畠親房）勢州に於て逆徒静謐の計りごとを廻らし、臨幸を待ち申すべく候。東国無為に候はば、忽々発向せしめ給ふべし。相構へ相構へて今度は国中留守の事ども、よくよく沙汰あるべし。其の間の事、宜しく計画あるべし。この使節、吉野より差し遣わさる。殊に賞せらるべく候か。毎事発向の時節逐々の上は、面拝を期す。謹言。

延元二年正月一日　　　　大納言入道殿御判

すなわち、この書状の中盤で親房は、後醍醐天皇が京都を脱出し、河内東條から吉野に逃れたことを顕家に知らせるとともに、

天皇は尊氏追討という「御願」を果たされる為に、伊勢に行幸なさると仰せなので、天下復興もまもなくであろう。私（親房）はこの伊勢で、尊氏追討の計画を練り、天皇の行幸をお待ち申し上げるつもりである。

と告げているのである（傍線部）。この書状を信用するならば、親房の伊勢下向は、後醍醐天皇の伊勢遷幸計画の先遣隊という意味を持っていたことになる。

結局、後醍醐天皇は吉野、北畠一族は伊勢に永住することとなるため、私たちはこの両者、すなわち後醍醐天皇の吉野遷幸と親房の伊勢下向を切り離して考えてしまいがちである。しかしこの延元二年正月当時、少なくとも親房の脳裏には、後醍醐天皇に吉野から伊勢を通って京都に攻め上っていただくという計画が秘められていたことはほぼ間違いない。

壬申の乱の記憶

ここで注目されるのは、この延元二年から七百年ほど遡った壬申の年（六七二）、やはり吉野から伊勢を通って都へと攻め上った前例があったということである。

言うまでもなくそれは、壬申の乱における天武天皇の進軍ルートである。優れた歴史家でもあった親房が、この歴史事実を知らなかったはずがない。実際、『神皇正統記』には次のように叙述されている（傍線筆者）。

第四十代、天武天皇は天智同母の弟也。皇太子に立て大倭にましましき。天智は近江にまします。御病ありしに、太子をよび申し給けるを、近江の朝廷の臣の中につげしらせ申す人ありければ、ミカドの御意のおもぶきにやありけん、太子の位をみづからしりぞきて、天智の御子太政大臣大友の皇子にゆづりて、芳野宮に入り給。天智かくれ給て後、大友の皇子猶あやぶまれけるにや、軍をめして芳野をおそはんとぞはかり給ける。天皇ひそかに芳野（吉野）をいで、伊勢にこえ、飯高の郡にいたりて太神宮を遙拝し、美濃へかかりて東国の軍をめす。皇子高市まいり給しを大将軍として、美濃の不破を守らしめ、天皇は尾張国にぞ越え給ける。国々したがひ申ししかば、不破の関の軍に打ち勝ぬ。則ち勢多にのぞみて合戦あり。皇子の軍やぶれて皇子ころされ給ぬ。大臣以下或は誅にふし、或は遠流せらる。軍にしたがひ申す輩しなじなによりて其の賞をおこなはる。壬申の年即位。大倭の飛鳥浄御原の宮にまします。

奈良時代以来、この「壬申の乱の記憶」なるものは、天皇家にとって、常に立ち返るべき最も輝かしい過去であった。例えば、天武天皇の曾孫に当たる聖武天皇が、天平十二年（七四〇）十月、突如「朕意ふ所有るに縁りて、今月之末、暫く関東に往かむとす」（『続日本紀』）と詔して、伊賀国名張・安保から伊勢国河口・一志《いちし》・赤坂・朝明《あさけ》・石占《いしうら》、そして美濃国当伎・不破から近江国横川・犬上・蒲生・野洲・禾津《あわづ》を経て、山城国玉井・恭仁宮へと行幸を続けたいわゆる「聖武東遊」についても、かつて曾祖父天武天皇が勝ち進んだ「勝利者の道程」を意識したものであったことが指摘されている（四日市市立博物館企画展「聖武東遊」二〇〇五年）。

また治承四年（一一八〇）の四月、以仁王《もちひとおう》から諸国の源氏に対して発せられた平氏追討の令旨には「仍て吾一院（後白河院）の第二皇子として、天武天皇の旧儀を尋ね、王位推取の輩を追討し、上宮太子の古跡を訪ね、仏法破滅の類を打ち亡ぼさん」（『吾妻鏡』）と書かれており、以仁王は、自らを天武天皇に（すなわち甥の安徳天皇を弘文天皇に）なぞらえて、壬申の乱の再現を図っていたことが知られる。

とするならば、園城寺から南都へと逃れる途中、宇治で討たれたという以仁王の行程も、実はその先に吉野、更には伊勢への進軍を予定したものであったのかもしれない。

いずれにせよ、ここでは北畠親房がなぜ伊勢を選んだのかという疑問に対する、これまで指摘されてこなかった一つの答えとして、「壬申の乱」をメタファー（隠喩）として利用しようとしていた可能性のあることを指摘しておきたい。

2　伊勢神宮

神宮神官との結びつき

もとより親房が伊勢を選んだ最大の理由が、大西源一らの指摘にある通り、伊勢神宮の存在であったことは言うまでもない。そもそも壬申の乱における天武天皇の「勝利者の行程」にしても、その「行程」には「飯高の郡に至りて太神宮を遙拝し」といった形で（『神皇正統記』）、必ず神宮の加護が織り込まれており、「天武天皇の旧儀」を意識したという側面からも、神宮の存在は重要な位置を占めていたことになる。

そして何より延元元年、北畠親房・顕信父子が宗良親王を奉じて伊勢に下向してきた際、彼らを出迎えたのは外宮の神官、度会家行《わたらいいえゆき》らであった。すなわち、北朝方の外宮神官たちが、この家行たちの行為を「悪行」の数々として訴えた「外宮禰宜目安案」に、次のように記されている（『建武の中興と神宮祠官の勤王』）。

伊勢神宮（神宮司庁提供）

目安

外宮前禰宜家行御敵同意悪行条々の事

一、最初山門没落の後、神宮へ北畠入道（親房）同子息源少将殿（顕信）大将軍として玉丸城以下の所々構ふるの時の仁は、前禰宜家行、故一福大夫《いちふくたゆう》、雅楽入道《うたにゅうどう》等なり。城々悪行申す量り無き者か。

一、北畠殿御父子、崇賢御房（親房）御子息源少将殿神宮へ入り奉りて、故一福大夫興時、子息全福大夫、雅楽入道寄り合て、国々廻文下す事、度々に及ぶ者なり。其の使は宇《う》羽瀬《わせ》六平《ろくへい》伯父の僧、六十六部経と号し持ち廻り畢《おわ》んぬ。

（以下略）

「田中忠三郎所蔵文書」として知られるこの著名な古文書により、延元元年十月、「山門」を落ち延びた親房・顕信父子が、まず頼りにしたのが伊勢の「神宮」であったこと、その際、親房父子を伊勢で出迎えたのが、度会家行をはじめとする神宮祠官たちであったこと、そして親房父子は、家行らと協力して玉丸城に拠点を築き、諸国に「六十六部」（廻国の修行者）と号して廻文を下したこと、などを知ることができる。

これらの史料から、親房と神宮神官たちとの結びつきは夙に注目され、中には、今度伊勢に派遣された北畠親房は、檜垣常昌《ひがきつねよし》らの主張する神道学説、いわゆる伊勢神道（度会神道）を学んでおり、そうした関係から、親房は伊勢の後醍醐党を組織する好条件を備えていた。

として、あたかも親房が、伊勢下向以前から伊勢神道（度会神道）を学んでおり、それが親房伊勢下向の原因となったかのように叙述する通史すら見受けられる（佐藤進一『南北朝の動乱』）。しかし、親房の著述に見られるその思想的背景を緻密に検討された白山芳太郎の研究によれば、親房がその思想的基盤を儒教から神道へと大きく展開させ、主要著作を成立させるようになるのは、「度会家行編の『類従神祇本源』という伊勢神道諸書の概要を抜書きしつつ編纂した一書を親房が書写し終った延元二年（一三三七）以降」のことであり、「この書写の開始時期は、明らかでないが、その上限は、親房伊勢下向の延元元年（一三三六）十月であろう」とされている（『北畠親房の研究』）。

つまり、親房は決して伊勢神道を学んでいたから伊勢に下向したのではなく、伊勢に下向したから伊勢神道を学習するようになったというのが真相らしい。それでは、度会家行をはじめとする神宮神官たちは、特にそれまで深いつながりがあったわけでもない親房父子を、なぜ喜んで出迎え、玉丸城を築くなどといった協力を惜しまなかったのであろうか。

ここで注目されるのは、既に鎌倉時代の弘安八年（一二八五）、度会行忠著『伊勢二所大神宮神名秘書』が亀山上皇に供せられ、元弘二年（一三三二）には前述した度会家行編『類従神祇本源』が後宇多法皇と後醍醐天皇の叡覧に供せられているということ、つまり、鎌倉後期に伊勢神道（度会神道）を成立させた外宮の神官たちが、その教説を亀山・後宇多・後醍醐といった大覚寺統の天皇に対し、積極的に布教していたという事実である。

そもそも、両統迭立期における大覚寺統が、どちらかというと幕府に依存しようとする持明院統に比べ、相対的に幕府から自立しようとする指向性を持っていたことを、第一章で詳しく述べた。そのような大覚寺統の立場は、「神本仏迹《しんぽんぶつじゃく》」という新たな理解によって、神宮の神祇制度を立て直そうと試みていた伊勢神道の立場と、どこかで相通ずるものがあったに違いない。そしてまた朝廷の側でも、大覚寺統の院や天皇は、持明院統の院や天皇に比べて、神宮に対する尊崇の念を明らかに強く有していた。その一つの実例として、未婚の皇女が伊勢神宮に奉仕する制度として有名な伊勢斎王《いせさいおう》（斎宮《さいくう》）制度の変遷を見てみよう。

両統迭立期の斎王

伊勢斎王（斎宮）制度は、天皇の代替わりごとに、卜占によって選ばれた未婚の内親王（または女王）が、伊勢の斎宮に赴き、天照大神の御杖代《みつえしろ》として神事に奉仕した制度であり、鎌倉後期になると衰退し、後醍醐天皇の時に廃絶したと言われている。しかしその「衰退」に至る過程は単純ではなく、その背景には、両統迭立期における両皇統の、神宮に対する意識の差が大きく関係していた。

すなわち、天武天皇の皇女大伯皇女《おおくのひめみこ》以来、ほぼ歴代天皇の代替わりごとに行われてきた伊勢斎王の

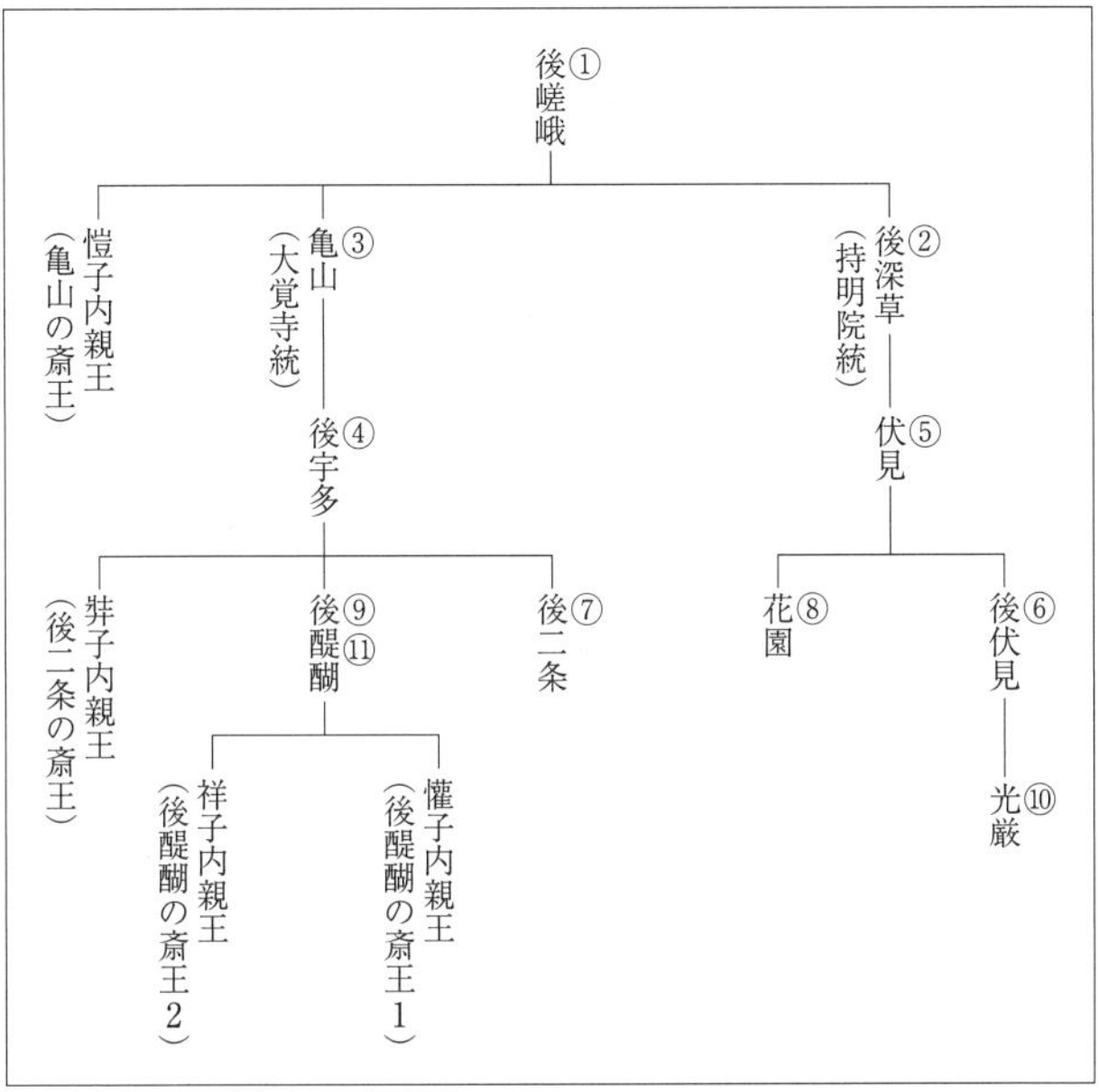

大覚寺統と斎王

卜定が、初めて途絶したのは、持明院統の初代とも言うべき後深草天皇即位の際だったのである。しかもその次、大覚寺統の初代とも言うべき亀山天皇の代になると、弘長二年（一二六二）二月、天皇の妹に当たる愷子《やすこ》内親王が斎王に選ばれ、父後嵯峨院の崩御によって退下する文永九年（一二七二）まで、九年間にわたって神事に奉仕した。

　しかるにその後、再び持明院統から伏見天皇・後伏見天皇が即位すると、途端に斎王の卜定は行われなくなり、次の卜定は徳治元年（一三〇六）、大覚寺統の後宇多院皇女弉子《まさこ》内親王が、後二条天皇の斎王として選ばれるまで待たなければならなくなってしまう。そしてその弉子内親王が、徳治三年、後二条天皇の崩御によって伊勢に赴く間もなく退下すると、次に持明院統から即位した花園天皇の代には、再び斎王は選ばれなくなる。さらにその後、元徳二年（一三三〇）に後醍醐天皇の皇女懽子《よしこ》内親王が斎王に選ばれたものの、翌年、元弘の変によって後醍醐天皇が廃され、北朝の光厳《こうごん》天皇が即位したことで、彼女は伊勢に赴く間もなく退下。次いで元弘三年（一三三三）、鎌倉幕府の滅亡によって後醍醐天皇が復権すると、祥子《さちこ》内親王が斎王に選ばれたが、建武政権の挫折とともに彼女が「最後の斎王」となってしまう。

ことほどさように両統迭立期、斎王制度を通じた伊勢神宮と皇室との結びつきは、大覚寺統の治天下においてのみ機能していたことが明白である。とするならば、そうした神宮の神官たちにとって、北畠親房とその一行は、たとえ彼らが見知らぬ公家衆であったとしても、大覚寺統（南朝）の重臣であるというその一事のみを以て、惜しみない援助の手を差し伸べるのに十分な存在であったに違いない。

神宮法楽舎

もちろん親房一行は、神宮の神官たちにとって、決して「見知らぬ公家衆」ではなかった。先にも述べたとおり、度会行忠は『伊勢二所大神宮神名秘書』を亀山上皇に、度会家行は『類従神祇本源』を後宇多法皇と後醍醐天皇に献上しており、そのような彼らが、後醍醐天皇の側近であり、かつ博学で知られた北畠親房の名を知らぬはずがなかろう。またさらに神宮の神官たちは、中世の神宮に併設されていた「法楽舎《ほうらくしゃ》」という仏教施設を通じて、以前から北畠親房という人物を知悉していた可能性もある。

よく知られているとおり、伊勢神宮は、神仏習合が進んだ中世においても、仏教との混淆を極力忌避してきた。例えば鎌倉後期、後深草院二条という宮廷女官が書いた日記文学である『とはずがたり』を見ると、

墨染の袂《たもと》は憚りあることと聞けば、いづくにていかにと参るべきこととも知らねば、「二の御鳥居・御庭所といふ辺までは苦しからじ」と言ふ。（中略）「しるべし奉るべし。宮の内へは叶ふまじければ、よそより」など言ふ。千枝の杉の下、御池の端まで参りて、宮人、祓へ神々しくして、幣を差して出づるにも、（中略）うちまかせての社などのやうに経を読むことは、宮の中にはなくて、法楽舎といひて、宮の中より四、五町のきたる所なれば、日暮し念誦などして、暮るる程に、（中略）待たれて出づる短夜の、月なき程に宮中へ参るに、これも憚る姿なれば、御裳濯川の川上より御殿を拝み奉れば（後略）

とあり、この当時尼となっていた二条は、伊勢神宮を参拝するに際し、「墨染の袂（僧尼の参拝）は憚りあること」と聞き、外宮では「千枝の杉の下、御池の端」から、内宮では「御裳濯川の川上」から神宮を遙拝している。また当時、一般の神社ではごく普通に行われていた神前読経が神宮では許されず、「宮の中より四、五町のきたる所」に「法楽舎」という祈禱所が設けられ、そこで「日暮し念誦」の行われていたことが記されている。

ここに見える「法楽舎」こそ、中世伊勢神宮における神仏習合の象徴的存在であり、言わば伊勢神宮の「神宮寺」であった。なお外宮法楽舎は外宮神域の西隣、現在の神宮工作所付近にあった世義寺《せぎでら》（現在は岡本町に移転）の境内に、内宮法楽舎は内宮神域の北隣、現在は観光客でにぎわう「おはらい町通り」沿いに設置されていたという。

この法楽舎設置に多大な功績を残した通海法印の著作『通海参詣記』を見ると、神宮法楽舎は建治元年（一二七五）三月、「異国降伏ノ為ニ」建てられ、「二百六十人ノ供僧」が置かれたとされている。「異国降伏」とは蒙古襲来を撃退するための加持祈禱のことであり、中世の伊勢神宮は蒙古襲来を撃退するために、密教の法力を借りなければならなかったことが知られる。なぜ、異国降伏のために神仏習合しなければならなかったのかという問題は、それ自体きわめて興味深いテーマではあるが、既に以前、詳しく述べたためここでは触れない（岡野『蒙古襲来と伊勢神宮』）。むしろここで注目したいのは、「二百六十人ノ供僧」を擁する法楽舎が、醍醐寺系の祈禱所であったという事実である。

醍醐寺と村上源氏

先にも述べたとおり、建治元年、伊勢神宮に法楽舎を設置した立役者の一人に、通海法印という僧侶がいた。彼は神宮祭主大中臣隆通《おおなかとみのたかみち》の子で、伊勢国蓮華寺（後の法楽寺）の寺務権律師尊海《そんかい》の弟子となり、前醍醐寺座主憲深《けんしん》から灌頂を受け、ついで醍醐寺座主定済《じょうさい》・定勝《じょうしょう》の壇に入り、弘安四年（一二八一）、定済が異国降伏のために仁王経法を修した際、賞として法印に叙されていた（萩原龍夫『神々と村落』）。まさに彼は、神宮と醍醐寺をつなぐキーパーソンであった。彼の働きによって設置された法楽舎の供僧二六〇人は、そのほとんどが醍醐寺系の密教僧だったに違いない。鎌倉後期以降の伊勢神宮周辺は、通海法印の積極的な活動により、醍醐寺系真言密教の一大拠点となっていたのである。

一方その醍醐寺には、村上源氏出身の僧侶が多く在籍していた。そもそも醍醐天皇の御願寺である醍醐寺は、その皇子村上天皇を祖と仰ぐ村上源氏と極めて関係が深く、平安末期に源俊房の子である勝覚が第十四代座主となったのをはじめ、第十五代座主定海《じょうかい》（源顕房の子）、第十六代座主元海（源雅俊の子）と、歴代の座主が村上源氏から輩出されていた。なかでも、先に述べた通海法印の師にあたる第三十七代座主定済は、承久の乱後、村上源氏一門の中心的存在であった土御門定通（第一章参照）の子であり、親房の祖父師親とは又従兄弟の関係に当たる。そして何より、北畠親房の実弟である実助《じつじょ》もまた、醍醐寺金剛王院の院主を務めていた。

以上の状況証拠から、次のような推測が可能であろう。鎌倉後期、伊勢神宮周辺に設置された法楽舎の供僧は、醍醐寺系の密教僧が大多数であった。一方、京都の醍醐寺には、村上源氏出身の僧侶が多く在籍していた。とすると、伊勢神宮周辺にいる醍醐寺系の密教僧たちが、村上源氏出身の北畠親房を知らないはずがあるまい。

そもそも、近年長足の進歩を見せた「神仏習合」研究の成果（奈良国立博物館特別展「神仏習合」二〇〇七年、など）によれば、鎌倉後期、真言宗を中心とする僧侶が伊勢神道に対し積極的に関与するようになった結果、本地垂迹《ほんちすいじゃく》説によって天照大神と大日如来の同体説が語られるようになり、伊勢神宮のうち内宮は胎蔵界大日、外宮は金剛界大日に相当するものと考えられていたという。実際鎌倉後期には、伊勢神道を密教的に解釈した両部《りょうぶ》神道（真言神道）の分野から、「天地《てんち》麗気《れいき》記《き》」のような代表的著作が生み出されていた。とすると、伊勢と親房とのつながりもまた、従来指摘されてきた伊勢神道を通じてのそれよりも、醍醐寺系の真言密教を通じて培われていた可能性の方が高い。否むしろ伊勢神道そのものが、真言密教化していたとでも言うことができようか。

さらに、醍醐寺を通じた親房と伊勢との関わりとして見逃せないものの一つに修験道の活用がある。先にも掲げた「外宮禰宜目安案」（田中忠三郎所蔵文書）によれば、親房一行を受け入れた神宮の神官たちは、諸国に廻文を下すに当たり、「六十六部経」と称される廻国の修行者たちを使者として利用していた。実は彼らこそ、醍醐寺で修業を積んだ修験者（山伏）たちであったと考えられるのである。

醍醐寺と修験道

醍醐寺と修験道との関わりは、醍醐寺の開山理源《りげん》大師聖宝《しょうぼう》僧正（八三二～九〇九）の山林修行にまで遡り、鎌倉期までには多くの修験者たちを輩出していた。しかし、「斗藪《とそう》の道」と呼ばれる修験道は、「三密」（身に手印を結び、口に真言を唱え、心に本尊を観じる）と呼ばれる正統派の密教修法に比べ、一段低く見なされていたらしい。文永十年（一二七三）、先にも述べた通海法印の師で、土御門定通の子に当たる醍醐寺座主定済が、弟子の道朝《どうちょう》に座主職を譲ろうとした際、衆徒たちは、「道朝は山臥（山伏）の一道を嗜む」のみで、未だ「三密」の奥儀に達していないとして、この人選に反対している（醍醐寺文書）。

興味深いのは、こうした反対意見に対する定済の反論である。すなわち彼は、「僧徒の法、諸行を兼ぬべし。斗藪の道、何ぞ以てこれを隔てん哉。況や当寺に於ては、本願聖宝僧正専ら斗藪の根本なり。何ぞ流れを汲みて源を忘れん哉」（『醍醐寺新要録』巻十四「道朝為斗藪行人事」）として、「諸行」を兼修しなければならない仏道修行の中で、「斗藪の道」のみが差別される謂れはないこと、なかでも醍醐寺は、開山聖宝僧正が「斗藪の根本」である以上、その流れを汲む我々が「斗藪の道」を忘れてはならないと主張しているのである（醍醐寺霊宝館特別展「修験道と醍醐寺」二〇〇六年）。

この事件一つをとっても、中世の醍醐寺において、修験道がいかなる位置を占めていたか、また神宮法楽舎の設置に大きく関わった通海法印の師に当たる（しかも村上源氏出身の）座主定済が、修験道に対していかなる認識を有していたかを知ることができよう。中世の醍醐寺は、修験道の修得を主要目的の一つとする真言密教の最高学府であった。

そもそも、後醍醐天皇の遷座した吉野金峯山《きんぷせん》をはじめ、楠木一族の盤踞した河内金剛山（大和葛城山）など、南朝勢力の拠点となった地域の多くは、修験者たちが活発に行き交う霊地であった。彼らの神出鬼没なゲリラ活動こそが、初期から常に劣勢に立たされていた南朝勢力を、長期にわたって支え続けていたことは、よく知られているとおりである。

伊勢神宮と法楽舎を中心とする中世の伊勢もまた、伊勢神道や真言密教などといった宗教区分では割り切れない、修験道の霊地であった。とするならば、その伊勢の地を選んで下向してきた親房たちが、最も頼りにしていた勢力もまた、神宮の神官や密教僧たちと一体となった、彼ら修験者たちであったに相違ない。

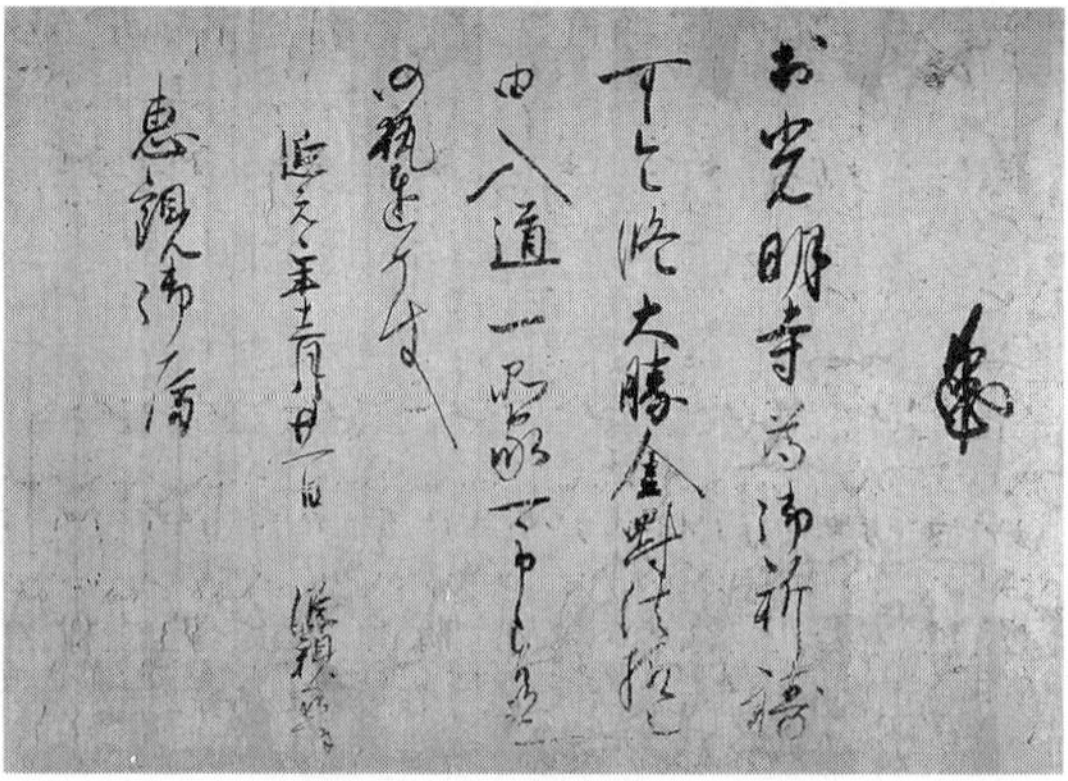

北畠親房袖判御教書（光明寺蔵）

光明寺恵観

ここで、そのような密教僧の一人として、伊勢光明寺の恵観《えかん》という僧侶に注目したい。伊勢に下向した直後の延元元年（一三三六）十二月二十一日、奇しくも京都では後醍醐天皇が尊氏による幽閉から脱出した（前述）まさにその日、親房は、次のような袖判御教書を光明寺恵観に対して発している（光明寺文書）。

（袖判）

光明寺に於て御祈禱の為、大勝金剛法を修せしめ給ふべきの由、入道一品家申すべき旨候なり。仍て執達件の如し。

延元々年十二月廿一日　　源親直　奉る。

恵観御房

光明寺は現在伊勢市岩淵にあるが、中世においては「吹上の光明寺」または「吹上寺」などと呼ばれ、より外宮に近い吹上の地にあった（光明寺文書）。またその宗派も、現在は臨済宗東福寺派の禅宗寺院であるが、右の御教書で、真言密教の修法である「大勝金剛法」を命ぜられていることからも明らかなように、当時は真言宗醍醐寺派の密教寺院であったものと考えられる。もっとも、鎌倉末期の元応元年（一三一九）に提出された「恵観勧進状」を見ると、「密教・禅法の両宗を練行し」とあって、恵観は真言と臨済の両宗派を兼学していたらしい。

親房は、伊勢下向後まもなく、そのような恵観に「大勝金剛法」の修法を命じた。これは、単なる南朝方の戦勝祈願などといった生易しいものではなく、密教の法力、いや霊地伊勢に坐すありとあらゆる神仏の霊力を動員して、北朝方に反撃を加えようとするものであったに違いない。実際、親房はこの全く同じ日、志摩国木本御厨《きのもとのみくりや》（現在の三重県紀北町）の木本盛房《もりふさ》に対して、「朝敵を追討せんが為、一族相共に馳せ参ずべし」と命じた袖判御教書を発しており、さらに同月十六日には志摩国吉津荘《よしつのしょう》（現・南伊勢町）の加藤定有《さだあり》、年の改まった延元二年正月四日には飯野郡神山城（現・松阪市）の潮田幹景《うしおだもとかげ》、同じく正月十八日には多気郡大杉谷（現・大台町）の大杉軍勢に対して、いずれも木本盛房宛のものとほぼ同文の袖判御教書を発している（『大日本史料』第六編之三・四所収）。先に掲げた光明寺恵観宛ての祈禱命令もまた、こうした軍勢催促と一連のものとして評価されるべきであろう。

その証拠に、これから七年ほど経った康永二年（興国四・一三四三）、「吹上寺の住僧恵観」が、北朝方の志摩国円応寺雑掌から、「海賊」として訴えられている事実に注目したい（光明寺文書）。もとよりこの「海賊」とは、字義どおりの盗賊行為を意味するものではなく、伊勢湾内の北朝方に対する様々な攪乱攻撃を指すものに相違ない。恵観は、決して光明寺境内でおとなしく祈禱だけをしているような密教僧ではなかった。彼自身が船に乗り込み、北朝方に対して神出鬼没のゲリラ攻撃を仕掛ける「海賊」だったのであり、またそのような存在としても、親房から期待されていたと考えられるのである。

中世の神宮と伊勢国

以上、親房が伊勢に下向するに当たって頼りにした勢力として、これまで指摘されてきた神宮神官たちの他、法楽舎を中心とした密教僧や修験者といった人々がいたことを確認してきた。しかし、彼らがいかに北畠一族に対して惜しみのない協力体制を敷いたとしても、親房が、ほぼそれのみを手掛かりとして、わずか二年足らずの滞在で、「伊勢国司」二百年の権力基盤を築くことができたのは何故なのだろうか。

ここで改めて注目しておきたいことは、中世における伊勢神宮が、単なる巨大な宗教施設であったのみならず、膨大な荘園を領有し、政治的な支配権をも有する「宗教権門」であったという事実である。なかでも、伊勢国という限定した地域との関連の中で見逃せないのは、朝廷から神宮に対して寄進された「神郡」の存在であろう。

すなわち、弘仁八年（八一七）に寄進された度会・多気の二郡と、寛平元年（八八九）に寄進された飯野郡という「神三郡」をはじめとして、天慶三年（九四〇）には員弁《いなべ》郡、応和二年（九六二）には三重郡、天延元年（九七三）には安濃郡、寛仁元年（一〇一七）には朝明《あさけ》郡、文治元年（一一八五）には飯高郡という五郡が順次神宮に寄進され、先の三郡と合わせて「神八郡」と呼ばれていた。そしてこれらの「神郡」に対しては、当初、伊勢神宮の宮司庁が事実上の国衙行政権を有していたが、鎌倉時

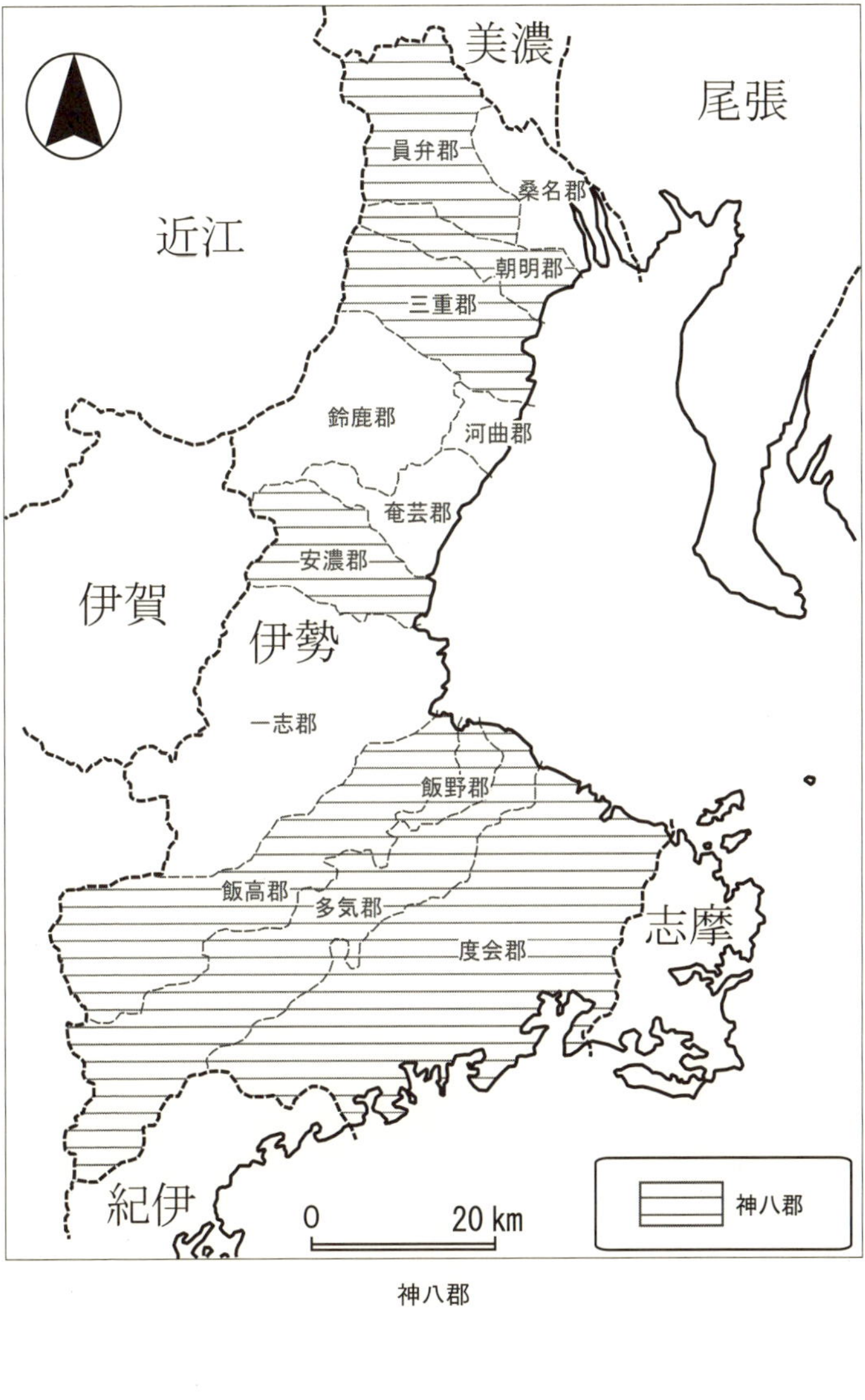
美濃
尾張
員弁郡
桑名郡
近江
朝明郡
三重郡
鈴鹿郡
河曲郡
奄芸郡
安濃郡
伊賀
伊勢
一志郡
飯野郡
飯高郡
多気郡
度会郡
志摩
紀伊
0
20 km
神八郡

神八郡

代を通じて宮司庁の権力は徐々に形骸化していき、それに代わって神宮祭主と、その郡ごとの代替者としての「郡政所」（役所ではなく役職名）が、実質的な支配権者として立ち現れてくることが指摘されている（西山克「伊勢神三郡政所と検断」『日本史研究』一八二・一八三号）。

つまり、古代から中世にかけての「伊勢国」は、本来の伊勢国司がその行政権を正当に行使していた「狭義の伊勢国」と、神宮宮司庁や神宮祭主が事実上の国衙行政権を行使していた「もう一つの伊勢国」（神八郡）とから成り立っていたと言える。しかも、ちょうど伊勢国に神郡が設定され始めた九世紀以降、伊勢国司の多くが斎宮寮頭を兼任するようになり、さらに十二世紀に入ると、神宮祭主大中臣氏やその一族が多く伊勢国司に任ぜられるようになる。なかでも、元亨三年（一三二三）に祭主大中臣隆実が、また延元元年（一三三五）には神祇大副大中臣蔭直が、それぞれ後醍醐天皇によって伊勢守に任ぜられているという事実（『公卿補任』）を勘案するならば、親房が伊勢に下向してきた延元元年当時、伊勢国の行政権は、神宮祭主大中臣家によって掌握されていたものと推定できよう。

親房はそのような伊勢国に、神宮の全面的な協力を受けて下向してきたわけである。しからば、たとえその滞在がきわめて短期間であったとしても、伊勢の地に北畠与党を築き上げるための条件は、十分すぎるほど整っていたと言わねばなるまい。「中世後期における伊勢国司北畠氏権力なるものは、中世前期における、神宮と一体化した伊勢国司権力の延長線上でこそ、より明解に説明できるもの」と私は考えている（岡野「伊勢中世都市の歴史的位置づけ」）。

伊勢国司次第論争

　ところで、親房伊勢下向時の伊勢国司が誰であったのかという問題は、いわゆる「伊勢国司北畠氏」の初代を誰にするかという課題とも絡んで、古くから多くの説が唱えられてきた。

　まずこの問題について、近代歴史学の立場から、最も早く説を唱えたのは八代国治である。すなわち八代は元中九年（一三九二）の「北畠顕泰御教書」（古和文書）に「元弘以来の勅裁、並びに両御代の国宣に任せ」とあることに注目され、伊勢国司は元弘三年（一三三三）の建武政権成立時から元中年中に至るまで「両御代」すなわち二人いたことが明らかであるとされ、さらに「古和文書正平廿四年十月三日伊勢国司殿は顕能以外の人にして、蓋顕信の御書なるが如し」として、「されば顕能は元弘三年に伊勢守に任ぜられ、正平年中まで重任せしものと認めらる。其の後顕信、顕能を襲ひ、元中年中に至りて、更に顕泰伊勢国守となりしものなるべし」と論ぜられた（『北畠顕能公』）。

　これに対して大西源一は、先の「北畠顕泰御教書」に見える「元弘以来」は「勅裁」にのみかかるものであって、北畠氏と伊勢国との関わりは延元元年（一三三六）の親房の伊勢下向に始まるとして、『保暦間記』に「顕家卿舎弟顕信朝臣、伊勢国にて義兵を挙」とあることからも、「伊勢国司としての北畠氏の第一代は顕信であって、第二代が顕能《あきよし》と見るのが正当」であるとした（『北畠氏の研究』）。つまり大西は、八代とは伊勢国司就任の順序を逆に考えたわけだが、正平二十四年の古和文書については、八代と同じくこれを顕信のものと考えたため、それと同じ花押の書かれた建徳二年（一三七一）まで、顕信が国司であったという結論になってしまった。

これらの説を受けた久保田収は、『園太暦』正平六年十一月十三日条に「伊勢国司顕良」とあることと、この「顕良」は「アキヨシ」と読んで「顕能」を指すことから、正平二十四年の顕信在任以前に顕能が伊勢国司であったことは明白であるとして大西説を批判し、「やはり八代博士の説のやうに、北畠氏の伊勢国司第一代は顕能、第二代は顕信とみなくてはならぬ」と述べた後、「元弘以来」が「勅裁」にかかるだけで「両御代の国宣」に及ばないと考えるのは大西説が正しいとして、「顕能を伊勢守に任じたのは、伊勢における政治・軍事の力を確立し、吉野と東国との連携を強固にするためであり、その時期は延元三年七月のことであつた」と結論づけた（『北畠父子と足利兄弟』）。

一方、ほぼ同じころに中野達平は、建武二年（一三三五）の年記を持つ「伊勢国宣」の検討から、「建武二年当時の伊勢守が北畠氏ではなく吉田定房である」ことを確定された上で、本書でも先に掲げた「外宮禰宜目安案」に見える「源少将殿」の人名比定から、「顕信こそが、伊勢下向当時に親房とともに、活躍している「源少将殿」であり、伊勢国司北畠氏の初代だと看做される」とされた。さらに氏は、大西説（八代説・久保田説も）の問題点が、正平二十四年と建徳二年の御教書（古和文書）を北畠顕信のものと誤解した点にあるとして、これらの御教書を北畠顕能の発給にかかるものと訂正された上で、「後醍醐天皇が顕信に坂東諸国の軍事を都督せしめる綸旨を与えた延元三年閏七月二十六日の時点で、顕信の伊勢国司辞任と顕能の同職就任があった」と推定された（「南北朝初期における伊勢国司北畠氏」『國學院雑誌』七五巻一二号）。

さらに、これらの研究史を緻密に検討された吉井功兒は、基本的に中野説を踏襲しつつ、建武政権

伊勢国司次第論争

<table>
<tr><td colspan="2"></td><td>元弘
3年</td><td>建武
2年</td><td>延元
元年</td><td>同
11月</td><td>延元
3年</td><td>正平
24年</td><td>建徳
2年</td><td>元中
9年</td></tr>
<tr><td>説</td><td>初出</td><td>1333</td><td>1335</td><td>1336</td><td>1336</td><td>1338</td><td>1369</td><td>1371</td><td>1392</td></tr>
<tr><td>八代説</td><td>1933</td><td colspan="5">北畠顕能</td><td colspan="2">北畠顕信</td><td>北畠顕泰</td></tr>
<tr><td>大西説</td><td>1960</td><td colspan="2"></td><td colspan="4">北畠顕信</td><td>北畠顕能</td><td>北畠顕泰</td></tr>
<tr><td>久保田説</td><td>1974</td><td colspan="4"></td><td>北畠顕能</td><td colspan="2">北畠顕信</td><td>北畠顕泰</td></tr>
<tr><td>中野説</td><td>1974</td><td></td><td>吉田定房</td><td colspan="2">北畠顕信</td><td colspan="3">北畠顕能</td><td>北畠顕泰</td></tr>
<tr><td rowspan="2">吉井説</td><td rowspan="2">2000</td><td rowspan="2">某</td><td>吉田定房</td><td colspan="2">北畠親房</td><td colspan="3" rowspan="2">北畠顕能</td><td rowspan="2">北畠顕泰</td></tr>
<tr><td>結城親光</td><td>大中臣蔭直</td><td>北畠顕信</td></tr>
<tr><td rowspan="2">岡野説</td><td rowspan="2">2009</td><td rowspan="2">某</td><td>吉田定房</td><td colspan="2">北畠親房</td><td colspan="3" rowspan="2">北畠顕能</td><td rowspan="2">北畠顕泰</td></tr>
<tr><td>結城親光</td><td colspan="2">大中臣蔭直</td></tr>
</table>

時においても知行国制は実質的に否定されていないとする立場から、吉田定房は建武二年当時の「伊勢国司ではなく伊勢知行国主と思われ」、結城親光が「その名国司だったと思われる」こと、吉田定房の後の伊勢知行国主は、「三三六年（延元元）を契機に南伊勢の国務を掌握した徴証のある親房入道だった」と推定されること、「三三六年（建武三）正月に伊勢神宮祭主＝非参議＝神祇大副の大中臣蔭直が伊勢守に補任され、同年一一月に辞任した」ことから、「顕信の伊勢守補任を同年一一月と推定したい」と結論づけられた（『中世政治史残篇』）。

初代「伊勢国司」は誰か

私は、基本的にこの吉井説に賛同するものであるが、延元元年段階における顕信の伊勢守就任については、これをかなり疑わしいものと考えている。

そもそも前述したとおり、親房の伊勢下向とは、吉野から伊勢を通って京都を奪還するという、後醍醐天皇の「伊勢遷幸計画」の先遣隊に他ならなかったのであり、よもや爾後二百年以上にわたって、「伊勢国司」として定住することになるとは思ってもいなかったに違いない。あくまでも京都の奪還を目標としていた後醍醐天皇と北畠親房にとって、その当初の意図として、吉野に遷都したつもりも、伊勢の国司になったつもりもなかったと思われるのである。

もちろん伊勢下向後の親房が、数々の御教書を発して、事実上、南伊勢の国務を掌握していたことは間違いなく、そのような親房に同行していたのが顕信その人であったことも疑いない。しかしそれは、あくまでも「事実上の国務掌握」であって、「国司」就任を意味するものではなかった。この点、「延元元年十月ごろ、親房は、宗良親王を奉じ、二男顕信、三男顕能らを従へて、近江の坂本から伊勢に下向した。四方相呼応して京都を攻略しようとする方策のために、諸氏の地方下向の一翼としてであつたが、このときはまだ伊勢国司といふ形ではなかつた」という久保田説が、最も正鵠を射ていると言えよう。

したがって、北畠氏として正式な「伊勢国司」となったのは、久保田説どおり北畠顕能が最初であり、その時期は中野説どおり、顕信に坂東諸国の軍事を都督せしめる「後醍醐天皇綸旨」（結城文書）が出された延元三年閏七月前後のことと推定されよう。しかるに、正平二十四年と建徳二年の御教書（古和文書）が、顕信のものではなく、顕能の発給にかかることは、最近の森茂暁の研究にも明らかであり（『闇の歴史後南朝』）、延元三年から建徳二年まで、顕能が伊勢国司であり続けたとする中野説も動かしがたい。それでは八代説以来、常に注目され続けてきた「北畠顕泰御教書」（古和文書）に見える「両御代の国宣」という文言は、どのように解釈したらよいのであろうか。

私は、ここに見える「両御代」とは、顕泰の祖父親房と父顕能の「両代」を指しており、そこに伯父顕信を入れる必要はないと考える。そもそもこれまでの研究は、伊勢下向後の親房が、南伊勢の国務を掌握していた事実を認めながらも、「親房は元徳二（一三三〇）年九月以来入道しているため、その対象になりえない」（前掲中野論文）として、親房以外の人物の中に、あえて初代「伊勢国司」を求めようとしてきた。しかし先の「北畠顕泰御教書」は、南北朝合体に際し、これまで南朝方が発給してきた「勅裁」や「国宣」が無効にならないことを、古和氏に対して保障したものに過ぎず、正式な「国司」が顕泰以前に二人いたことを明言したものではない。むろん、「国宣」は正式な「国司」でなければ発給することができないが、南北朝合一期の顕泰が、そこまで厳密な文書名称にこだわっていたとは考え難い。三重県内に残る北畠氏発給文書の残存状況から考えても、顕信の「国宣」なるものは管見に触れず、「両御代の国宣」とは、延元初年に出された親房の袖判御教書と、それ以降に出された顕能の御教書を指すものと考えて、ほぼ間違いあるまい。

なお、そのような「事実上の国務掌握者」としての親房を、吉井説に倣って伊勢の「知行国主」と称するならば、その「知行国主」親房の下にあって、名実ともに「伊勢国司」の地位にあった、神宮祭主大中臣蔭直《おおなかとみのかげなお》という人物が、改めて注目されよう。

大中臣蔭直

大中臣氏は古来、伊勢神宮の祭主・大宮司を世襲してきたが、鎌倉中期に祭主大中臣隆通《たかみち》の子である隆世《たかよ》と隆蔭《たかかげ》の兄弟が並立して二家に分裂し、主として隆世の流れは持明院統に、隆蔭の流れは大覚寺統に優遇された結果、両家はほぼ交互に祭主となる慣わしとなった（次頁系図参照）。鎌倉末期、後醍醐天皇の治世下を例にとると、当初、隆蔭系の蔭直と隆実が相次いで祭主の地位に就いていたが、元徳三年（一三三一）、いわゆる元弘の変が起きたことで、隆世系の親忠が祭主となった。しかるに元弘三年（一三三三）、鎌倉幕府が滅亡して建武の新政が始まると、再び隆実が還補され、建武二年（一三三五）正月に隆実が没すると、甥の蔭直が後を襲った。この蔭直こそ、建武三年正月、足利尊氏を九州へと駆逐した直後の、親房を首班とする「新生後醍醐政権」（前章末参照）によって、「伊勢守」に任ぜられたその人に他ならない。

北畠親房とその一行は、このようにして伊勢国司を兼ねることとなった神宮祭主大中臣蔭直を頼って伊勢国に下向してきたわけである。伊勢神宮が組織をあげて親房の与党となったのもけだし当然のことであり、伊勢国がその後永く北畠氏の権力基盤となり続けた原点もまたここにあった。私が、「中世後期における伊勢国司北畠氏権力なるもの」を、「中世前期における、神宮と一体化した伊勢国司権力の延長線上」で理解すべきものと考える所以である（岡野「伊勢中世都市の歴史的位置づけ」）。

もちろん、京都を制圧した足利政権が、そのような南朝方祭主（兼伊勢国司）の存在を認めるはずがない。足利尊氏は、後醍醐天皇から光明天皇に神器が渡され、北朝の正統性が確保された建武三年

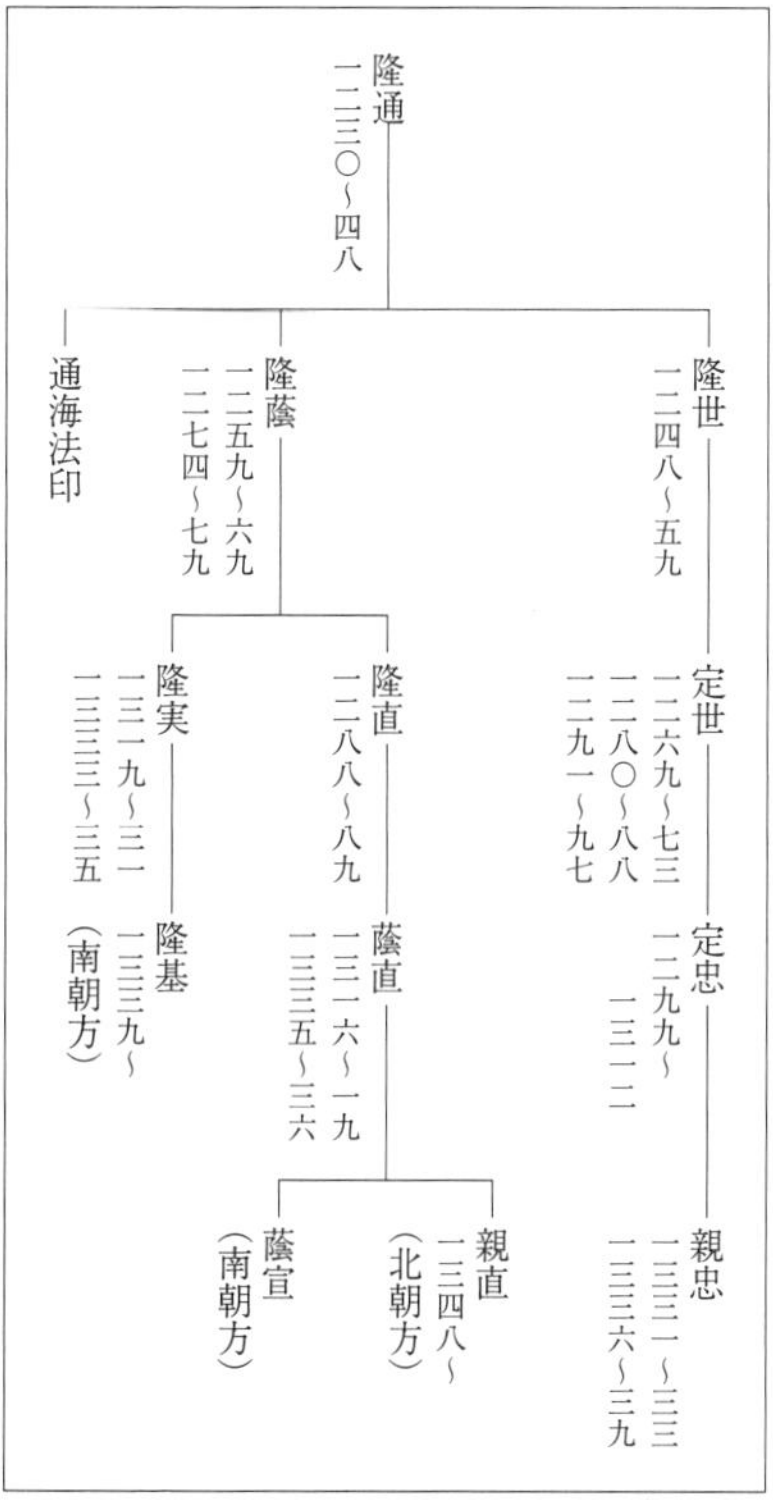

大中臣氏系図と祭主在任期間

（延元元年・一三三六）十一月、直ちに大中臣蔭直を罷免し、隆世系の大中臣親忠を祭主に復活させている（伊勢大社祭主補任次第）。さらに、北朝方の立場で編纂された『公卿補任』を見ると、この時、蔭直は伊勢守も同時に辞任したことになっている。しかし、おそらく現地伊勢では、同年十二月に蔭直が没するその日まで、大中臣蔭直こそが神宮祭主であり、伊勢国司であり続けていたに違いない。大中臣蔭直は、文字通り南朝方の初代「伊勢国司」であった。

4 伊勢からの出帆

霊山の顕家

さて年も改まった延元二年（一三三七）の正月一日、親房が、陸奥にいる嫡男顕家に対して、自分は天皇を伊勢にお迎えする計画で奮戦しているから、天下復興は間もなく実現するであろうと伝え、上洛を促していたことを先に述べた。さらに、これに先立つ延元元年十二月二十五日には、顕家に対して「速やかに官軍を率い、京都に発向せしむべし」と命じた後醍醐天皇の綸旨もまた発せられていた（結城文書）。しかしこの頃の顕家は、わずか一年前、足利の大軍を九州へと駆逐した勇姿とは、比べようもない状況にあったのである。

京都で足利軍を撃破し、意気揚々と東国に凱旋してきた顕家ら奥州軍を待ち受けていたもの、それは尊氏の嫡男義詮を擁して鎌倉に踏みとどまり、東国武士の再編成に成功していた斯波家長《しばいえなが》の軍勢であった。延元元年三月、京都を出発した顕家は、東国各地で足利軍に行く手を阻まれ、ほうほうの体で陸奥国府多賀城に到着した時には、既に六月になっていた。

しかもなお東国の情勢は安定せず、同年末に北関東における南朝の拠点瓜連城《うりづらじょう》が、足利方の佐竹氏らに攻められて陥落したこと、これを機に常陸・下野の国人たちが南朝方から離脱したこと、さらに、多賀城周辺の有力国人であった留守氏内部が南北両派に分裂したことなどから、顕家は義良親王・結城宗広とともに多賀国府を捨て、伊達郡の霊山《りょうぜん》に本拠を移した（元弘日記裏書）。『太平記』はこの時の惨状を、

霊山（福島県伊達市）（伊達市教育委員会提供）

顕家卿に付き随ふ郎従、皆落ち失せて勢微々に成りしかば、纔かに伊達郡霊山の城一つを守って、有るも無きが如くにてぞをはしける。

と伝えている。顕家に上洛を促す後醍醐天皇の綸旨と親房の書状は、このような霊山にいる顕家のもとに届けられたわけである。

延元二年正月二十五日、顕家は「勅書並びに綸旨及び貴札、跪きて拝見候ひ了んぬ」としてこれらの軍勢催促を受け取りながら、「須《すべか》らく馳せ参ずべく候の処、当国擾乱の間、彼の余賊

を退治せしめ、急ぎ参洛を企つべく候」、「此の間親王霊山に御座候、凶徒城を囲み候の間、近日合戦を遂ぐべく候なり」、「心労賢察有るべく候」として、自らの窮状を訴えている（結城文書）。上洛は決して容易ではなかった。

顕家の再上洛

半年以上経過した同年八月、顕家はようやく義良親王を奉じ、結城宗広らとともに霊山を出発した。『保暦間記』はこの前後の様子を「顕家卿打ち負て落ち、当国伊達郡に霊山と云ふ寺に籠けるを攻ければ、是をも落ちて、下野国宇都宮に住けり」と伝えており、必ずしも意気軒昂な出陣ではなかったらしい。

しかし、かつて足利軍を撃破した記憶も新しい顕家軍が、再び上洛を開始したという報せは、関東各地に潜んでいた反足利方の勢力を決起させる呼び水ともなった。『太平記』は、「国司則ち其の勢を幷せて三萬余騎、白川の関へ打ち越え給に、奥州五十四郡の勢共、多分馳せ付きて、程なく十萬余騎に成りにけり」と伝え、『保暦間記』もまた、顕家が北関東の「凶徒を相語りて上洛」すると、「武蔵・上野の守護人」たちが防戦しても、「凶徒大勢なれば引退く」ほどの軍勢に膨れ上がっていったと伝えている。さりとて、もとより足利軍と戦いながらの上洛である。進軍は思うように捗らず、顕家軍が利根川を渡ったのは同年十二月十三日、鎌倉に攻め入った時には、既に延元二年も暮れようとしていた。

延元三年の正月を鎌倉で迎えた顕家は、休む間もなく正月二日に鎌倉を出発し（鶴岡社務記録）、七日には伊豆の三島大社に参拝。同社に対し「天下泰平・所願成就の為」、伊豆国安久郷を寄進している（三島大社文書）。ここで言う「所願」が尊氏追討を指していることは今さら言うまでもあるまい。そしてその後、顕家軍は東海道を破竹の勢いで西へと進撃した。『太平記』はその様子を、

元来無慚無愧の夷共なれば、路次の民屋を追捕し、神社仏閣を焼き払ふ。惣じて此の勢の打ち過ぎける跡、塵を払うて海道二三里が間には、在家の一宇も残らず草木の一本も無かりけり。

と伝えている。このきわめて誇張的な表現には、当時の奥羽の武士に対する多分に差別的な意識も含まれていよう。しかしその一方で、前年八月に霊山を出発して以来、充分な兵站も持たぬまま、苦戦を強いられ続けてきた顕家軍による、兵糧調達の実態をも的確に捉えているように思われる。誤解を恐れずに言えば、これこそが「内乱」なるものの実像であった。

伊勢迂回の謎

そして同月下旬、顕家らの軍勢は早くも美濃国に到着したが、ここで京都から迎撃してきた高師泰《こうのもろやす》らの軍勢と、関東から追撃してきた上杉憲顕《のりあき》らの軍勢に挟撃される形となった。顕家はまず「後攻」の関東勢を破り、後顧の憂いを無くしてから上洛しようと、関ヶ原にほど近い青野原（現在の岐阜県大垣市）でこれを迎え撃った。これを青野原の合戦という。この戦いがいかに激しかったかは、今日に残された膨大な軍忠状の数々が如実にこれを物語っている（『大日本史料』延元三年二月二十一日条）。

顕家はこの激戦を制したものの、そのまま西に反転して直ちに上洛する道を選ばず、南に進路を変

青野原合戦　「太平記絵巻　第七巻」（埼玉県立歴史と民俗の博物館蔵）より

えて伊勢から吉野へと軍を進めた。この「伊勢迂回」について『太平記』は、

奥勢若し黒地の陣を払はん事難儀ならば、北近江より越前へ打ち超えて、義貞朝臣と一つになり、比叡山に攀じ上り、洛中を脚下に直下ろして南方の官軍と牒し合せ、東西より是を攻めば、将軍京都には一日も堪忍し給はじと覚えしを、顕家卿、我が大功義貞の忠に成らんずる事を猜んで、北国へも引き合はず、黒地をも破りえず、俄かに士卒を引きて伊勢より吉野へぞ廻られける。さてこそ日来は鬼神の如くに聞こへし奥勢、黒地をだにも破りえず、まして後攻の東国勢京都に着きなば、恐るるに足らざる敵也とぞ、京都には思ひ劣されける。

として、顕家が北陸の新田義貞軍と合流しなかったことを訝るとともに、顕家が北に進路をとらなかったのは、彼が尊氏追討の功績を義貞に奪われまいとしたためだとしている。しかしこのような批判については、既に早く中村孝也が、北近江より越前に赴けといふのは、揖斐郡経過の外に道がないが、その山路を無事に通って往くこと思ひも寄らず、本巣郡の渓谷を北上し、重畳たる険峻を踏破して、越前の大野郡か南条郡に出よといふのも夢のやうな注文である。

と反論しているとおり（『北畠顕家卿』）、美濃・越前間の険峻な地形を無視した暴論に他ならない。そもそも『太平記』は、この顕家の二度目の上洛戦を、終始順調な進軍であったかのように描いているが、既にこれまでも述べてきたとおり、霊山を出発して以降、常に苦戦の連続であったと見なすべきであり、青野原の合戦に勝利したとは言っても、とてもそのまま西または北へと進軍する余力など残っていなかったというのが実情であろう。もとより佐藤進一の指摘にあるとおり（『南北朝の動乱』）、この時、顕家軍の中には北条高時の遺児時行が加わっており、尊氏以上の父の仇として恨んでいる義貞と合流することを、時行が嫌ったこともまた事実であろうが。

顕家の戦死

かくして延元三年（一三三八）二月、伊勢から吉野へと迂回した顕家は、二十一日に奈良に入り、京都へ北上しようとしたが、二十八日に幕府軍と激突し、軍勢は散り散りになってしまった（「関城書裏書」、『太平記』ほか）。その後顕家は河内に入り、天王寺・阿倍野あたりを転戦したが、五月二十二日、高師直《もろなお》の軍勢に敗れて戦死した。『太平記』はその壮絶な最期を次のように伝えている。

阿部野神社（大阪市阿倍野区北畠）

顕家卿の官軍共、疲れて而《しか》も小勢なれば、身命を棄てて支へ戦ふと雖も、軍利無くして諸卒散々に成りしかば、顕家卿立つ足もなく成り給ひて、芳野（吉野）へ参らんと志し、僅かに二十余騎にて、大敵の囲みを出でんと、自ら利を破り堅きを砕き給ふと雖も、其の戦功徒にして、五月廿二日和泉の堺安部野にて討ち死にし給ひければ、相従ふ兵悉く腹切、疵を被って、一人も残らず失せにけり。

さらに親房自身もまた、最も期待していた愛息の死を、『神皇正統記』の中で次のように述懐している。

同五月和泉国にての戦ひに、時や至らざりけん、忠孝の道ここに極まり侍りにき。苔の下に埋もれぬものとては、ただいたづらに名をのみぞとどめてし、心憂き世にも侍るかな。

親房が『神皇正統記』の中で、これほどの肉声を発している個所を私は他に知らない。思えばわずか七年前、顕家は後醍醐天皇の吹く笛に合わせて蘭陵王《らんりょうおう》を舞う十四歳の貴公子であった（『増鏡』）。いかに激動の時代とはいえ、その後二度にわたって陸奥と畿内を往復し、戦塵の中で二十一年の生涯を終えることになろうとは、誰も予想しなかったに違いない。

しかも、第二章の冒頭でも述べたとおり、顕家はこの戦塵の中で、後醍醐天皇に七ヶ条からなる上奏文を提出している（『醍醐寺文書』）。その文面からにじみ出る、顕家の高邁な識見に接する時、誰もがその早すぎた死を悼まずにはいられまい。そしてもちろん、顕家の戦死は南方全体にとっても大きな衝撃であった。『太平記』は「股肱の重臣あへなく戦場の草の露と消へ給しかば、南都の侍臣・官軍も、聞きて力をぞ失ける」と、その落胆ぶりを伝えている。「心憂き世にも侍るかな」とは、まさに親房の偽らざる心境であったろう。

乾坤一擲の船出

こうして陸奥の顕家軍との連携作戦に失敗した親房は、今度は自ら東国に下り、そこで関東・東北の南朝軍を再建しようと考えるに至る。すなわち、次男の顕信を鎮守府将軍に任命してもらい、親房がその後見人となり、顕家とともに陸奥から攻めのぼってきた義良親王を再び奉じて東国に下ろうというわけである。『神皇正統記』は次のように述べる。

さてしもやむべきならずとて、陸奥の御子（義良親王）又東へむかはせ給べき定めあり。左少将顕信朝臣中将に転じ、従三位に叙し、陸奥の介鎮守将軍を兼ねてつかはさる。

さらに前述したとおり、おそらくはこの時、顕信に坂東諸国の軍事を都督せしめる「後醍醐天皇綸旨」（結城文書）が出されるのと同時に、顕能が伊勢国司に任命され、東国と吉野を結ぶ中継の役割を担わされたものと考えられる。ここに伊勢国司北畠氏なるものが始まるわけであり、その役割が東国の南朝勢力との連絡役という点にあったことは明白である。

そして延元三年九月、親房らの軍勢は伊勢大湊《おおみなと》に集結した。『太平記』によると、

陸地は皆敵強うして通りがたしとて、此の勢皆伊勢の大湊に集まって、船をそろへ風を待ちけるに、九月十二日の宵より、風やみ雲収まって、海上殊に静まりたりければ、舟人纜《ともづな》を解いて、万里の雲に帆を飛ばす。

とあり、その軍勢は「兵船五百余艘」に及んだとされている。なお『太平記』の諸本によっては、これを「三十八艘」、あるいは「五十余艘」、「三百余艘」とするものもあり、軍勢の数については判然としない。しかし、例えば「元弘日記裏書」が出帆の日を八月十七日としながら、『太平記』は九月十二日とするなど、出帆の日付一つをとっても一月近くを要していることから考えて、少なくとも数十艘クラスの船団であったとは考えがたい。やはり三百から五百余艘クラスの大船団であったに違いない。まさにこの出陣は、南朝方にとって乾坤一擲の大勝負であった。

伊勢大湊

ところでこの『太平記』の記事は、南北朝初期から伊勢大湊が太平洋海運の拠点であったことを示すものとしても、夙に注目されてきた。特に一九九〇年代における綿貫友子

の画期的な研究、すなわち明徳三年（一三九二）に武蔵国の品川に着いた船名の書き上げである「湊船帳」（金沢文庫文書）に見える「大塩屋」「馬瀬」「通」「新開」「和泉」といった地名が、「大湊周辺の地名」であるという発見（『中世東国の太平洋海運』）以降、大湊こそが、中世を通じて東国太平洋海運のキーステーションであったとする見解が繰り返されることになった。

　しかるに最近、地名屋号の分布から地域関係を探るというきわめて興味深い研究手法を導入された伊藤裕偉は、大湊が本格的に「都市機能」を展開するようになる時期を、十六世紀後半まで下るものとされ（『中世伊勢湾岸の湊津と地域構造』）、この説を受けた私は、中世前期における南伊勢地方の主要な港は、「伊勢新名所絵歌合」などに登場する三津の港であったのではないかとする仮説を提唱した（「伊勢中世都市の歴史的位置づけ」）。

大湊（三重県伊勢市大湊）

それでは、十四世紀前半の段階において、親房が「五百余艘」の「軍船」を「大湊」に集結させたとするこの『太平記』の記述は、どのように捉えたらよいのであろうか。

　一つの解釈としては、十四世紀後半に成立した『太平記』が、今日多く定本とされている慶長八年古活字本などへと写し次がれていく過程の中で、当時もっとも有名な港湾都市へと展開しつつあった伊勢大湊の名前が入り込んだという可能性が考えられよう。実際、今日に伝わる『太平記』古写本のうち、西源院本・金勝院本には、親房らが「伊勢国鳥羽ノ津」から出帆したと書かれており、必ずしも当初から、「大湊」で確定していたとは断定できない。

もっとも、鎌倉後期の日記文学である『とはずがたり』に、「その暁の出潮の舟に乗りに、宵より大湊といふ所へまかりて」とあることなどを勘案すると、鎌倉後期から南北朝期にかけて、大湊が東国への玄関口として、それなりの「湊津機能」を備えていた可能性もまた否定できない。そもそも先の伊藤の指摘は、屋号を持つような商工業者たちの在所として、大湊が「都市機能」を展開し始める時期を論じられたものであり、大湊が十六世紀後半に至るまで「湊津機能」を備えていなかったと主張されたものではない。

とするとやはり親房一行は、大湊から東国に向けて出帆して行ったと考えられよう。しかし、いずれにせよそれは、三津・馬瀬・神社港・通・河崎などといった、当該地域における様々な湊津機能の一環として捉えるべきものであり、『太平記』の記事のみを手掛かりとして、親房の時代から、大湊が当該地域の湊の中心として展開していたかの如く論じてしまうことは、やはり慎重であるべきだろうと私は思う。

漂流

延元三年九月、こうして「五百余艘」の大船団で伊勢から東国へと船出した親房一行は、同月十日過ぎに、時ならぬ暴風雨と遭遇した。その様子を、まずは実際に遭難した親房自身の『神皇正統記』から聞き取ってみよう。

九月のはじめ、纜をとかれしに、十日頃のことにや、上総の地近くより空の景色おどろおどろしく、海上荒くなりしかば、又伊豆の崎と云ふ方に漂はれ侍しに、いとど浪風おびただしくなりて、あまたの船ゆきかた知らず侍りけるに、御子の御船は、さはりなく伊勢の海に着かせ給ふ。

すなわち、九月初めに伊勢大湊を出帆した親房らの船団は、同月十日頃、房総半島沖まで進んでいた。ところがそこで急に天候が悪化し、伊豆半島沖まで吹き戻され、さらに激しい風と波にさらされて、多くの船が行方不明になってしまったという。

また先に掲げた『太平記』の続きを見ると、

兵船五百余艘、宮の御座舟を中に立てて、遠江の天龍灘を過ぎける時に、海風俄かに吹き荒れて、逆浪忽ちに天を巻き翻す。或は檣を吹き折られて、弥帆にて馳する舟もあり。或は梶をかき折りて廻流に漂ふ船もあり。暮るれば弥よ風荒く成って、一方に吹きも定まらざりければ、伊豆の大嶋・女良の湊・カメ河・三浦・由居の浜・津々浦々の泊に船の吹き寄せられぬはなかりけり。

とあり、南朝の大船団はこの暴風雨で帆柱や舵をへし折られて漂流し、伊豆大島をはじめ、安房の布

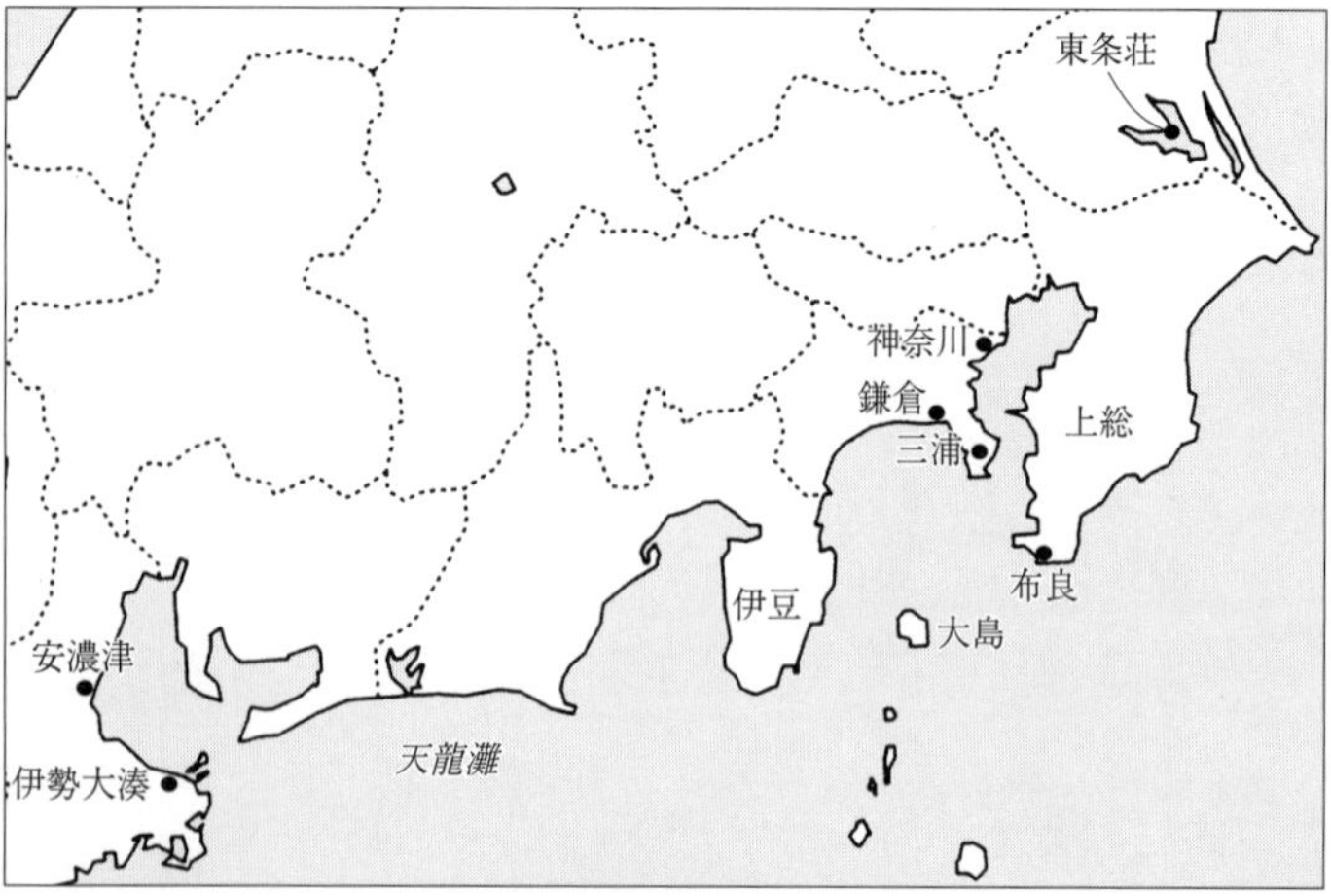

南朝船団の漂着地

良、武蔵国の神奈川（現在の横浜）、相模の三浦、さらには鎌倉の由比ヶ浜などといった津々浦々に漂着したとされている。実際、鎌倉にある鶴岡八幡宮の社務職が記した『鶴岡社務記録』にも、同年九月九日から二十日にかけて、安房・江の島・神奈川、さらには鎌倉の稲瀬川河口（由比ヶ浜）といった各地に南朝軍の船が漂着し、「御敵」として討ち取られた様子が記されており、これらの漂着事件が当時、大きな話題となっていたことを伺わせてくれる。

さらに興味深いのは、『鶴岡社務記録』がその続きに、

> 御敵滅亡は更に人力にあらず。偏に仏神の加護たるの条、疑い無き処、末代に及び、人不信の間、信仰の思い無きの条、不便の次第なり。

と記し、この暴風雨を「仏神の加護」と捉えていることである。北朝方にとっては、南朝の大船団を海の藻屑に葬ってくれたこの暴風雨こそ、まさに「神風」に他ならなかったわけである。

神風

なおこの難破事件について、『神皇正統記』は房総沖と記し、『太平記』は天龍灘で遭難したと伝えているが、はたしてどちらが正確なのであろうか。ここで考えなければならないのは、この船団の膨大さである。先にも述べたとおり、出帆の日付一つをとっても、この大船団は八月十七日から九月十二日までかかっていた。その先頭集団はすでに房総沖に達しており、後発部隊は未だ天龍灘にあったと考えて何の不思議もあるまい。『太平記』の伝える「五百余艘」という数が、決して誇張ではなかったと考える所以である。

また『神皇正統記』によれば、房総沖で「おどろおどろ」しい雲に阻まれた彼らの船団は、伊豆沖まで吹き戻されてしまったという。これは彼らの遭遇した暴風雨が、激しい東からの強風であったことを示している。旧暦の九月中旬といえば太陽暦の十月中旬、まさに秋の台風であったに違いない。

ただ不思議なことにこの台風は、『鶴岡社務記録』などといった当時の日記・記録類に、全くその被害の痕跡をとどめていない。恐らくこれは、この台風が秋台風特有の進路を取って、列島に上陸することなく、太平洋を東へと進んでいったため、日本列島そのものには、これといった被害をもたらさなかったためであろう。そしてその推定が当たっているとすれば、この台風は、太平洋沿岸の船を常に西へ西へと吹き飛ばしながら、東に進んでいったということになる。

実際この台風は、親房らの船を房総沖から伊豆沖まで吹き戻すだけでなく、義良親王らの乗る後続部隊の船を、天龍灘から伊勢湾まで吹き戻してしまった。『太平記』は次のように伝える。

宮の召されたる御舟一艘、漫々たる大洋に放たれて、已に覆らんとしける處に、光明赫奕《かくやく》たる日輪、御舟の舳先に現じて見へけるが、風俄に取て返し、伊勢国神風浜へ吹き戻し奉る。

義良親王の船は、かくして振り出しに戻ってしまったわけだが、後から考えてみれば、この日、親王が伊勢に吹き戻されなければ、吉野には皇位を継ぐべき皇子が不在になるところであった。義良親王は吉野に戻り、翌年八月、父後醍醐天皇の崩御を受けて即位した。後村上天皇である。『太平記』はこれを、

若干の舟共行方も知らず成りぬるに、此の御舟計り日輪の擁護に依りて、伊勢国へ吹き戻され給ぬる事ただ事にあらず。何様此宮継体の君として、九五の天位を践せ給ふべき所を、忝《かたじけ》くも天照太神の示されける者也とて、忽ちに奥州の御下向を止られ、則ち又吉野へ返し入れ進せられけるに、果して先帝崩御の後、南方の天子の御位をつがせ給ひし。吉野の新帝と申し奉しは、則ち此の宮の御事也。

と伝え、また『神皇正統記』は、

方々に漂ひし中に、この二つの船同じ風にて東西に吹き分けける。末の世にはめづらかなるためしにてぞ侍るべき。儲《もうけ》の君に定まらせ給ひて、例なきひなの御すまひもいかがとおぼえしに、皇太神のとどめ申させ給ひけるなるべし。後に芳野（吉野）へ入らせましまして、御目の前にて天位を継がせ給ひしかば、いとど思ひ合はされて尊く侍るかな。

と語っている。結果として南朝方にとってもこの暴風雨は、やはり「神風」となったわけである。

結城宗広の漂着地

ところで、この時伊勢に吹き戻された義良親王の船の中には、「奥州小幕府」の最有力御家人として、常に親房・顕家父子の片腕であり続けた結城宗広もまた乗っていた。その証拠に、九月二十九日、常陸に漂着して間もない親房が、宗広の嫡子親朝に宛てて出した書状（結城文書）には、「抑も宮（義良親王）の御船、直に奥州に着かしめ給ふの由、其の聞こえ候、（中略）件の御船に禅門（結城宗広）乗船候、」と書かれている。

なおこの書状によると、親房は当初、親王らの船が奥州に着いたと信じていたようである。しかしそうした誤認こそあれ、この船団の事実上の最高責任者であった親房が、親王と宗広がどの船に乗っていたかについて誤解していたとは考え難く、右の書状は、義良親王と結城宗広が同じ船に乗っていたことの動かぬ証拠と言える。

ところで先にも述べたとおり、『太平記』は、義良親王が「伊勢国神風浜」に漂着したと伝えていた。しかし、その一方で『太平記』は、結城宗広の漂着地について、

結城神社（三重県津市藤方）

> 中にも結城上野入道が乗たる舟、悪風に放されて渺渺《ぴょうびょう》たる海上にゆられただよふ事、七日七夜也。既に大海の底に沈むか、羅刹国に堕つるかと覚えしが、風少し静りて、是も伊勢の安野津へぞ吹き着けられける。

として、これを「伊勢の安濃津」であったとした上で、宗広がその地で重病に罹り、悪相を現わして没し、地獄に落ちたと伝えている。この伝承は古くからよく知られ、明応七年（一四九八）の大地震で安濃津が埋没した後も、その跡地には「結城塚」とよばれる宗広の墳墓があったという。そして文政七年（一八二四）、時の津藩主藤堂高兌《とうどうたかさわ》は、宗広の忠義を顕彰するため、この地に社殿を構えた。これが今日の結城神社である。

　こうして三重県の津市に今日も結城神社があることから、宗広の漂着地と終焉地を『太平記』の記述どおり、安濃津としている史書は数多い。しかし、後醍醐天皇の皇子で、義良親王の弟にあたる宗良親王が選集した『新葉和歌集』に、

延元三年秋、後村上院かさねて陸奥国へ下らせましましけるに、いく程なく御船伊勢国篠島といふ所へ着きたるよし聞こへしかば、

とあることから考えて、彼らは、現在の愛知県知多郡に属する「伊勢国篠島」に漂着したことが間違いない。なお知多半島の先端を「伊勢国」としていることに違和感もあろうが、古く『万葉集』には「伊勢国の伊良虞の島」とあって、渥美半島の先端である伊良湖岬もまた「伊勢国」であった。これは今日の伊勢湾が、古くから「伊勢の海」と呼ばれていたことと関係があろう。伊勢湾は、その東岸に至るまで「伊勢国」だったわけである。

それでは、宗広はどこで亡くなったのであろうか。先にも述べたとおり、『太平記』はこれを「伊勢の安濃津」であったとしているわけだが、伊勢の光明寺恵観（前節参照）に宛てて出された結城宗広夫人の書状（光明寺文書）を見ると、

入道（宗広）の存生の時より、申承まいらせ候て候ける故に、他界の後も、一向御計らひにて、孝養なども心安くして候けるよし承り候程に、（中略）少し道心安くなり候はば、上り候て御見参にも入まいらせ候。又墓所をも見候べく候程に（後略）

とあって、光明寺の恵観が宗広没後の供養を行なっていること、また宗広夫人が「少しでも交通路が

安心になったら陸奥白河から伊勢に上って貴方（恵観）にお会いしたい、また亡夫宗広の墓所も見たい」と述べていることから考えて、宗広は、伊勢吹上にあった光明寺の近くで没し、その地に葬られていたことが間違いない（勝峰義忠「日本史広辞典の「結城宗広」について」『ぐんしょ』四四号）。つまり義良親王と結城宗広は、知多半島先端の「伊勢国篠島」に漂着した後、伊勢湾を渡って神宮にほど近い伊勢吹上の光明寺へと移り、宗広はその地で重病に罹って没したが、義良親王はそこから吉野へと戻り、後村上天皇として即位したと考えられるわけである。

以上述べてきたとおり、延元三年九月、東国に向けて伊勢から出帆した北畠親房の率いる大船団は、太平洋上で台風に遭遇し、安房・相模・伊勢といった太平洋沿岸諸国に漂着してしまった。しかしそのような中で、房総沖から伊豆沖まで吹き戻されながら、なお初志を貫こうと東を目指し、常陸国へとたどり着いた一艘の船があった。言うまでもなく本書の主人公、北畠親房の船がそれである。それでは私たちも、その船の後を追って次なる舞台、常陸国へと目を移していくことにしよう。

第四章　常陸での苦闘

1　常陸の内海

常陸国の親房

平成二十一年（二〇〇九）現在、日本全国の高校生が学んでいる『日本史B』の教科書を見ると、そのほとんどすべてに「北畠親房」の名をゴシック体で見つけることができる。しかしその多くは、「南朝方は北畠親房が関東で（中略）抗戦をつづけた」などといった形で登場するものばかりであり、文化史に登場する『神皇正統記』について、「親房が常陸国小田城で北朝方と対戦しながら執筆した史書」といった説明が付されていることとも相まって、受験の知識が豊富な高校生ほど、北畠親房という人物を、常陸国の南朝勢力として暗記してしまう傾向が強い。そして確かに、親房の人生にとってこの常陸滞在の五年間は、そのように誤解されても不思議ではないくらい、濃密な日々であった。

たとえば横井金男の『北畠親房文書輯考』は、刊行後六十年以上を経た今日でも、なおその価値を失わない親房文書の集大成であるが、全六五七頁に収められたその全貌を眺めると、実にその四分の三近くが、常陸滞在中に記されたものであることに驚かされる。親房は、わずか五年の常陸滞在中に、その生涯の四分の三近くもの書状をしたため、また日本史学史上に残る不朽の名作『神皇正統記』を書き上げたわけである。

そもそも歴史学なるものが、可能な限り同時代の史料を尊重し、伝記よりもその人本人の記した文献を重視する学問である以上、北畠親房に関する研究もまた、彼自身が最も多くの記録を残したこの時期に集中することとなった。そこで本章では、それら豊富な研究成果と重複する指摘は可能な限り避け、むしろ親房六十二年の生涯の中で、常陸滞在の五年間とは何だったのかという視点から、なぜ彼が、この時期に限って、これほど多くの文書と作品を残したのかという問題を考えていきたい。

東条荘への着岸

延元三年（暦応元年、一三三八）九月下旬、北畠親房の乗った船は「常陸国なる内の海」に着いた。その様子を『神皇正統記』は次のように語る。

同じ風のまぎれに、東をさして常陸国なる内の海に着きたる船侍りき。方々に漂ひし中に、この二つの船同じ風にて東西に吹き分けける。末の世にはめづらかなるためしにてぞ侍るべき。（中略）又常陸国はもとより心ざす方なれば、御志ある輩あひ計らひて義兵こはくなりぬ。

このように親房自身、義良親王らの乗る船と自らの船が、「同じ風」によって東西に「吹き分け」られたと記していることから、親房は常陸に「漂着した」としている史書が一般的である。しかし、先に推測したこの時の台風の進路から考えて、「東をさして」暴風が吹いたとは考え難く、恐らくは台風通過後に強さを増した偏西風にのって、「もとより心ざす方」である東国を目指したというのが真相であろう。

それでは、「常陸国」に着いた親房は、「内の海」のどこに着岸したのであろうか。そのことを知る上で重要な手掛かりとなるのが、「烟田《かまた》文書」に残された次のような軍忠状である。

目安
　常陸国鹿島郡烟田又太郎時幹軍忠事、
右、吉野没落の朝敵人北畠源大納言入道（親房）以下の凶徒等、海路を経て、当国東条庄に着岸の間、誅伐のため発向せらるるの間、時幹罷り向ふの処、今年（建武五・十）五日、神宮寺城に押し寄せ、至極合戦を致すの処、若党新堀修理亮公夏、右脛を疵せられ訖《おわ》んぬ。（中略）其の後、阿波崎城に罷り向ふの処、所々の御敵等、後攻として、多勢を引率し寄せ来るの間、馳せ向ひ散々に合戦を致し、御敵を打ち散らすの処、阿波崎城没落せしめ訖んぬ。（後略）

この軍忠状は、北朝方についた烟田時幹が、足利一門の斯波家兼に宛てて、自らの戦功を報告した文書であるため、親房のことを「吉野没落の朝敵人」などと称しているわけだが、戦功の報告書であるだけにきわめて信憑性が高い。そして、この文書によれば親房は、常陸国の「東条庄」に着岸した後、神宮寺城を経て阿波崎城に入り、烟田氏ら北朝方の軍勢と交戦していたことが知られる。

中世の霞ヶ浦

この「東条庄」は、今日の茨城県稲敷市にあたる。稲敷市は今日、その北東部で霞ケ浦と接するのみであるが、近世以降の大規模な干拓が行われるまでは、むしろ霞ヶ浦に突き出た半島のような地形であったと推測されている（茨城県立歴史館編『中世東国の内海世界』）。すなわち稲敷市の南、千葉県成田市との間を流れる利根川は、稲敷市の南部を東西に流れる新利根川の北にまで広がる大河であり、その上流では長沼（成田市）・印旛沼・手賀沼・牛久沼などと連なる広大な沼沢地帯を形成していた。また、稲敷市の北部で霞ヶ浦にそそぐ小野川は、今日よりずっと広い川幅の内湾であり、さらに、稲敷市の東に小字として残る「浮島」地区は、文字通り霞ケ浦に浮かぶ浮島に他ならなかったのである。

一方、下流に目を転じると、霞ケ浦はその東南で利根川・北浦と連なり、そのまま太平洋につながっていた。親房の言う「常陸国なる内の海」とは、まさにこうした中世の霞ケ浦に他ならなかった。つまり、難破の危機を乗り越え、太平洋を東へと進んできた親房は、足利方の盤踞する相模湾や江戸湾を避け（実際この時、安房・神奈川・鎌倉・江の島などに着岸した多くの南朝方の船が討ち取られていた）、九十九里浜を左に見ながら房総沖を北上し、犬吠埼をまわって「常陸国なる内の海」に入り、「東条庄」に着岸したということになる。

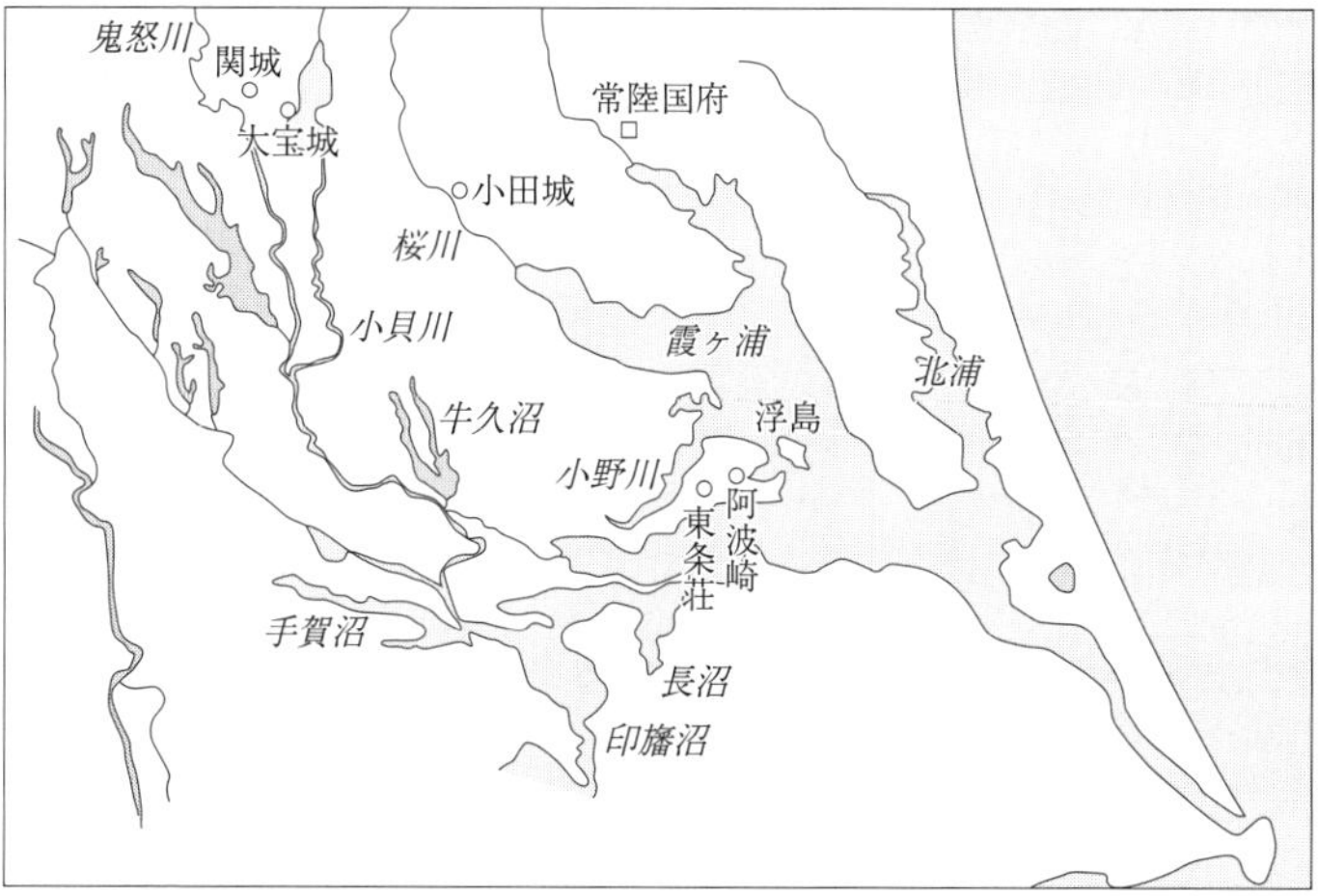

中世の霞ヶ浦（茨城県立歴史館編『中世東国の内海世界』より作成）

かくして「東条庄」に着岸した親房が最初に入った神宮寺城は、今日でも稲敷市神宮寺の竹藪の中に堀と土塁の跡が残り、大正四年（一九一五）に建てられたという「北畠准后唱義之所」なる石碑を確認することができる。しかし、親房の神宮寺城在城はきわめて短く、先に掲げた軍忠状にあるとおり、同年十月五日には落城した。

神宮寺城落城後に親房軍が移った阿波崎城は、神宮寺城跡から東に五キロほどの稲敷市阿波崎にあった。その跡地は今日、ゴルフ場へとその姿を変えてしまっている。ちなみにこの「阿波崎」という地名は、「常陸の内海」沿いの中世湊津分布を示す史料として古くから注目されてきた「常陸国海夫注文」（香取大禰宜家文書）という古文書の冒頭にも、「あはさきの津」として登場する。思うにこの阿波崎津と阿波崎城は、セットにして考えた方が良かろう。おそらく、親房が阿波崎城に在城していた頃、その眼下には霞ヶ浦が広がり、城を降りればすぐに阿波崎津から船に乗ることができたに違いない。そして同じく十月上旬、親房は実際そのようにして阿波崎城を落ちていったものと思われる。

小田城

阿波崎城落城後の親房が次に目指した城、それは霞ケ浦の上流、桜川の左岸に位置する小田城であった。親房が阿波崎城から船で脱出したであろうと考える所以である。

小田城は現在も茨城県つくば市にその主郭（本丸）部分を残しており、戦前の昭和十年（一九三五）には国の史跡に指定された。しかし国指定史跡とはいっても、それに先立つ大正七年（一九一八）には、その主郭部分を斜めに貫くように筑波鉄道筑波線が通っていたという。なお筑波線は昭和六十二年には廃線となり、その線路跡は「つくばりんりんロード」という自転車専用道路として整備されている。

今日の自転車専用道路は、さすがに史跡を保護するため、主郭土塁の外側を迂回する形で整備されているが、筑波鉄道筑波線は、一段高くなった主郭部分を掘り下げる形で貫通していた。その様子は廃線となった今日でもよく観察でき、中世の史跡としては残念と言うより他ない。しかし、逆に言えばこの小田城の位置が、土浦（中世の霞ケ浦）と筑波山麓とを結ぶ直線上において、絶好のロケーションにあったことを、何よりも饒舌に物語っていよう。

つくば市では昭和五十九年度に「史跡小田城跡保存管理計画」を、平成七年度には「同保存整備構想」を策定し、これらにより同八年度から史跡の南半分の土地公有化に着手するとともに、翌九年度

小田城趾（茨城県つくば市小田）
（上）航空写真（つくば市教育委員会提供）
（右）石碑

から主郭部分（遺跡整備ゾーン）の確認調査、十六年度からは本発掘調査を開始した。そしてこの調査を受け、平成二十一年から二十五年度にかけては復元整備工事が行われるという。おそらく、本書の執筆段階と刊行後数年たってからとでは、小田城に関する研究には、格段の差がついているに違いない。

三村山極楽寺

　そうした中世小田城研究の進展に伴い、近年注目を集めている関連史跡として、「三村山《みむらさん》極楽寺遺跡群」と総称される遺跡群がある。三村山極楽寺は建長四年（一二五二）から十年間、奈良西大寺の僧忍性《にんしょう》が止住し、「坂東の律院の根本にして本寺」（無住『雑談集』）と謳われた律宗寺院であり、現在は廃寺となっているが、その跡地には、忍性の後に三村山長老となった蓮順房頼玄《れんじゅんぼうらいげん》の墓とされる高さ二・七七メートルもの五輪塔が残されている（次頁右）。さらに、平成二年（一九九〇）に行われた周辺地域の範囲確認調査では、十三〜十五世紀の瓦・土器・陶磁器片が出土し（つくば市教育委員会『三村山極楽寺跡遺跡群確認調査報告書』一九九三年）、鎌倉後期から室町時代にかけて隆盛を誇った寺院であったことが改めて証明された。

　その位置は、小田城の主郭部跡から北東に一キロほどの地点に当たり、両者は一体のものと考えてよい。実際、小田城主郭部跡にほど近いつくば市小田には、建長五年（一二五三）九月十一日の日付と「三村山不殺生界」なる銘を持つ石碑が建てられており、小田の地が三村山の一部であったことを明確に物語っている。なお筑波山麓にはこの他にも、同年七月二十九日付の「大界外相」碑文の石が土浦市宍塚《ししづか》般若寺《はんにゃじ》に、また同年九月二十九日付の同じく「大界外相」碑文石が新治村東城寺釈迦院に

楠部大五輪（伊勢市久世戸町）

石造五輪塔（つくば市教育委員会提供）

残されており、これらは『本朝高僧伝』に忍性が結界したと伝える七十九箇所の結界石の一部と考えられよう。

　ところで、この三村山極楽寺と同じ律宗寺院が、親房の出帆した伊勢の地にもあったことが、最近注目を集めている。神護山弘正寺《こうしょうじ》と呼ばれたその寺は、今日やはり廃寺となっているが、明徳二年（一三九一）の「西大寺末寺帳」では伊勢国十七箇寺の筆頭に掲げられており、かつては伊勢を代表する律宗寺院であった。さらに、その楠部町の跡地から一キロほど北西に行った伊勢市久世戸町には、「楠部大五輪」と呼ばれる高さ三・四メートルもの巨大な五輪塔が残されており、最近、松尾剛次の調査によって、鎌倉末期、弘正寺によって建てられた律宗系の石塔であることが明らかにされた（松尾「新たなる伊勢中世史像の再構築」『皇學館史学』二四号)。

親房が大船団を率いて出帆した伊勢の地と、漂流の結果到着した常陸の地に、同じ律宗系の大寺院があったという事実は、決して単なる偶然で片づけられる問題ではあるまい。これまで、親房が常陸国で小田城を拠点として選んだ背景としては、城主小田治久《はるひさ》が南朝方の武将であったことのみが注目されてきたが、むしろ中世前期において、律宗寺院がほとんどの港湾都市を掌握していたという事実、換言すれば律僧こそが中世の交通路を掌握する主体であったと考えられることに注目するならば、親房は、三村山極楽寺の律僧たちを頼って小田城に入ったと考える方が自然であろう。

2 常陸からの反撃

親房と親朝

延元三年(一三三八)十一月、こうして小田城に落ち着いた親房は、早速、結城宗広の嫡男親朝に対し、次のような御教書(松平結城文書)を送り、その出兵を促した。

宮(義良親王)・国司(北畠顕信)の御船、勢州に着かしめ給ひ候。禅門(結城宗広)より定めて音信候か。奥州に着かしめ給ひ候の由その聞こえ候に、延引の条心もとなきことに候と雖も、公私無為無事、大慶左右あたはず候。かつがつ諸船多くその難に遇ふのところ、ただ両船別の子細なく候。たのもしき御事に候。そもそも宮・国司、奥州に着かしめ給ひ候はば、彼方より御発向あるべきにて候ひつ。只今の如くんば延引の間、如何にも御下向候ひて、奥の輩催し立てらるべく候。かつがつ葛西使者を進らせ候。此の趣を申し入れ候なり。しかして路次難渋すと云々。忩々に郡々の勢を催促し、連々近辺を退治せられ候はば目出候。此の辺りの勢を以て、先ず白河まで御進発。其れより次第に奥へ御発向あるべきの条、子細あるべからざるか。相構へて急速に計らひ沙汰せしめ給ふべきの由、仰せ候なり。よって執達件の如し。

前章でも述べたとおり、同年九月、常陸に到着した直後の親房は、義良親王や結城宗広の乗った船は奥州に着いたものと信じていた。しかし、この頃になると親房は、その船が伊勢に着いていたことを知り、その無事を喜ぶとともに、親朝にも、宗広から何らかの音信があったであろうと述べた上で、親房自ら奥州に下向する予定であることを述べ、親朝に対して、急ぎ軍勢を催して近辺の足利方を退治し、親房下向の路次安全を確保するよう命じているのである。

そして、よく知られているとおり親房は、これから興国四年（康永二、一三四三）までの五年間、実に七十通近くもの御教書や書状を、結城親朝に対して送り続けることになる。その大半は、親朝に早期の挙兵を促すものばかりであり、これらの古文書を通じて得られてきたこれまでの歴史像は、言を左右にのらりくらりと挙兵を渋り続けた優柔不断な親朝像（主として戦前の評価）か、あるいは武士の実情を理解しようともせずに非現実的な説得を繰り返した頑迷固陋な親房像（主として戦後の評価）の、いずれか（もしくは両方）であったと思われる。

しかし近年、村井章介が明らかにされたとおり、親朝は決して最初から挙兵に消極的であったわけではなく（『中世東国武家文書の研究』）、また親房も、決して最初から非現実的な要求を繰り返していたわけではない。むしろ、親房のいた常陸国小田城から、親朝のいた陸奥国白河（現在の福島県白河市）まで、直線距離で百キロ以上も離れていることを勘案するならば（xvi頁関係地図参照）、両者は当初、それでもよく連絡を取り合っており、きわめてよく連携の取れた軍事行動を展開していたとすら言える。

長福楯合戦

そうした一つの事例として、延元四年八月二十一日に、親房から親朝に対して出された次のような御教書（相楽結城文書）を見てみよう。

去月廿六・七両日、高野郡長福楯合戦の事、注進の趣、具に披露候ひ了んぬ。凶徒対治の条、殊に以て神妙。軍忠を致すの輩の事、面々詞を加へ感じ仰せらるべし。かつ其の間の子細、御使経泰を以て仰せ遣はさるるの由、仰せ候なり。よって執達件の如し。

これは同年七月二十六日から二十七日、陸奥国高野郡（現在の福島県東白川郡）で行われた長福楯合戦において、親朝が「凶徒対治（退治）」の武功を立てたことを、親房が賞したものであり、親朝はこの軍功に対する恩賞として、高野郡内伊香（現在の塙町）・手沢（現在の棚倉町）の両郷を、同日付で親房から与えられている（白河集古苑所蔵「結城家文書」）。これは両者の協力関係が、良い方向へと展開していた一つの徴証に他ならない。

もっとも、親朝が長福楯合戦で大きな働きを示したのは、必ずしも親房のためばかりではなかった。そもそも親朝は建武二年（一三三五）十月、長福楯のある高野郡の検断権を、時の陸奥国司北畠顕家から与えられており（結城神社文書）、その職権を利用して、高野郡への領地拡大に努めていた。しかし高野郡の内、伊香郷は平賀景貞、手沢郷は藤蔵人房雄に、それぞれ恩賞として与えられており、延元四年当時、景貞は既に戦死し、房雄には替地を与える約束が成立していたものの、両所には「凶徒」（足利方）が盤踞しており、容易に親朝の所領とすることはできなかった。そこで親房は、延元四年五月、「先ず対治を加へられ、且つ景貞跡にも同じく直談判せられ候はば、宜しかるべく候」という御教書を親朝に与え、両所周辺の足利方を退治した後、景貞の相続人と交渉するよう命じていた（結城家蔵文書）。この御教書を受けた親朝にとって、長福楯合戦とは、高野郡に対する支配を確実なものとするための、千載一遇の好機だったわけである。

ところで、戦前までの研究では、かかる下心を以て南朝方に与した親朝の態度を非難する声が主流であり、逆に戦後の研究では、かかる国人層の在地支配願望に理解を示せなかった親房の態度を批判する声が主流となった。しかし、既に第二章でも述べたとおり、そもそも白河結城氏は、鎌倉末期に下総結城氏の庶流に甘んじていた地位から、討幕運動に加わることで頭角を現してきた一族であり、また各地の南朝軍の多くも、当初から、そうした諸豪族内の対立構造と在地支配願望をこそ、その原動力としていた。陸奥や伊勢で苦労を重ねてきた親房にとって、そのようなことは先刻承知であったに相違ない。

つまり、中央の政治情勢を利用して近隣豪族との紛争を有利に進めたい親朝らの思いと、そうした地方豪族の願望を利用して足利との戦いを勝ち抜こうという親房らの思いが合致した時、東国における南朝勢力は、計り知れない威力を発揮することになる。そうした事例としてもう一つ、延元四年十月から翌五年五月にかけて、常陸国駒楯城（駒城、駒舘とも、現在の下妻市黒駒村）をめぐって繰り広げられた合戦の様子を見ておこう。

駒楯城合戦

すなわち、延元三年の親房常陸上陸を受け、足利方は尊氏の側近高師直の従兄弟にして猶子である高師冬《もろふゆ》を関東に派遣することとした。翌四年四月、京都を出発した師冬軍は六月上旬に鎌倉入りし、八月二十日には鎌倉を発して十月中旬、駒楯城に立て籠もる南朝軍を包囲したのである（『日野市史史料集　高幡不動胎内文書編』解説）。

この延元四年十月から始まる駒楯城攻撃は困難を極めたらしく、同年十一月二十一日付の「北畠親房御教書」（相楽結城文書）では、「此の間方々の合戦に於て毎度御方利を得、凶徒多く以て或は討ち死に、或は疵を被り、悉く引き退き候ひ了んぬ。今に於ては駒楯一方合戦の最中なり。」として、南朝方の優勢を伝えている。また同年（北朝の暦応二年）十二月十三日付の「高師冬奉書」（山内首藤文書）には、「駒舘城合戦の最中、軍勢多く帰国のところ、今に到り忠節の条、尤も神妙なり」とあり、足利方の中には戦場から逃亡する者も少なくなかったらしい。

結局、駒楯城は翌興国元年（一三四〇）五月二十七日、師冬軍の夜討ちによって落城するが、二日後の二十九日、今度は逆に、南朝軍が師冬の籠る飯沼楯（飯沼城、現在の茨城町上飯沼）を攻め落とし、師冬は同日夜、陣屋を悉く焼き払い逃走した（相楽結城文書）。足かけ八ヵ月にわたって繰り広げられた駒楯城をめぐる攻防戦は、南朝方の圧勝という結果に終わったわけである。

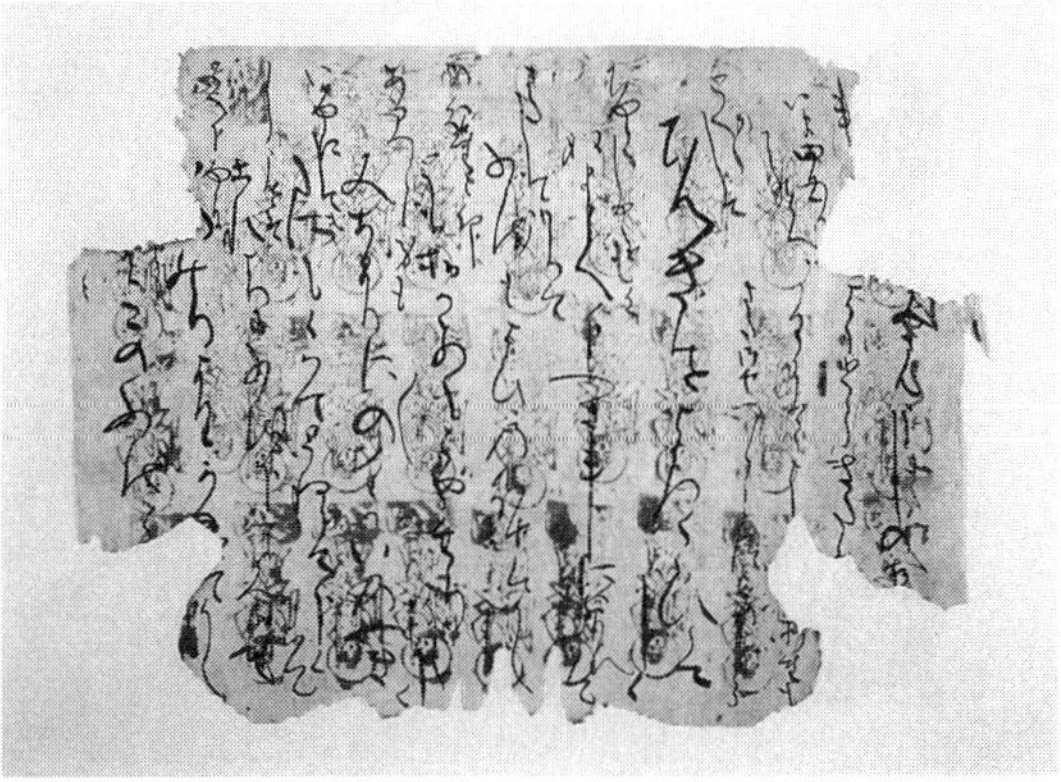

高幡不動胎内文書（東京都日野市・高幡山金剛寺蔵）

しかもこの間、結城親朝もまた南朝方の有力武将として足利方を背後から脅かしており（相馬文書「石塔義房書下」）、翌暦応四年（南朝の興国二年）閏四月には、陸奥国石河荘にある村松城（現在の福島県石川町）を攻撃していた（東京大学所蔵白川文書）。このように親房と親朝の連係は、後年の評価とは異なり、むしろきわめてうまく機能していたとさえ言える。

山内経之の悲鳴

ところで、この駒楯城をめぐる攻防戦が、足利方にとっていかに苦しい戦いであったかを、赤裸々に物語る資料が、東京都日野市にある高幡山明王院（高幡不動）の不動明王坐像の中から発見された。一般に「高幡不動胎内文書」（平成六年、国の重要文化財に指定された際の名称は「高幡不動本尊像内納入文書」）とよばれるこの文書群は、昭和初年にはその存在が知られていたが、その多くが断片・破片となっていた上に、裏には仏像の印影が多く捺されており、さらに難解な「かな消息」であるという、きわめて読みづらいものであった。しかるに平成初年、小川信を中心とする日野市史編纂委員会がその解読に挑まれ、平成五年(一九九三)には『日野市史史料集　高幡不動胎内文書編』として刊行されたのである。

その解説によれば、これらの「胎内文書」六十九通は、すべて暦応二年(延元四年、一三三九)前後に作成された書状であり、そのうち五十通は山内経之という武士の手になるものだという。山内経之は高幡不動周辺に所領を持っていた武士らしく、何らかの事情で鎌倉に滞在していたところを高師冬軍に編成され、駒楯城攻撃に従軍することとなった。つまりこの「胎内文書」は、駒楯城包囲網の陣中にいた山内経之という武士から、高幡不動周辺に残してきた留守宅の妻子に宛てて出された書状群を主とするものであり、中世には珍しい「戦場からの手紙」ともいうべき貴重な史料群となっている。

そこには、乗馬や兜すら失い他人のそれを借りて戦っているといった悲惨な様子が綴られ、「これほど討たれ手負い候に」といった文言などから、その攻防戦がいかに激烈なものであったかを知ることができる。さらには、「今度の合戦には生き候はん事もあるべしとおぼえず候」などと、討ち死にを覚悟する心情が吐露された後、実際にこの山内経之なる武士は消息を断つ。おそらくは、激戦の中で戦死したに違いない。たどたどしい肉筆で記されたこの「胎内文書」からは、あたかも駒楯城攻撃に動員された師冬軍兵士すべての悲鳴が聞こえてくるかのようである。

ことほどさように、延元四年から興国元年にかけて、親房の南朝軍は明らかに優勢であった。そのような親房軍が、劣勢へと陥ることとなった理由は何か。その問題を考える前に、常陸における親房の立場が、劣勢へと転回し始める時期について考えてみよう。

御教書から書状へ

次頁の表は延元三年九月、親房が常陸に上陸してから、興国四年八月、親朝が尊氏方に寝返るまでの五年間、親房から親朝に宛てて出された文書六十八通を一覧表にしたものである。なお親房から親朝に宛てて出された文書の数は、諸書により「七十通近く」(『南北朝の動乱』)、あるいは「七十余通」(『東国の南北朝動乱』)などとされており、さらに最近村井章介は、「親房を直接の差出人とする書状よりも、側近の僧俗を奉者とし親房が袖判を加えた御教書のほうがはるかに多く、さらに側近自身が発信したものも相当数」あり、この「いずれの場合も、親房の意をそのまま述べたものとみてさしつかえない」として、結城文書に残る「親房書信」の総数を「一〇六通」とされている(『中世東国武家文書の研究』)。別表は、その一〇六通の中から、側近の名前で発信されたものや、宛名を欠くものなどを除き、親房の花押があり、かつ親朝に宛てられたことが確実な七十三通を選び、後欠などによって年号を欠くもの五通を除いて年代順に並べ替え、文書の様式、親房の花押の位置、奉者の名前、そして出典を一覧表にしたものである。

この表を見ると、興国二年五月頃まで、主として「御教書」とよばれる文書を使用していた親房が、同年六月頃から、「書状」形式の文書を使うようになっていった様子が読み取れよう。「御教書」とは、

結城親朝宛北畠親房文書一覧

和暦	西暦	月	日	様式	判	奉者	文書
延元3	1338	9	29	御教書	袖判	秀仲	松平結城文書
延元3	1338	11	6	御教書	袖判	秀仲	松平結城文書
延元3	1338	11	11	御教書	袖判	宗心	松平結城文書
延元3	1338	11	26	御教書	袖判	宗心	松平結城文書
延元3	1338	12	3	御教書	袖判	秀仲	松平結城文書
延元4	1339	1	7	御教書	袖判	秀仲	松平結城文書
延元4	1339	2	22	御教書	袖判	宗心	松平結城文書
延元4	1339	3	20	御教書	袖判	秀仲	松平結城文書
延元4	1339	5	4	御教書	袖判	宗心	相楽結城文書
延元4	1339	5	10	御教書	袖判	宗心	結城家蔵文書
延元4	1339	7	6	御教書	袖判	秀仲	白河証古文書
延元4	1339	8	21	御教書	袖判	秀仲	相楽結城文書
延元4	1339	8	21	書状	日下		松平結城文書
延元4	1339	8	21	御教書	袖判	宗心	松平結城文書
延元4	1339	8	21	御教書	袖判	秀仲	結城家文書
延元4	1339	9	10	御教書	袖判	秀仲	相楽結城文書
延元4	1339	9	17	国宣	袖判	秀仲	相楽結城文書
延元4	1339	9	28	御教書	袖判	秀仲	相楽結城文書
延元4	1339	11	21	御教書	袖判	秀仲	相楽結城文書
延元5	1340	1	22	御教書	袖判	秀仲	松平結城文書
延元5	1340	1	22	御教書	袖判	秀仲	松平結城文書
延元5	1340	1	22	御教書	袖判	秀仲	相楽結城文書
延元5	1340	4	9	御教書	袖判	秀仲	結城家文書
興国元	1340	5	16	書状	日下		松平結城文書
興国元	1340	5	16	御教書	袖判	宣宗	松平結城文書
興国元	1340	6	1	御教書	袖判	秀仲	相楽結城文書
興国元	1340	6	29	書状	日下		松平結城文書
興国元	1340	6	29	御教書	袖判	宣宗	松平結城文書
興国元	1340	7	17	御教書	袖判	秀仲	松平結城文書
興国元	1340	7	19	御教書	袖判	秀仲	白河証古文書
興国元	1340	7	20	御教書	袖判	宣宗	松平結城文書
興国元	1340	10	10	御教書	袖判	秀仲	松平結城文書
興国元	1340	10	10	官途推挙状	袖判	秀仲	松平結城文書

興国元	1340	11	18	御教書	袖判	秀仲	松平結城文書
興国元	1340	11	27	御教書	袖判	秀仲	松平結城文書
興国 2	1341	1	13	御教書	袖判	秀仲	松平結城文書
興国 2	1341	1	13	御教書	袖判	秀仲	結城古文書写
興国 2	1341	2	18	御教書	袖判	宣宗	松平結城文書
興国 2	1341	4	5	御教書	袖判	秀仲	松平結城文書
興国 2	1341	5	4	御教書	袖判	秀仲	相楽結城文書
興国 2	1341	6	5	書状	日下		相楽結城文書
興国 2	1341	6	20	御教書	袖判	秀仲	白河証古文書
興国 2	1341	6	21	御教書	袖判	秀仲	相楽結城文書
興国 2	1341	6	26	書状	日下		相楽結城文書
興国 2	1341	7	8	書状	日下		松平結城文書
興国 2	1341	7	19	御教書	袖判	秀仲	結城古文書写
興国 2	1341	8	23	書状	日下		榊原結城文書
興国 2	1341	9	10	書状	日下		結城家蔵文書
興国 2	1341	9	12	書状	日下		結城家蔵文書
興国 2	1341	10	23	書状	日下		結城家蔵文書
興国 2	1341	10	25	御教書	袖判	秀仲	相楽結城文書
興国 2	1341	10	26	事書	奥上		相楽結城文書
興国 2	1341	11	12	御教書	袖判	秀仲	相楽結城文書
興国 2	1341	11	28	書状	日下		相楽結城文書
興国 3	1342	1	14	書状	日下		相楽結城文書
興国 3	1342	1	14	御教書	袖判	秀仲	相楽結城文書
興国 3	1342	1	26	御教書	袖判	秀仲	相楽結城文書
興国 3	1342	2	4	御教書	袖判	秀仲	松平結城文書
興国 3	1342	3	28	書状	日下		相楽結城文書
興国 3	1342	5	6	御教書	袖判	秀仲	相楽結城文書
興国 3	1342	10	12	書状	日下		結城古文書写
興国 3	1342	10	13	書状	日下		結城家文書
興国 3	1342	12	21	書状	日下		結城家蔵文書
興国 4	1343	5	6	書状	日下		結城家蔵文書
興国 4	1343	7	3	書状	日下		相楽結城文書
興国 4	1343	7	12	御教書	袖判	秀仲	結城古文書写
興国 4	1343	7	12	御教書	袖判		松平結城文書
興国 4	1343	8	23	書状	日下		結城家蔵文書

三位以上の貴族の命令をその家司《けいし》（貴族の家の事務をつかさどる職員）が奉じて出したものであり、形式上の差出人は、奉者としての家司（「親房御教書」の場合、秀仲・宗心・宣宗ら）ということになる。本来、その事実上の差出人である貴族自身が花押を署すことはなかったが、中世に入ると貴族自身が袖判（文書の右端に書かれた花押）を据える形式が現れ、ことに親房は、親朝宛御教書のほとんど全てに袖判を署した。

一方の「書状」とは、言うまでもなくプライベートな音信のことであり、この場合、差出人は日付の真下に花押を書く（これを日下判《にっかはん》という）のが普通である。そしてまた一般に、袖判は日下判に比べて尊大、日下判は袖判に比べて丁重な姿勢を示すものとされている。

「御教書」から「書状」へ。興国二年五月を境とした親房文書のかかる変化は、尊大な袖判を据えた公式文書で親朝に出兵命令を下していた立場から、丁重な日下判を据えた私信を使って親朝に出兵依頼を繰り返さなければならない立場への転落を意味していた。それでは興国二年五月、東国には、そして親房の身には何が起こっていたのであろうか。

3　吉野との不協和音

後醍醐帝没す

結論から言おう。興国二年（一三四一）五月前後、それまである程度の優勢を保っていた親房軍を、徐々に劣勢へと追い込んでいったもの、それはこの当時、吉野で大勢を占めつつあった南朝内和平派との不協和音であった。

話は二年前、延元四年（一三三九）の八月十六日にさかのぼる。この日、南朝に属する人々全てにとって、常に絶大な精神的支柱であり続けた後醍醐天皇その人が亡くなった。この時、南朝廷臣たちの間に走った動揺を、『太平記』は次のように伝えている。

> 延喜天暦よりこのかた、先帝（後醍醐）ほどの聖主・神武の君は未だをわしまさざりしかば、何と無く共、聖徳一たび開けて、拝趨忠功の望みを達せぬ事はあらじと、人皆憑をなしけるが、君の崩御なりぬるを見進らせて、今は御裳濯河の流れの末も絶え果て、筑波山の陰に寄る人も無くて、天下皆魔魅の掌握に落つる世に成らんずらんと、あぢきなく覚へければ、多年つきまとい進らせし卿相雲客、或は東海の波を踏んで仲連が跡を尋ね、或は南山の歌を唱えて甯戚が行ひを学ばんと、思ひ思ひに身の隠れ家をぞ求め給ひける。

後醍醐天皇
「天子摂関御影　天子巻」（宮内庁三の丸尚蔵館）より

『太平記』の続きによれば、この際、彼らは吉野山執行吉水《よしみず》法印宗信の言に励まされ、「皆退散の思いを翻し」たとされているが、もちろん現実はそれほど甘い

後村上天皇
（大阪府守口市・来迎寺蔵）

ものではなかった。

後醍醐天皇の譲りを受けて即位した後村上天皇は、この年未だ十二歳。『太平記』は「万機悉く北畠大納言の計らひとして、洞院左衛門督実世《さねよ》・四条中納言隆《たか》資《すけ》卿、二人専ら諸事を執奏せらる」として、親房がその補佐役を務めたかのように記しているが、常陸にいる彼がその役を果たせるはずもない。かといって執奏役を務めたとされる洞院実世・四条隆資の二人のみでは、その任は重過ぎる。それではいったい誰が、幼主後村上天皇を支え、動揺する吉野の廷臣たちをまとめていったのであろうか。

ここで注目される人物に、近衛経忠《つねただ》という名門の公家がいる。近衛家は言うまでもなく五摂家の筆頭であり、経忠自身も元徳二年（一三三〇）、後醍醐天皇のもとで関白に任ぜられていた。また彼は北朝にも重用され、建武三年（一三三六）八月、光明天皇のもとでも関白に任ぜられたが、その翌年、吉野に出奔し、南朝方に加わっていた。『神皇正統記』によれば、延元元年（一三三六）春、陸奥から上洛してきた義良親王が後醍醐天皇の内裏で元服するに際し、その加冠役《かかんやく》を務めたのも経忠であり、また延元四年八月、同親王が後村上天皇として践祚するに当たり、神器授受が行われたのも経忠の邸であったという。その家柄・経歴から言っても、また後村上天皇との個人的なつながりから言っても、新生後村上政権の首班は、この近衛経忠であったに相違ない。

近衛経忠の出奔

当初、この近衛経忠を首班とする吉野の朝廷は、北畠親房をはじめとする諸国の南朝軍と連携し、足利方との徹底抗戦を継続する姿勢を見せていた。例えば延元五年正月、親房は「東八ヶ国の輩、御成敗の間、直奏を止められ候」（松平結城文書）として、吉野の朝廷（すなわち近衛経忠）から、関東八ヶ国成敗権の委任を受けたことを、親朝らに明言している。ところが問題の興国二年五月、その近衛経忠が吉野を出奔した。まずは年月日未詳の「北畠親房事書」（松平結城文書）に書かれた、この間の事情に耳を傾けてみよう。

かつ近衛前左大臣家、吉野殿を出しめ給ひ候しか。京都も敵方さらに賞翫《しょうがん》申さず候。亡屋一宇《ぼうおくいちう》・所領二ヶ所を進らするの外、正体なしと云々。此の事に依り、また方々に語られ候か。彼の御使所々を廻り候。其の旨趣は、藤氏各々一揆すべし。かつ我が身天下を執るべし。小山を以て坂東管領に定めらるべしと云々。

すなわち親房によれば、近衛経忠が吉野を出奔して京都に逃げ帰ったものの、京都の朝廷からも相手にされず、あばら屋一軒と所領二カ所を与えられたほかは、みっともない有り様であるという。ところがこのことが方々で憶測を呼び、経忠の使者があちこちをまわっていると噂されている。その噂によれば、藤原氏がそれぞれ一揆を結び、経忠が天下を取り、小山朝氏《おやまともうじ》を坂東管領に任ずるつもりであるとのことである。

かつてこの出奔事件は、こうした親房の発言を文面どおりに解釈し、藤原氏である近衛経忠が、村上源氏である北畠親房に対抗して、小山・結城・小田などといった東国の藤原氏系武士団を「藤氏一揆」として結集せしめ、よって自己の権力の樹立を図ろうとしたものと考えられてきた（結城宗広公事蹟顕彰会『結城宗広』など）。しかるに昭和三十年（一九五五）、かかる通説に対して異を唱えたのが高柳光寿である。高柳は、「私はかつて古文書だけによって日本の歴史を書いてみようと思ったことがある」という著名な序文で書き始められた名著『足利尊氏』の中で、

経忠は南朝でも関白となり、後村上天皇践祚の際も後村上天皇は経忠の家に移って譲位を受けられたほど、彼の地位は重かった。ところが、暦応四年になって経忠は南北両朝の和睦を計画したらしい。和睦とまでは行かなかったかも知れないが、何とか政治工作によって南朝の苦境を救おうとしたらしい。これは恐らく経忠一人ばかりではなく、吉野に同志があったのであろう。それは親房等主戦派、理想派に対する講和派、現実派というようなものではなかったろうか。

と述べ、この事件を経忠単独の出奔事件としてではなく、吉野の廷臣主導による両朝和平工作として再評価した。確かに前述したとおり、後醍醐天皇没後の吉野朝廷内における経忠の位置づけを勘案するならば、幼主後村上天皇を抱え、かつてない不安と厭戦気分に覆われた吉野の廷臣たちが、親房を

はじめとする地方の南朝勢力と十分な連絡を取る間もなく、北朝との和平工作に走り出していた蓋然性は高い。

宝篋山奪わる

それにしても南朝勢力の足並みは揃っていなかった。現にこのほぼ同じ頃、親房らのもとには、主戦派の象徴的存在とも言える護良親王の遺児興良《おきよし》親王が下向しており、小田城は親王を迎えて意気軒昂であった。そのような親房らとの間に、意思の疎通を欠いたまま始められた経忠らによる和平工作は、結果として東国の南朝勢力に様々な疑心暗鬼を生じさせ、彼らを分断するきっかけをもたらしてしまったのである。なおこの時、「藤氏一揆」が東国に与えた深刻な影響については、伊藤喜良の一連の研究に詳しい（『東国の南北朝動乱』ほか）。

かくして、それまで一定の協力を期待できた結城親朝が様子見の姿勢に入り、親房の居る小田城内にも不穏な空気が漂い始めた。同年六月五日、早くも親房は、「城内の事、已に以て至極の間、是まで申さしむる所なり」と書いた書状（相楽結城文書）を親朝に送り、その苦境を訴えている。

そして同月十五日、とうとう親房軍は、小田城の背後に位置する宝篋山の山頂を、高師冬の軍勢に奪われてしまった。年月日未詳の「北畠親房書状断簡」（白河集古苑所蔵「結城家文書」）には、「師冬寄せ来るの後、度々仰せられ候ひ了んぬ。去る十四日、当国方穂庄に打ち入り、同十五日、陣を当城の後の高山の上に取り了んぬ」と記されている。ここに見える「当城の後の高山」とは、小田城の北東二キロに位置する宝篋山《ほうきょうさん》のことである。この山は、標高四六〇メートルほどの小山であり、山頂に高さ二・四七メートルの宝篋印塔（次頁図版）があることから宝篋山と呼ばれ、その別名を小田山と

宝篋山の宝篋印塔
（つくば市教育委員会提供）

もいった。そして、その別名からも明らかなとおり、小田城そのものが、この山頂を南西に下った稜線沿いの先端部に築かれていた。おそらく宝篋山の山頂からは、親房らの籠る小田城内を、手に取るように見下ろせたに違いない。

　実際、この日を境に、親房文書にはある種の悲壮感がにじみ始める。

すなわち、同月二十日付の「親房御教書」（笹山武兵衛蔵「白河証古文書」上）に、

　師冬以下の凶徒寄せ来たり候ひ了《おわ》んぬ。未だ城際の合戦に及ばず。両陣相守るの時分に候。度々仰せらるる如く、坂東の安否は此の境に在るべし。夜を以て日に継ぎ、勠力申さるべく候かの由、重ねて仰せ候なり。仍《よっ》て執達件の如し。

とあるのをはじめ、「坂東の安否は此の時にあり」であるとか、「夜を以て日に継ぎ」などといった文言の記された御教書や書状が、十日と空けず、親朝のもとに届けられるようになっていく。事態は明

らかに緊迫していた。

関・大宝城へ

経忠の出奔事件（単独和平工作事件）から半年近く経った興国二年十月、遂に小田城内の亀裂は修復不能に陥った。同月二十三日付「北畠親房書状」（結城家蔵文書）を見ると、

此の方の難義、度々御申せられ候ひ了んぬ。なかんずく当城内、已に異心の輩出現。今に於ては進退惟谷せる者なり。一命を以て先皇に報い奉るの条、所案の内たりと雖も、諸方定めて力を落とす者か。此の一節いかでか遠慮なからんや。事火急に及び候ひ了んぬ。其の間の事、紙上に尽くし難し。

とあり、小田城内に「異心の輩」が出現し、既に進退も極まったとして、親房は「一命を以て先皇（後醍醐天皇）に報い奉る」所案、すなわち戦死する覚悟まで固めている。

そして同年十一月、小田治久が足利方に転じ、高師冬らの軍を小田城に引き入れるに及び、親房は遂に小田城を捨て、西に十五キロほど離れた関城（茨城県関城市）へと移った。同月十二日付「北畠親房御教書」（相楽結城文書）には、次のように記されている。

此の方難義の子細、度々仰せられ候ひ了んぬ。小田忽ち和順の道有りと称し、凶徒等を引き入るる

の間、一昨日十日、関城に御移住候ひ了んぬ。春日羽林は大宝城に移られ候なり。

この時、親房とともに小田城を脱出し、関城から三・五キロほど南の大宝城（茨城県下妻市）へと移った「春日羽林」なる人物は、初名を顕国といい、興国二年八月に名を顕時と改めていた。親房と同じ村上源氏の一族で、源顕行の子と言われるが詳細は不明。延元元年（一三三六）、北畠顕家の二度目の奥州下向に従っていたことが知られ、同四年二月、常陸に到着してからは、常に親房の片腕として働いていた。

この親房と顕時が立て籠もることとなった関・大宝の両城は、鬼怒川と小貝川の上流に当たり、いずれも大宝沼とよばれる沼沢地帯に、北から突き出た岬のような地形をしている。そうした意味で両城は、三方を沼に囲まれた天然の要害であったが、逆に言うと北の尾根伝いでしか、陸路でつながることができなかった。そしてはたして師冬軍は、そこをめがけて迫ってきたのである。すなわち年月日未詳の「北畠親房事書」（相楽結城文書）には、「師冬以下の輩は陣を関城大手野口に取り、一手は陣を大宝城の北の寺山に取り、即ち両城往反の陸路を止め了んぬ」と記されている。

律僧浄光

かくして風前の灯となった親房軍であったが、それでも足利の大軍を相手によく戦っていた。『群書類従』合戦部に収められたことで有名な「関城書《かんじょうしょ》」は、この頃、親房から親朝に送られた書状に他ならず、親房軍善戦の様子を詳しく知ることができる。ところが、そうした親房の足元を揺るがす人物が、またもや吉野からやってきた。それは浄光とよばれる律宗の僧侶であ

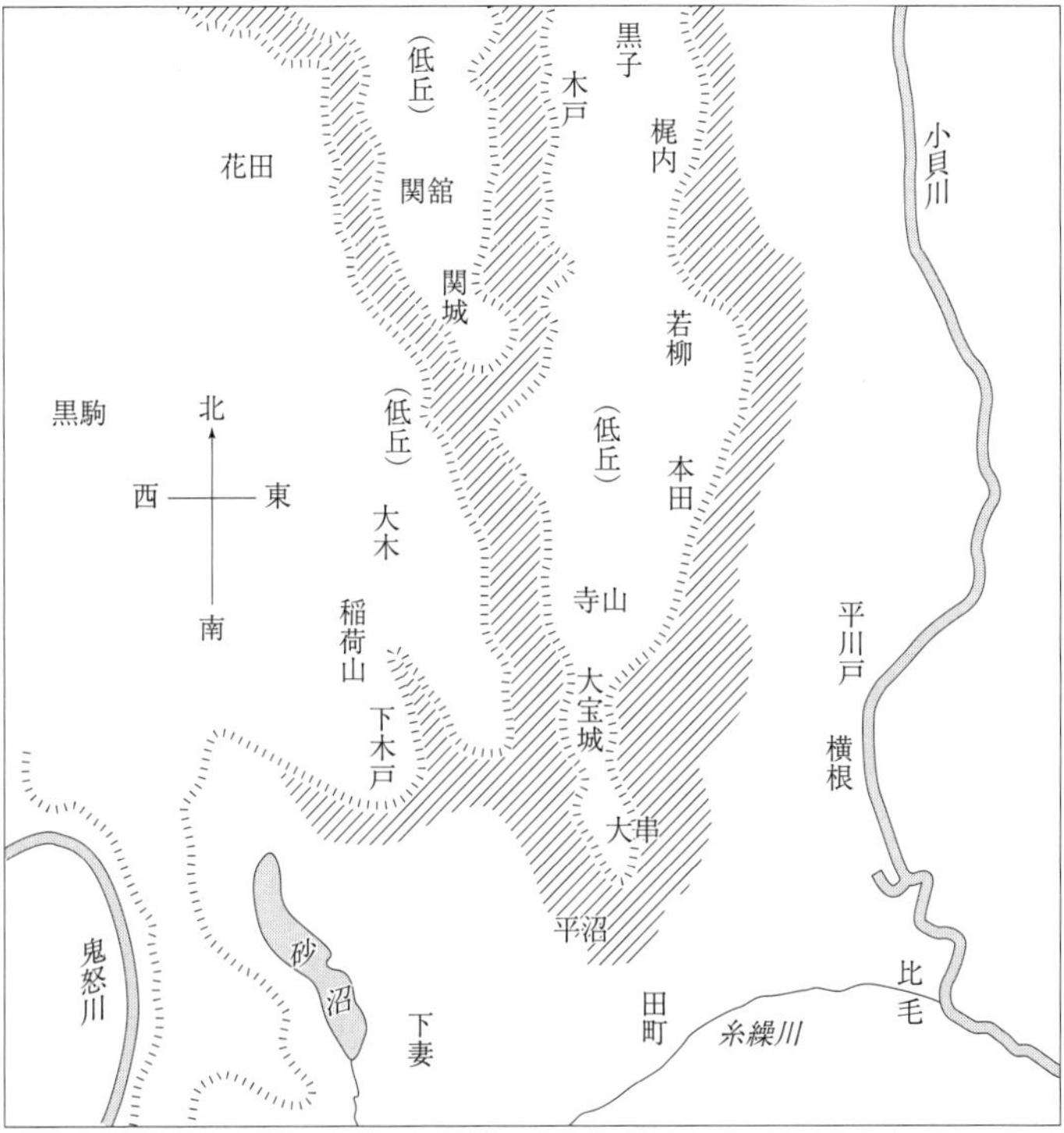

関城と大宝城（那須辰造『北畠親房』より）

る。まずは興国三年五月六日付の「北畠親房御教書」（相楽結城文書）を見てみよう。

一、僧浄光下向の事、先日かつがつ仰せられ候ひ了んぬ。はなはだ御意を得難く候。一向彼の僧推参の儀候か。凡そ東国の事、直の勅裁をさしおかるべきの由、先皇の御時に仰せ置かれ候ひ了んぬ。況や奥州に於ては郡々奉行等の事、今さら何篇を以て上裁に及ぶべけんや。たとい実事たりと雖も、案内を知らざる人々申し沙汰候か。向後と雖も信用有るべからざる事に候なり。

この文面だけからは、浄光がいかなる僧であり、何を目的として東国に下向してきたのかはよくわからない。しかし、ここで最も問題視されているのが、東国や奥州における「勅裁」、すなわち吉野の朝廷が直接この地域に指示を下すことの可否にあり、また再三述べてきたとおり、親房が吉野の朝廷からこの地域の成敗権を委任されていたことを考え合わせるならば、僧浄光は、そうした親房の頭越しに、何らかの「勅裁」を伝えに来ていたに違いない。

さらに、「結城古文書写」に残された年月日未詳の「某書状」（おそらく親房書状）を見ると、

吉野殿の御使、律僧下向の事、其の御意を得難く候。彼の僧先皇の御代より、此くの如きの使節として、連々方々往反候。治久違変の頃も、小田に経廻候き。当城に御移住の時も、小田に罷り留まるの間、不審候ところ、さては又御使と称し、下向候ひけり。

とあり、この浄光が「吉野殿の御使」としての「律僧」であること、後醍醐天皇健在のころから使僧としての役割を果たしていたこと、小田治久が足利方に転じた際も小田城に潜伏しており、親房が関城に移った際も敵方となった小田城に留まっていたため不審に思っていたところ、再び「御使」と称して下向してきたことなどが記されている。浄光の下向は今回が初めてではなかった。そして彼こそが小田城内を攪乱させ、これを落城へと追い込んだ張本人だったのである。

もとよりこれほどの大事を、一介の律僧が単独で実行できるはずがない。おそらくその背後には、近衛経忠を首班とする吉野の南朝内和平派が関与していたに違いない。そしてそれは、親房自身もまたよく承知していた事実であった。実際、前掲「某書状」の続きには、「凡そ吉野殿上さま御幼稚、政事を知ろしめされず。両上卿沙汰錯乱の事など候か。」と記されている。

吉野殿上さま（後村上天皇）御幼稚…

この文言ほど、後醍醐天皇没後における親房の苦衷を明確に示すものはない。もう一度確認しよう。常陸滞在中の親房にとっての最大の課題、それは再三の出兵要請にもかかわらず、ついに白河の地を動くことのなかった結城親朝ただ一人の去就などではなく、結果として彼らの離反を決定づけてしまった、吉野の朝廷内和平派との不協和音に他ならなかったのである。

4 『神皇正統記』

或る童蒙

さて北畠親房不朽の名作『神皇正統記』は、このような歴史的環境の中で書き上げられた。なおこの『神皇正統記』については、幼少の後村上天皇を訓育するために執筆されたとする説と、結城親朝をはじめとする東国武士を説得するために執筆されたとする説が並立している。私としては、前述してきた状況証拠を考えあわせるならば、おのずから結論は明白と考えているが、ここでは結論を急がず、まずは簡単にその研究史を振り返っておこう。

『神皇正統記』が後村上天皇のために書かれたとする説は、古く慶安年間（一六四八～五二）に成立した『桜雲記』をはじめとして、『北畠親房卿御伝記』『本朝通鑑』『南方紀伝』『北畠准后伝』などに見え、近世の歴史学界において通説の地位を占めていた。しかし、ここに一つ大きな問題があった。それは白山本をはじめとする『神皇正統記』諸写本の序または跋に、

此の記は去る延元四年秋、或る童蒙に示さんが為に老筆を馳せる所なり。

とあり、同書は「或る童蒙」の為に執筆されたと明記されていたのである。これを従来どおりに解釈すると、「或る童蒙」は後村上天皇を指すことになり、尊王の志厚い親房が、どうして後村上天皇の

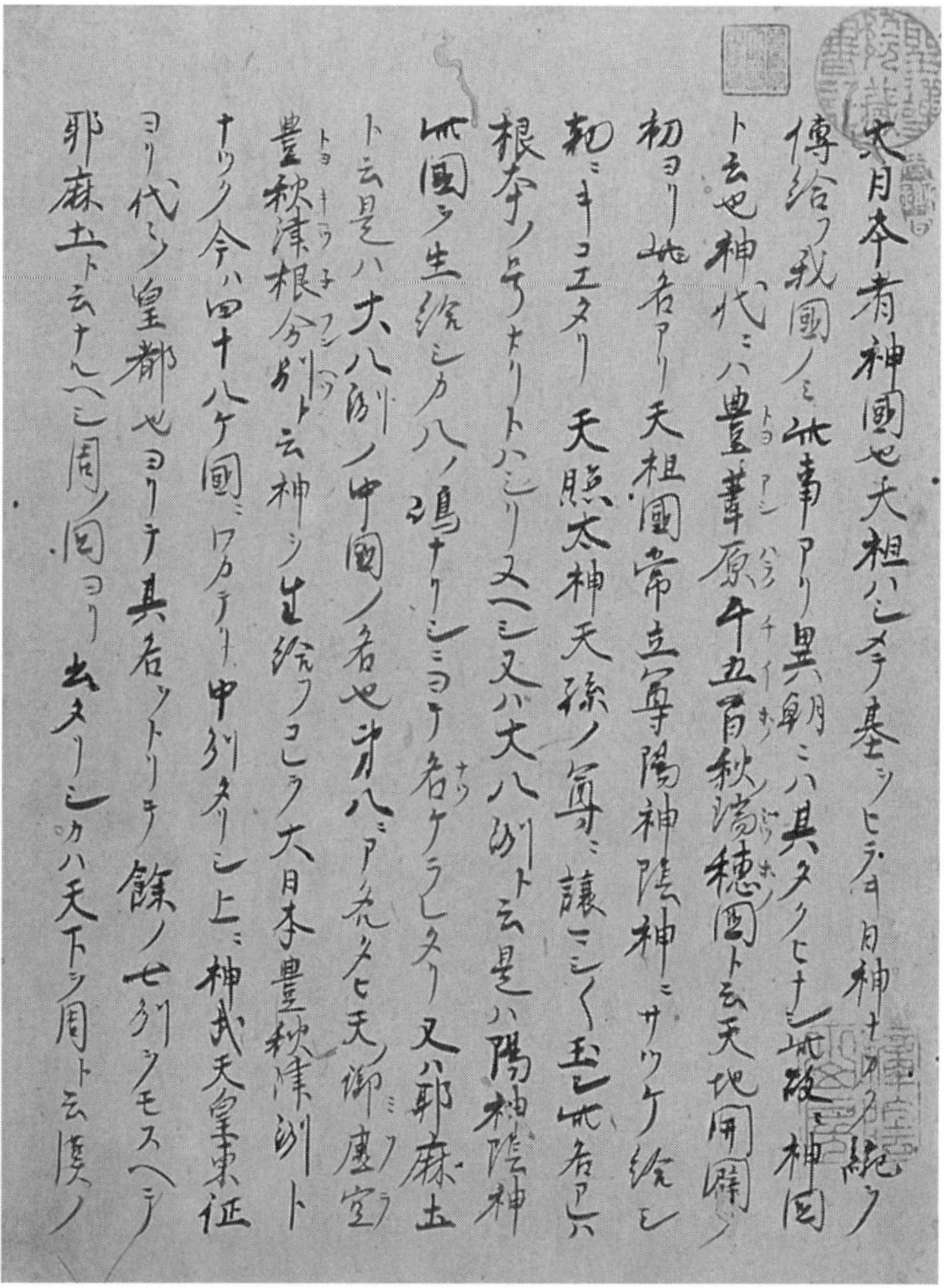

大日本者神國也天祖ハジメテ基ヲヒラキ日神ナガク統ヲ傳給フ我國ノミ此事アリ異朝ニハ其タグヒナシ此故ニ神國ト云也神代ニハ豊葦原《トヨアシハラ》千五百《チイホ》秋瑞穂《ミツホ》國ト云天地開闢ノ初ヨリ此名アリ天祖國常立尊陽神陰神ニサヅケ給シ勅ニキコエタリ　天照太神天孫ノ尊ニ譲マシ〳〵玉ヒシ此名アリ根本ノ号ナリトハシリヌ又ハ大八洲ト云是ハ陽神陰神此國ヲ生給シカバ八ノ嶋ナリシニヨリテ名ケラレタリ又ハ耶麻土ト云是ハ大八洲ノ中國ノ名也第八ニアタル天御虚空《ミソラ》豊秋津根別《トヨアキツ子ワケ》ト云神ヲ生給フコレヲ大日本豊秋津洲トナヅク今ハ四十八ケ國ニワカテリ中州タリシ上ニ神武天皇東征ヨリ代々ノ皇都也ヨリテ其名ヲトリテ餘ノ七州ヲモスベテ耶麻土ト云ナルヘシ周ノ國ヨリ出タリシカバ天下ヲ周ト云漢ノ

『神皇正統記』（國學院大學図書館蔵）

ことを「童蒙」などと呼ぶだろうかと疑問視されてきたのである。

昭和四十年(一九六五)、かかる疑問の上に立たれた松本新八郎は、当該期の親房にとっての最大の課題が、東国武士を味方に引き入れる点にあったという前提のもと、

やはり神皇正統記の「童蒙」というのは、結城親朝であって、結城宗広、親光の忠誠をたたえて身方に引き入れようとした親房執念の絶筆がこの書であったと思える。

と結論づけられた(「神皇正統記の「童蒙」」)。この説はその後、佐藤進一(『南北朝の動乱』)・永原慶二(『慈円・北畠親房(日本の名著9)』)といった、戦後歴史学を代表する研究者の著書へと受け継がれ、一時は通説の座を占めるかと思われた。

かかる勢いに見事な反撃を加えられたのが我妻建治である。すなわち我妻は、「童蒙」という語が『周易』の中に見えることと、親房が易に精通していたことに注目され、『周易』の中で「童蒙」の意味するところが「君位」にあることから、これを「結城親朝や東国武士の誰かにあてて考えることは」困難であり、やはり同書は「本来、親房が後村上天皇に奉るために」叙述されたものであろうと結論づけられた(『神皇正統記論考』)。

「正統」とは

私自身は、この我妻論文により、先の松本説は完全に論破されたものと考えているが、近年に至るもなお、先の松本説を支持する研究書が散見されるのも事実である。

そこでここでは、「或る童蒙に示さんが為に」という序跋からいったん離れ、『神皇正統記』という書名に記された「正統」の語義から、この問題を考え直してみよう。

『神皇正統記』の「正統」については、近世以来、北朝に対して南朝が「正統」であることを示すものと単純に理解されてきた。しかし、早く平田俊春が指摘されたとおり（『南朝史論考』）、その理解はまったく当たっていない。平田の言を借りるならば、「その正統とは、神武天皇から後村上天皇に至る九十六代の天皇の中で、父子継体の一系の天皇を意味し、この正統の天皇には代数のほかに世数を記して示している」のである。この親房独特の「正統」観は、近年、河内祥輔によって改めて注目され（『中世の天皇観』）、よく知られるようになってきた。すなわち『神皇正統記』には、「皇位継承の順番」を示す「代数」のみの記された天皇と、「神武天皇から後村上天皇に至る」父子一系の世代数である「世数」の併記された天皇がおり、この後者の天皇のみを、親房は「正統」としているのである。

神武天皇から南朝の後村上天皇に至る父子一系の天皇のみを「正統」とするこの認識は、一見すると単に、持明院統に対する大覚寺統、北朝に対する南朝の「正統」性を主張したもののようにも見て取れる。しかし、『神皇正統記』はそれほど単純な歴史書ではない。その「正統」観には、「積善の家に余慶あり、不善の家に余殃《よおう》あり」「善悪の報い影響《かげひび》きの如し」という思想のもと、後村上天皇自身が、「已が欲を捨て、人を利するを先として」「正道」を積み重ねていかなければ（『神皇正統記』応神天皇の条）、南朝もまた「正統」の地位を失う懼れがあるという、恐るべき教訓が含まれていた。

「父子一系」へのこだわり

『神皇正統記』に隠された、かかる「皇統内革命」論とも言うべき歴史観については、近年、多くの研究者によって注目され（小路田泰直・広瀬和雄編『王統譜』など）、学界ではよく知られるようになりつつある。しかし、その論理構成は一見難解であり、また多くの誤解を招きやすい考え方でもあるため、ここでは煩をいとわず、初歩的な理解から、この歴史観を再確認していくことにしよう。

『大日本帝国憲法』の第一条にもあるとおり、日本の皇位継承は「万世一系」と言われる。この「一系」という語から我々が受けるイメージは、文字どおり「父子一系」のイメージであろう。実際、近世後期に即位した光格天皇以来、平成の今上天皇に至る七代の天皇は、すべて父から子へと皇位が継承されており、そのイメージを過去に遡らせて、神武天皇から今上天皇に至る百二十五代の天皇が、すべて父子一系でつながっていたかのように勘違いしている初心者も少なくない。

もちろんかかる初歩的な誤解は、中学・高校で普通の歴史教育を受け、教科書や参考書に載っている一般的な皇室系図を見れば、たちどころに霧消する。実際の皇位継承は、父から子へというパターンを理想としながらも、兄から弟、叔父から甥、あるいは時には十親等以上も離れた親戚に対して行われてきた。現実の皇位継承は「父子一系」ではなかったのである。

にもかかわらず親房は「父子一系」にこだわった。このことは何を意味するか。『神皇正統記』は、あたかも神武天皇から後村上天皇へと至る父子一系の流れのみが、最初から「正統」と決まっていたかのように潤色しているためわかりづらいが、当然のことながら、それ以外のすべての天皇もまた、その在位の間は、「正統」と意識されていたはずである。例えば『平家物語』巻八には、「それ我が君（安徳）は、天孫四十九世の正統、仁王（人皇）八十一代の御門《みかど》なり」と記されており、幼くして亡くなった安徳天皇ですら、その在位中は「正統」の天皇と考えられていたことが知られる。神武天皇から、その時々の天皇へと至る「父子一系」の流れを「正統」とする発想は、かなり普遍的な考え方だったわけである。しかし、現実の皇位継承は「父子一系」ではなかった。このことは、皇位が傍系へと継承されるたびに、「正統」が常に変化し続けてきたということを意味している。

「正統」は移動する

例えば、よく知られているとおり、神武天皇からはじまる皇統は、「第二十六代武烈天皇」の代でいったん断絶する。これを系図に示すと次頁のようになり、「父子一系」の流れのみを「正統」とする考え方を適用するならば、清寧天皇の代には「応神―仁徳―允恭―雄略―清寧」という流れが、また武烈天皇の代には「応神―仁徳―履中―○―仁顕―武烈」という流れが「正統」であったのに対し、武烈天皇が子孫を残すことなく、新たに傍系から継体天皇が即位したことで、「応神―○―○―○―○―継体」という、不即位者四人をはさんだ、新たな「正統」系図ができ上がったということになる。『神皇正統記』はこのような「正統」の移動を次のように論じている。

（武烈は）性さがなくまして、悪としてなさずと云ふことなし。仍て天祚も久しからず。仁徳さしも聖徳ましましに、此の皇胤ここに絶えにき。「聖徳は必ず百代にまつらる」とこそ見えたれど、不

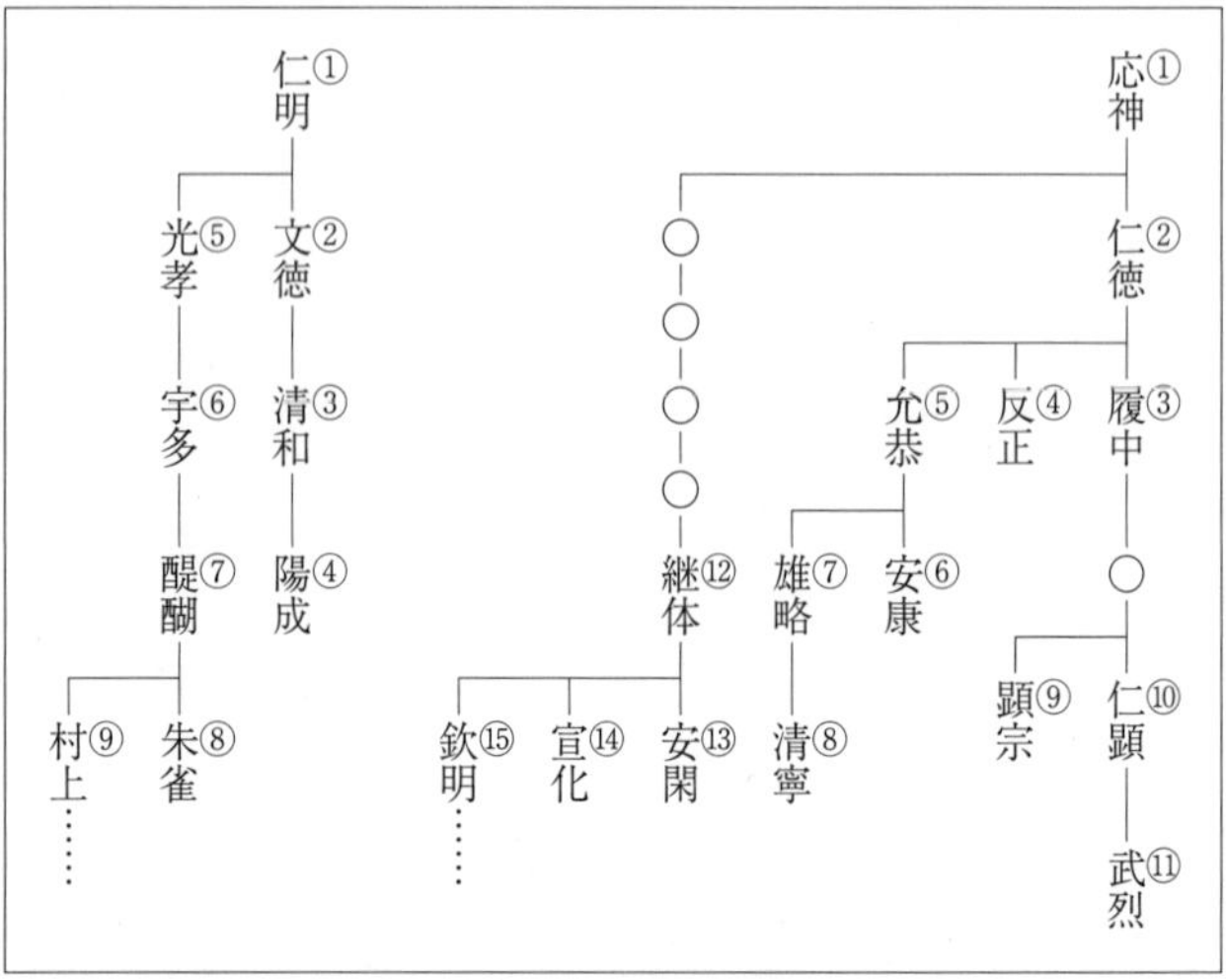

皇統の断絶と移動の例

徳の子孫あらば、其の宗を滅ぼすべき先蹤甚だ多し。

すなわち、武烈天皇という「不徳の子孫」が現れたことによって、仁徳天皇の「皇胤」が断絶し、「其の宗を滅ぼ」したと断じているのである。

もう一つ例を挙げよう。平安前期の元慶八年（八八四）、陽成天皇が時の太政大臣藤原基経によって廃され、陽成天皇から見ると祖父の弟に当たる光孝天皇が擁立されるという事件が起きた。その結果、陽成天皇の末裔から皇位継承者が出ることはなくなり、「仁明―文徳―清和―陽成」と続いてきた「正統」が、「仁明―光孝―宇多―醍醐」という「正統」に変化した。この事件を『神皇正統記』は次のように評価している。

此の天皇（陽成）性悪にして人主の器に足らず見え給ければ、摂政（正しくは太政大臣、藤原基経）嘆きて廃立のことを定められにけり。昔漢の霍光《かくこう》、昭帝を助けて摂政せしに、昭帝世を早くし給しかば、昌邑王《しょうゆうおう》を立てて天子とす。昌邑不徳にして器に足らず。即ち廃立を行ひて宣帝を立て奉りき。霍光が大功とこそ記し伝へはべるめれ。此の大臣（基経）まさしき外戚の臣にて政を専らにせられしに、天下のため大義を思ひて定め行はれける。いとめでたし。されば一家（藤原氏）にも人こそ多く聞こえしかど、摂政関白はこの大臣の末のみぞ絶えせぬことになりにける。つぎつぎ大臣・大将にのぼる藤原の人々もみなこの大臣の苗裔なり。積善の余慶なりとこそおぼえはべれ。

すなわち親房は、漢の霍光が昌邑を廃し宣帝を立てたという中国の故事を引用して、基経による陽成天皇の廃位を高く評価し、藤原氏の中で基経の子孫のみが摂政関白となれるのも、その「積善の余慶」であるとまで絶賛しているのである。

親房と『孟子』

『神皇正統記』武烈・陽成両天皇条に見える、「不徳の天皇」は廃位されて当然とするこの歴史認識は、古くから注目され、戦前においては「親房の所論を以て不敬なりとする」大きな根拠の一つとされた。また近年では、我妻健治がこれを「日本思想史上の、かなりはっきりした、いわば革命思想である」として、その背景には『孟子』の革命思想があると推察しておられる（『神皇正統記論考』）。

親房の思想の背景に『孟子』があったことは、おそらくそのとおりであろう。そしてまた『孟子』

が、著名な「匹夫の紂《ちゅう》」の理解（周の武王が殷の紂を伐ったことについて、紂は既に「仁を賊い、義を賊う一夫」となっていたのだから、武王は「一夫紂を誅した」だけであり、「臣にして其の君を弑した」ことにはならないとする理解）などによって、一種の革命思想とされてきたことも、よく知られているとおりである。しかし、既に下川玲子の適切な批判があるとおり（『北畠親房の儒学』）、『孟子』は決して、不徳の王を斥けて「異姓の王」に換えるという真の意味での革命、すなわち「易姓革命」を積極的に認めていたわけではない。例えば、『孟子』巻十「万章章句下、九」には次のようにある。

斉の宣王卿を問ふ。孟子曰く、王何の卿をかこれ問ふや。王曰く、卿同じからざるか。曰く、同じからず。貴戚の卿あり、異姓の卿あり。王曰く、貴戚の卿を請問ふ。曰く、君大過あれば則ち諫め、之を反覆して聴かざれば則ち位を易ふ。王勃然として色を変ず。曰く、王異とすること勿れ。王、臣に問へば、臣敢て正を以て対へざるにあらざるなり。王色定まり、然る後に異姓の卿を請問ふ。曰く、君過ちあれば則ち諫め、之を反覆して聴かざれば則ち去る。

斉の宣王が、卿（大臣）の責務について孟子に質問した。孟子は「どのような卿についての質問か」と反問した。王が「卿はみな同じではないのか」と問うと、孟子は「同じではない。貴戚の卿（王と同姓の卿）と異姓の卿がいる」と答えた。王が「貴戚の卿」について質問すると、孟子は「君主に過失があれば諫め、それを反復しても聴き入れられない時は退位させる」と答えた。王の顔色が変わったので、孟子は「驚くなかれ、王の質問に対し敢えて正確に答えただけだ」と言った。王は落ち着いた後「異姓の卿」について質問した。すると孟子は「君主に過失があれば誡め、それを反復しても聴き入れられない時は、その国を立ち去るまでだ」と答えたという。

下川説が指摘するとおり、このような主張は革命思想とは言えない。「不徳の王を追放し（中略）、血統内でより有徳な者を王とするというごく一般的な王位の継承のあり方」を主張したに過ぎない。

「易系」革命論

親房が『孟子』と同じく、否それ以上に「易姓革命」を想定していなかったことは、今さら贅言を要すまい。むしろ、世界中で日本にだけ「易姓革命」がなかったという点に、彼の力点が置かれていたことは、『神皇正統記』の次のような書き出しからも明白である。

大日本は神国なり。天祖はじめて基をひらき、日神ながく統を伝へ給ふ。我が国のみ此の事あり。異朝には其のたぐひなし。此の故に神国と云ふなり。

なるほど彼は皇統の永遠を確信していた。それでは、『神皇正統記』序論に見られるこのような「神国思想」と、武烈・陽成両天皇条に見られる「一種の革命思想」は、いかにして整合的に解釈すべきなのであろうか。

ここで登場するのが、先に述べてきた親房独特の「父子一系」へのこだわり、すなわち「正統」観である。神武天皇から当代の天皇へと至る「父子一系」の皇統のみを「正統」と考えるこの考え方によれば、皇位が傍系に継承されるたびに、「正統」が移動していくことを先に確認した。今、仮にこの一つひとつの「正統」を、便宜上、それぞれ小さな「王朝」と読み替えてみよう。すると、武烈天皇の「不徳」によって、仁徳天皇から始まる「仁徳王朝」が滅んで「継体王朝」に取って代わられ、また陽成天皇の「不徳」によって「文徳王朝」が滅び「光孝王朝」が始まるといった「小さな王朝交代」が、わが国でも行われていたことに気づかされる。

もちろんこのいずれの「王朝」も、その源流を遡れば神武天皇に始まる「神武王朝」であることに変わりはない。親房は、この「神武王朝」＝皇統が無窮であることを前提としながらも、皇統内に「不徳の天皇」が現れた時は、その天皇の属する父子一系の「正統（小王朝）」が途絶え、それに代わって新たな「正統」に属する天皇が即位するという筋書きで、当時の東アジアに普遍的な思想であった宋学の「革命思想」を、『孟子』の原典にきわめて忠実な形で、見事に「神国思想」と合体させてみせたのである。いわば「神国日本」独特の「皇統内革命」、あるいは「易姓」革命ならぬ「易系」革命論とでも言うことができようか。

大日本は神国なり

しかもここで重要なことは、親房がかかる「皇統内革命」を、決して人為的になされたものではなく、あくまでも「天照大神の御計らひ」によってなされてきたと考えていた点にある。先にも述べた陽成天皇廃位事件にしても、親房は、

今の光孝また昭宣公（基経）の選びにて立ち給と雖も、仁明の太子文徳の御流れなりしかど、陽成

悪王にて退けられ給しに、仁明第二の御子にて、しかも賢才諸親王に優れましましければ、疑ひ無き天命とこそ見え侍りし。

としてこれを「天命」、すなわち基経の手を借りた天照大神の神意の発現と評価している。人為的になされたことの明白な陽成天皇廃位事件ですら、このように評価されているのだから、子孫を残すことができなかった武烈天皇や称徳天皇に対する評価は、推して知るべきであろう。すなわち、わが国に「易姓」革命がなかったということ、そして「易姓」革命に代わる「易系」革命が、すべて天照大神の「神意」によってなされてきたということ、これこそが「大日本は神国なり」と説く親房の真意であった。

このように考えてくると、神武天皇から後村上天皇へと至る父子一系の「正統」とは、それこそが「天照大神の御計らひ」の集大成に他ならないことが了解されよう。そして、またそうであるからこそ、かかる「正統」の継続を力説した『神皇正統記』とは、やはり古くから言われてきたとおり、後村上天皇に対して「この天照大神の神慮を仰ぎ、君徳を養い、善政を布かれることが、今後の継体正統の基となる」ことを説いた、「君徳涵養」の書であることが間違いないのである（平田『南朝史論考』）。

しかし、歴史の皮肉と言うべきであろうか。親房がここまで心をこめてその継続を祈った、神武天皇から後村上天皇へと至る父子一系の「正統」は、そのわずか一世代後、後亀山天皇の代で断絶してしまう。天皇に徳なき時は「天照大神の御計らひ」によってその「正統」が廃され、新たな「正統」に属する天皇が即位するという、親房独特の「正統」論で説明するならば、結局、南朝の天皇にはその「徳」が足りず、天照大神は、北朝を新たな「正統」として選んだということになろう。実際、江戸前期の歴史家新井白石は、その著書『読史余論』の中で、

按《あん》ずるに、後醍醐不徳にておはしけれども、北条が代のほろぶべき時にあはせ給ひしかば、しばしが程は中興の業を起こさせ給ひしかど、やがて又天下みだれて、ついに南山にのがれ給ひき。されどまさしく万乗の尊位を践せ給ひし御事にて、三種の神器を御身にしたがへさせ給ひしかば、時の関白近衛左大臣経忠をはじめて、忠をも存じ義をも知れる朝臣、多くは南朝に赴き仕へられき。武家の輩も又かくぞありける。されば足利殿の代となりても、なほ従はざりし国々猶おほかりき。然れども終に運祚のひらけ給ふ事なかりしは、皆是創業の御不徳によりて、天のくみし給はぬなるべし。

として、後醍醐天皇の「不徳」によって、「天」が味方しなかったという歴史観を披歴している。もとより、このような『読史余論』史観の理論的拠り所は、『神皇正統記』の「正統」観に他ならなかった（『北畠親房の儒学』）。

かかる『神皇正統記』独特の「正統」観が、その後、どのように読み替えられて、南朝を「正統」

としながらも、まぎれもなく北朝の末裔に当たる現皇統をも「正統」とする、明治以降の「正統」観へと変化していったのかという問題は、それ自体きわめて興味深いテーマではあるが、その問題については、本書の最終章で論ずることにして、本章では、常陸下向後の、しかも後醍醐天皇没後の親房にとっての最大の課題が、幼少の後村上天皇を訓育・啓蒙するという、その一点のみにあったという事実、そして『神皇正統記』もまた、その目的のために著された書であったという事実を確認するに留めたい。

第五章　吉野からの反撃

1　吉野への「帰還」

親房は「逃げ帰った」のか

興国四年（康永二年、一三四三）八月、親房の再三の出兵要請にもかかわらず、ついに結城親朝は足利方へと転じ、同年十一月、関・大宝の両城はあえなく落城。親房は、五年にわたる東国経営をここに断念し、海路、吉野へと逃げ帰った。

これまでの概説書が、ほぼ異口同音に論じてきた興国四年の親房像とは、およそ右のようなものであった。しかし前章でも詳述してきたとおり、興国二年以降の親房にとって最大の課題とは、近衛経忠を中心とする南朝内和平派との不協和音だったのであり、親朝の去就などは、その派生結果の一つに過ぎなかった。したがって興国四年十一月、親房が関城の陥落とともに吉野へ向かったのも、決して「逃げ帰った」などという消極的なものではなく、吉野の廷臣たちに広がりつつあった和平への動きを根絶しようという、積極的な行動であったに違いない。

また第三章でも述べたとおり、親房は延元元年（建武三年・一三三六）十月、後醍醐天皇の京都脱出に先立って伊勢へと下向し、その二年後、伊勢から直接常陸へと向かっていたのであり、後醍醐天皇とともに吉野に赴いたわけではない。したがって親房は、興国四年末に初めて吉野へ足を踏み入れたとするのが正しく、「逃げ帰った」はもとより、吉野への「帰還」という表現もまた正確とは言い難い。

しかし、それでもなお私が、本節の題に、カッコつきの「帰還」という語を用いた背景には、およそ次の二つの理由がある。一つは延元元年十月以来、離れ離れになっていた多くの南朝廷臣たちとの「再会」を果たしたという意味で、これを事実上の「帰還」と称して差し支えないのではないかということ。もう一つは、常陸から吉野へ向かったその経路が、延元三年九月、伊勢大湊から常陸へと向かった経路の「帰還」を彷彿とさせるということである。

「帰還」の経路

第三章でも掲げた「田中忠三郎所蔵文書」、すなわち北朝方の外宮神官たちが、南朝方の神官である度会家行たちの行為を「悪行」の数々として訴えた「外宮禰宜目安案」（『建武の中興と神宮祠官の勤王』所収）を見ると、

一、家行御迎えを宮崎に進め、北畠入道（親房）殿を招請し奉り、我が舘に置き奉り、数日ののち、吉野御所へ家行の家人等を以て送り奉る御共の名字交名の事。（以下略）

とあり、親房は尾張国宮崎の地で度会家行の「御迎え」を受け、家行の舘でしばらく休息した後、家行の家人らに守られて吉野の御所へと向かっている。間違いなく親房は、伊勢に「帰還」してから吉野へと向かっていた。

なおこの時、度会家行が親房を迎え入れた尾張国宮崎の地は、知多半島の先端、伊勢湾をはさんで伊勢と対岸の地に当たる。先に掲げた「外宮禰宜目安案」の別の個所を見ると、貞和四年（正平三年、一三四八）七月、家行らは、伊勢大湊から五艘の船に乗って「尾張国宮崎ノ城ノ旧跡」に到り、そこに城郭を構えている。伊勢大湊と尾張宮崎は、伊勢湾をはさんで至近距離にあった。おそらく家行は、伊勢大湊から尾張宮崎まで、船を遣わして親房を迎え入れたに相違ない。

そもそも前章でも述べたとおり、興国四年まで親房が籠っていた関城は、大宝沼の中に北から突出した岬のような地形をしており、その北の尾根を高師冬軍に攻撃されて落城した。とすると親房は、関城の南、大宝沼から船を使って落ち延びたに違いなく、しからば、常陸の大宝沼から知多半島先端の宮崎まで、陸路を使って辿り着いたとは考え難い。おそらくは、多くの敵が盤踞する陸地を避け、太平洋を西へと「帰還」してきたと考えられよう。むろん「帰還」とは言っても、そこには、かつて伊勢大湊から大船団を組んで常陸へと向かった面影はない。しかし、その経路は確かに「帰還」に他ならなかったのである。

田丸落城と多気

ところで延元三年九月、親房は伊勢大湊から常陸へと向かうに当たり、次男の顕能を伊勢国司とし、東国と吉野を結ぶ中継の役割を担わせていたことを第三章で

田丸城（三重県度会郡玉城町田丸）

述べた。とすると、東国から「帰還」してきた親房を出迎え、これを吉野へと送り届ける役は、本来、この顕能の仕事ではないか。この時顕能は、いったい何をしていたのであろうか。

実は、この前年の康永元年（興国三年、一三四二）八月、それまで伊勢国司北畠氏の拠点であった田丸城（三重県玉城町）が、高師秋の総攻撃を受けて落城していたのである。そこで、まずはこの時、高師秋軍に属して戦っていた波多野蓮寂なる武士の軍忠状（波多野文書）を見てみよう。

　波多野七郎入道蓮寂申す軍忠の事
　早く御証判を賜り、後証の亀鏡に備へんと欲する間の事
右、去月十九日、伊勢国玉丸城に御発向の間、南面の責め口に於て日夜軍忠を致すところなり。同じく二十九日、坂内城に罷り向ふべきの由、仰せ下さるるの間、即ち発向せしめ、凶徒等を追ひ落とし畢んぬ。玉丸と云ひ坂内と云ひ、忠節皆以て同所合戦の間、中村大炊蔵人貞員注進申されんや。然らば早く御証判を賜り、後証に備へ、いよいよ軍忠をぬきんでんが為、恐々言上件の如し。
　　康永元年九月　　日

この軍忠状によれば、師秋軍は八月十九日に玉丸城、十日後の二十九日には坂内城（三重県松阪市）を攻撃し、これを攻め落としている。おそらく北畠顕能は、この間に玉丸城から坂内城へと逃れ、坂内城の落城とともに、さらに西へと逃れていたのであろう。そしてそうだとすると、玉丸から坂内、さらに西へというルートから考えて、その行き先は、この後、伊勢国司北畠氏の拠点となることで有名な、一志郡多気（津市美杉町）以外には考えられまい。

北畠氏と多気の関係については、古く久米邦武により、「北畠氏は伊勢の多気あたりに所領あるを根拠」として伊勢に下向したと考えられていたことを第三章で述べた。しかし、鎌倉時代において多気が北畠家領であった徴証は皆無であり、また延元元年（一三三六）の伊勢下向に当たっても、親房が拠ったのは玉丸であって多気ではない（第三章参照）。ちなみに北畠氏が多気に居たことのわかる確実な史料は、応永二十二年（一四一五）の『満済准后日記』まで下るが、おそらくは、夙に八代国治が論ぜられた通り（『北畠顕能公』）、この興国三年（一三四二）八月、玉丸・坂内両城の陥落とともに、多気を拠点とするようになっていったに相違ない。

つまり興国四年末、親房が東国から「帰還」してきた際、その次男顕能は、伊勢湾から遠く離れた多気にいたわけである。尾張国宮崎までたどり着いた親房を、彼が出迎えることができなかったのも、けだし当然のことと言えよう。しかし、逆に言うと多気の地は、伊勢神宮から吉野へと至る街道上の要衝に当たる。先に掲げた「外宮禰宜目安案」によると、「吉野御所へ家行の家人等を以て送り奉る」として、度会家行の家人たちだけが、最後まで親房を送り届けたかのように記されているが、その途

吉野皇居（吉水院）（奈良県吉野郡吉野町吉野山）

中、多気から吉野までは、おそらく顕能およびその家人たちも共に、親房を吉野へと送り届けたに違いない。かくして伊勢国司北畠氏は、「東国と吉野を結ぶ中継」という役割を、かろうじて果たしていたと言える。

准大臣となる

このようにして吉野へとたどり着いた親房が最初に着手したこと、それは、これまでも再三述べてきたとおり、近衛経忠を中心とする南朝内和平派勢力の刷新をはかることであった。前章でも述べたとおり、『太平記』は、後醍醐天皇の没後ただちに、「万機悉く北畠大納言の計らいとして、洞院左衛門督実世・四条中納言隆資卿、二人専ら諸事を執奏せらる」という体制ができ上がっていったかのように伝えているが、かかる体制が完成したのは、興国五年春、親房が吉野に「帰還」したその後の事だったわけである。

しかし、いかにその人物・識見が優れていると言っても、入道前大納言に過ぎない親房が、前関白左大臣近衛経忠をさしおいて、南朝の首班となることはできない。ちなみに親房の「帰還」後も、経忠が南朝に仕えていたことは、正平六年（観応二年、一三五一）十一月、後述する正平の一統に際して、近衛家の家督が、北朝方の基嗣から南朝方の経忠へと代えられていることからも明白である。まして親房は、『職原抄』の著者として音に聞こえた故実家である。たとえいかなる事情があろうとも、自ら官位の秩序をくずして実権を握るなどということはあり得ない。そこで、出家としての親房が、政権に参画するために選んだ官職、それこそ准大臣という地位であった。

なお第一章でも述べたとおり、一般に親房は、建武政権において既に従一位・准大臣に叙任されていたとされることが多い（例えば山川出版社『日本史広辞典』一九九七年など）。しかし第二章でも述べたとおり、親房が従一位に叙されたのは、彼が陸奥から帰京し、嫡男の顕家が足利軍を九州へと駆逐した建武三年（一三三六）正月のことであり、准大臣に任ぜられたのは、この興国五年春のことであった。ちなみに、親房が准大臣に任ぜられたことのわかる確実な史料は、興国七年（貞和二年、一三四六）十一月十三日、彼が次男の顕能に授けた「日本書紀」（宮内庁書陵部本）の奥書に、「一品儀同三司」（儀同三司は准大臣の唐名）とあるのを初見とするわけだが、既に久保田収が明解に論じているとおり（『北畠父子と足利兄弟』）、この興国七年に先立つ何らかの段階で、親房が准大臣に任ぜられるにふさわしいタイミングとしては、まさにこの興国五年春以外にはあり得ない。

かくして、よく言われる「南朝の柱石」としての親房の本格的な活動が、この興国五年春、今ようやく始まろうとしていた。

ところで私は、第二章の最後でも、これとよく似たフレーズを述べた。すなわち建武三年正月、親房が出家の身でありながら従一位に叙されたことで、「ここに、広く世に知られた後醍醐天皇の重臣としての親房第二の人生が、四十四歳にして、ようやく始まろうとしていたのである」と。

たしかに八年前、親房は「一品入道」として後醍醐政権の中枢にあった。しかし、その日々は実に半年を超えることなく、同年（延元元年、一三三六）五月には尊氏が湊川の合戦で楠木正成を破って入京。親房は、後醍醐天皇とともに比叡山に逃れた後、伊勢を経て常陸へと転戦せざるを得なかった。その親房が、八年の歳月を経て、ようやく後村上政権の中枢に返り咲いたのである。親房にとって今度こそ、失敗の許されない最後の勝負であったに相違ない。

2 観応の擾乱

湊川と四条畷

しかし、時代はあたかもデジャビュを見るかのように進んでいく。親房が政権の中枢に返り咲いて四年後の正平三年正月、楠木正成の嫡男正行《まさつら》が河内国四条畷《しじょうなわて》で高師直・師泰《もろやす》兄弟に敗れて戦死。師直・師泰の兄弟は、「吉野の君をも取り奉るべし」（『太平記』）と、三万六千余騎の大軍を率いて吉野の山へと乱入してくる。親房は、後村上天皇とともに西吉野の山中、賀名生《あのう》の地へと逃れざるを得なかった。

湊川合戦と四条畷合戦。結果として楠木正成・正行父子を喪い、南朝を決定的な劣勢へと陥れたこの二つの戦いに際し、いずれも親房が政権の中枢にあったということは、果たして偶然の一致に過ぎないのであろうか。

『梅松論』によると正成は、湊川の合戦に先立って、尊氏との和睦を後醍醐天皇に進言したと伝えられている。しかし親房は、たとえそれが誰の進言であろうと、尊氏との和睦などという選択肢を決して許さなかった。そしてまた今回も、親房は、南朝内部に広がりつつあった和平の動きを封じるため、吉野へと「帰還」してきたのである。そしてこの後、正行没後の楠木氏が両朝和平の仲介を務め、さらに間もなく足利方に転ずることなどを勘案するならば、今回も楠木一族の中には、前述した近衛経忠らとともに、和平へと動き始めていた勢力がいたに違いない。

金峯山寺（吉野町吉野山）

湊川と四条畷。この二つの戦いは、親房によって尊氏との和睦の可能性が封じられた結果、足利軍と全面対決せざるを得なくなった楠木父子が、死を覚悟して臨んだ戦であった。その意味において親房は、やはり楠木父子を死地へと赴かせた張本人と言われても仕方なかろう。しかしそれは、あくまでも親房が「主戦派」であったが故の悲劇というべきであり、一部に根強い、親房が保身のために楠木父子を犠牲にしたという見方はまったく当たっていない。

それにしても、いかに和睦という選択肢が有り得なかったにせよ、勝ち目のない戦に楠木正行を赴かせ、結果として吉野の皇居に師直軍の蹂躙するを許してしまったのでは、「南朝の柱石」としての適格性を疑われざるを得まい。親房は、これらの戦いを勝利へと導くシナリオといったものを持っていなかったのだろうか。

直義・師直の不和

その手掛かりとなりそうなのが、親房がまだ常陸国関城に拠っていた頃の興国四年（一三四三）七月三日、結城親朝に宛てて出された書状（相楽結城文書）の中に見える、次のような一節である。

京都凶徒の作法以ての外と聞こえ候、直義・師直の不和、すでに相克に及ぶと云々。滅亡程あるべからざるか。而して時を待たず、此くの如きの時節、此の辺りの城々は難義に及び候はぬと遺恨に候。

すなわち親房は、足利政権の内部に「直義・師直の不和」という大きな亀裂が入りつつあることを、遠く常陸の地から見逃していなかった。足利政権は、この致命的な内部分裂によって、遠からず自滅するに違いない。わが軍は、その自滅を促すことに手を貸すだけでよい。これこそ、当該期の親房が描いていたシナリオであった。

しかし、親房にとっての最大の誤算は、「直義・師直の不和」が意外と遅く展開したことである。そもそも足利直義と高師直の対立とは、法秩序によって社会の安定を図ろうとする直義と、軍事力によって敵を抑え込もうとする師直との対立であった。つまり、合戦が多い時は勇猛果敢な師直の名声が上がるが、いったん合戦がなくなると、その強大な武力はかえって危険視され、裁許状によって治安を取り締まる直義の名声の方が上がるということが繰り返されてきた。しかるに延元三年（暦応元年、一三三八）、北畠顕家と新田義貞が相次いで戦死してからは、以後十年近く、京都周辺では、これといった戦闘が行われなくなってしまう。内治が軍事に優先する時代が来たのである。師直の時代は去り、直義の時代が来たとでも言うことができようか。両者の対立はしばらく影をひそめていた。

皮肉な話である。親房のシナリオどおり「直義・師直の不和」を促進させるためには、師直の出番、すなわち戦場における活躍の場を作ってやる必要があった。そして実際、四条畷の合戦、吉野の皇居焼き打ちといった戦いを経て、一時落ち目であった師直の声望が一気に上がると、結果として直義と師直の対立は急激に激しさを加えていく。まさか親房がそれをねらったはずもあるまいが、南朝は、正行の戦死、賀名生への動座といった大きな代償を支払うことで、「直義・師直の不和」というシナリオをようやく手に入れることができたのである。

「武家政権」のジレンマ

繰り返しになるが、足利直義と高師直の対立とは、法秩序によって社会の安定を図ろうとする直義と、軍事力によって敵を抑え込もうとする師直との対立であった。むろんこのような対立は、直義と師直という、史上稀に見る二つの強烈な個性によって惹起されたものに他ならないが、ここでは、こうした文治派と武断派の対立というものが、「武家政権」の本質に根ざす構造的矛盾であった点に注目しておきたい。

武家が武家である以上、その本質は言うまでもなく軍事力である。したがって征夷大将軍たるもの、戦場で勇猛果敢な働きをする武将を最も重用しなければならない。武家というものが、国家の中で軍事・警察部門のみを分掌する存在に過ぎなかった頃はそれでよかった。しかし、武家が次第に多くの公権力を獲得し、政治的な責任をも担わなければならない「武家政権」へと成長してくると、安易に彼らを重用することができなくなってくる。

「平時に人を一人殺せば殺人犯だが、戦場で敵を千人殺せば英雄になる」と言われるとおり、戦場で勇猛果敢な働きをする武将の多くは、平時には様々な狼藉を働く乱暴者となってしまう場合が多かった。高師直や佐々木道誉などといった「婆娑羅」大名たちの行状を想起されたい。もとより軍隊が文官の下に統制されている時は、政府が責任を持って彼らの暴走を取り締まればよい。しかし、武家そのものが政権の頂点に立ってしまった時、「武家政権」は、武将たちにその「勇猛果敢」ぶりを褒めて恩賞を与えながら、その一方で、彼らの「乱暴狼藉」を責めて罰を与えなければならなくなってしまった。

片方で「勇猛さ」を奨励しながら、その片方で「乱暴さ」を取り締まる。このようなことを一人でこなせるはずがない。ここに、武家政治が二頭制をとらざるを得ない本質的矛盾があった。この内の前者、すなわち戦場での「奉公」に対して恩賞を与える権限を「主従制的支配権」といい、鎌倉以来、征夷大将軍がその権限を掌握してきた。当該期においてこれを掌握していたのは、言うまでもなく足利尊氏その人である。一方の後者、すなわち武将たちの暴走に関わる訴訟を受けつけ、裁許状を発給する権限を「統治権的支配権」といい、鎌倉時代には執権がこの権限を掌握していた。言うまでもなくその地位を継承したのは、足利直義その人に他ならない（佐藤進一『日本中世史論集』）。

武臣無礼の代

もう少し具体的な事例を見ていこう。親房がまだ常陸にいた頃の康永元年（興国三年、一三四二）、「勇猛さ」を誇るある武将が起こした狼藉事件と、それに対する直義の態度を、『太平記』によって復元してみる。

事件は九月三日の夜に起きた。この日、故伏見院の法事のため伏見殿に御幸して帰りの遅くなった光厳上皇が、笠懸け後の大酒にしたたか酔って帰る途中の土岐《とき》頼遠《よりとお》と、夜道で遭遇してしまったのである。土岐頼遠は建武五年（延元三年、一三三八）正月、北畠顕家の率いる奥州軍を美濃青野原に迎え撃って武名を高からしめた武将であり、当時飛ぶ鳥を落とす権勢を誇っていた。

きっかけはたわいもない口論であった。院の牛車を目にしても下馬しようとすらしない頼遠に対し、院の召次が、

何者ぞ、狼藉なり。下り候へ。

と注意した。これに対して頼遠は、

この頃洛中にて、頼遠などを下ろすべき者は覚えぬものを、言ふは如何なる馬鹿者ぞ。一々に奴原蟇目負ふせてくれよ。

と暴言を吐いた。そこで院の前駆・御随身たちが、

如何なる田舎人なれば加様に狼藉をばふるまうぞ。院の御幸にて有るぞ。

と呼ばわったところ、頼遠は「からから」とうち笑い、

なに？　院と云ふか？　犬と云ふか？　犬ならば射て落さん。

と言うが早いか、院の乗る牛車を馬で取り囲み、あろうことか犬追物の際に犬を射るやり方で、牛車に矢を射かけてきたのである。院の一行は、牛車を走らせて包囲を突破しようとしたが、牛車は首木や車軸を折られて路頭に転倒。光厳院は駆け寄ってきた西園寺公重に、

さこそ武臣の無礼の代と謂ふからに、かかる狼藉を目の当たりに見つる事よ。今は末代乱悪の習俗にて、衛護の神もましまさぬかとこそ覚ゆれ。

と涙ながらに嘆くしかなかったという。

直義の政道

この事件を耳にした直義は、「異朝にも未だ比類を聞かず、まして本朝に於ては、かつて耳目にも触れざる不思議なり」と言って激怒し、直ちに頼遠追討の準備を始めた。これに対して頼遠が、美濃に逃げ帰り合戦の支度を始めると、直義は、土岐頼康《よりやす》をはじめとする土岐一族に頼遠の追討を命じた。これを知った頼遠は密かに上洛し、夢窓疎石《むそうそせき》を通じて助命を嘆願してきたが、直義は、

これほどの大逆を緩くさしおかば、向後の積習たるべし。しかれども御口入《ごくにゅう》もだしがたければ力な

く、その身をば誅せられて、子孫の安堵を全うすべし。

と答えて、頼遠を六条河原で斬罪に処してしまったという。

興味深いのは、この事件の最後に付けられた『太平記』著者の感想である。

足利直義

「太平記絵巻　第六巻」（埼玉県立歴史と民俗の博物館蔵）より

この頼遠は、当代ことさら大敵をなびけ、忠節を致しかば、その賞翫も人に勝れ、その恩禄も他に異なり。さるを今かかるふるまいに依って、重ねて吹挙をも用ゐられず、忽ちにその身を失ひぬる事、天地日月未だ変異は無かりけりとて、皆人恐怖して、直義の政道をぞ感じける。

たとえ戦場でどれだけの敵をなびかせ、将軍からどれだけの賞翫・恩禄を受けていようと、そのふるまいが悪ければ、助命嘆願も用いられずに斬罪となる。これは、いかに「武臣無礼の代」になろうと、「天地日月」に変化のない証拠だと、人々は皆「直義の政道」に感心したという。かかる「直義の政道」のスタンスは、決して「武臣の無礼」を許さないという意味で、実は親房の立場と相通ずるところがあった。そもそも親房は、

およそ保元・平治よりこのかたのみだりがはしさに、頼朝と云人もなく、泰時と云者なからましかば、日本国の人民いかがなりなまし。

と『神皇正統記』に記したように、鎌倉幕府の政治、特に執権政治を高く評価していた。そのような親房が、鎌倉以来の司法官僚を組織し、裁許状の発給によって執権政治への回帰を目指していた直義と一脈通ずるところがあったのも、充分首肯できるところと言える。

直義の降参

もとより直義が、武家政治を盤石なものとするためにこそ、師直らの無礼を取り締まろうとしていたのに対し、親房は「武士たる輩、言へば数代の朝敵なり」（『神皇正統記』）と言い切るほど、武士そのものを信用していなかった。彼は、北条泰時が「公家の御ことを重くし、本所のわずらひをとどめ」たからこそ、執権政治を評価していたのであり、武家が「朝家を守護し申すばかり」より以上の権力を掌握することを、決して認めようとはしなかった。また何より、親房にとって直義は、従兄弟（または義兄弟）の護良親王を、中先代の乱に紛れて暗殺された憎むべき仇敵である。この二人が手を結ぶことは容易ではなかった。

たとえば後醍醐天皇の没後、南北両朝の間に和平への動きがあったことを先に述べたが、北朝側でその窓口に当たっていたのは直義その人であったと思われる。軍事は尊氏、政務は直義という二頭制の中で、王朝との交渉はもとより政務の範囲内に他ならないからである。しかし、常陸から戻ったばかりの親房は、そのような動きを決して認めようとせず、両朝の和平交渉はいったん頓挫していた。

しかるに正平三年（貞和四年、一三四八）正月、親房の率いる南朝軍は、四条畷の戦いで高師直に敗れ、勢いに乗った師直軍に吉野の皇居を焼かれて、賀名生に動座せざるを得なくなる。一方、大勝利をおさめた師直の意気は軒昂で、戦場となった河内の公家・寺社領を勝手に兵粮料所として配下の武士に宛て給してしまうなど、目に余る行動が目立つようになってきた。そこで翌貞和五年閏六月、直義は尊氏に迫って師直の執事職を罷免。これに対して師直は、兵を集めて直義を討とうとし、結局直義は失脚。側近の上杉重能《しげよし》・畠山直宗《ただむね》を師直に殺された上、直義自身も出家を余儀なくされるなど、みじめな敗北を喫したのである。

かくして高師直という共通の敵から、ともに手痛い敗北を受けた親房と直義は、積年の対立関係を超えて、遂に手を結ぶことになった。翌観応元年（正平五年）十月末、直義は京都を脱出して師直討伐の兵を諸国に募り、兄尊氏に対しても明確に反旗を翻した。世に言う観応の擾乱の幕開けである。この際、直義は朝敵となることを恐れ、大和の南朝方である越智氏を頼ったらしく（『太平記』）、十一月二十三日には「直義入道吉野に降参」との第一報が京都にもたらされている（『園太暦』）。

『群書類従』合戦部に収められた「吉野御事書案」という史料を見ると、この際、直義は三箇条からなる講和条件を南朝方に提示したらしい。その三箇条がどのような内容であったかを今、知ることはできないが、その中に「武家管領の事」という一文があったことだけは間違いない。

むろんかかる講和条件は、武家政治の否定のみを目指してここまで戦ってきた親房にとって、どうしても認めることのできないものであった。親房は直義に対して、先非を悔い改めるつもりがあるならば、まずは奪い取った天下を返してからの話であろう。まして今回はそちらの事情で降参してきたのだから、到底納得できる話ではないとこれを一蹴している。

とはいえ、師直に追われて賀名生に逼塞を余儀なくされていた南朝方にとっても、直義の降服は安易に一蹴し得ない僥倖であった。『太平記』によると、この時南朝内部では、洞院実世が直義の真意を疑って講和をためらったのに対し、二条左大臣(師基か)が喜んで講和に応じようとするなど、諸卿の意見が分かれ、決着がつかなかったという。そうした中で親房は、漢楚の故事を引用し、漢が楚に勝つことができたのは、陳平・張良が謀をめぐらし、偽って楚の項王と和睦したからであるとして、今もまた偽って直義と和睦すべきであると主張、諸卿の同意を得て十二月十三日、直義に勅免の綸旨が下された(「観応二年日次記」など)。

偽って和睦せよ

それでは親房は、『太平記』が伝えるとおり「偽って」直義と和睦したのであろうか。もとより彼の真意は、直義を「偽って」南朝方に引き入れることで、「直義・師直の不和」を助長し、足利政権を自滅へと追い込もうとするところにあったのであろう。しかしその一方で、彼の胸中のどこかには、「武臣の無礼」を決して許さない直義に対し、「尊氏とは違う…」といったかすかな期待があったのではないか。そして確かに、そう思わせるほど親房と直義の和平交渉は、この後、様々な危機を孕みつつも長期化していくことになる。

南北両朝と直義

年も改まった観応二年（正平六年）正月十二日、早くも「南方和談破れ了んぬ」といった風評が囁かれ始めた（『園太暦』）。そしてその三日後、直義は細川顕氏《あきうじ》・石塔頼房《いしどうよりふさ》・桃井直常《もものいなおつね》らを率いて入京。京を守っていた尊氏の嫡男義詮が、光厳・光明の両上皇と崇光天皇を放棄して逃亡するに及び、直義は北朝の天皇・上皇を易々と確保した。

入京早々の正月十七日、直義は二階堂行珍《ぎょうちん》・宇都宮景泰《かげやす》を両使として両上皇に挨拶を申し入れ、十九日には北朝に対し三万疋（三百貫文）の献金を申し出ている（『園太暦』）。かかる直義の行動については、南朝に降服しつつ北朝にも帰順しているとして、これを背徳行為と見なす声も少なくない。しかしそもそも直義は、高師直や土岐頼遠らの「無礼」から、北朝の権威や所領を守ることで、その信頼を勝ち得てきた武将である。彼は、光厳院を犬と呼び捨てた土岐頼遠（前述）や、

もし王なくて叶うまじき道理あらば、木を以て造るか、金を以て鋳るかして、生きたる院・国王をば何方へも皆流し捨て奉らばや
（『太平記』）

高師直
「太平記絵巻　第七巻」(埼玉県立歴史と民俗の博物館蔵) より

とまで豪語した師直を決して許さなかった。しかし、否だからこそ彼にとって守護すべき王朝とは、先ず何よりも北朝に他ならなかったのである。その意味で、むしろ南朝に降伏した後も旧好を忘れず、いち早く北朝の上皇・天皇を保護した点に、彼の誠意を感じ取るべきであろう。

いずれにせよ、直義が南朝に降服しなければならなかった喫緊の事情とは、尊氏に反旗を翻すに当たり、朝敵となることを防ぐという、その一点にあったのだから、北朝の天皇・上皇を確保できた以上、彼にはもはや、南朝に降る必要性そのものがなくなっていた。実際、二月に入ると「南山和睦已に破る」(『園太暦』)といった風評が幾度となく流れている。しかし、にもかかわらず直義は、南朝との和平を諦めてはいなかった。二月五日には長井広秀を賀名生に遣わし、銭一万疋(百貫文)を献金するとともに、「御和睦篇目等数箇条」を議論させている(『観応二年日次記』)。むろんここで議論されている「和睦」とは、もはや直義個人の南朝への「降参」といったレベルから、南北両朝の「合体」というレベルへと大きく変化していたわけではあるが。

師直の誅戮と両朝の和睦

両朝の間でかかる和平交渉が続けられていた観応二年（正平六年）二月十七日、直義は摂津国打出浜の合戦で尊氏・師直軍を討ち破り、二十日には師直・師泰兄弟の出家を条件として尊氏と和睦。そして同月二十六日、尊氏が師直らの敗残兵を率い、京都に戻るため兵庫を出たところを、武庫川辺りで待ち構えていた上杉能憲軍が襲いかかり、師直をはじめとする高氏一門を討ち取ってしまった。なおこの師直一門の誅戮については、かねてより尊氏の同意があったものとされている（佐藤進一『南北朝の動乱』ほか）。

かくして、常陸転戦の頃より親房が期待していた「直義・師直の不和」は、師直の誅戮という形であっけなく幕を閉じた。と同時に、「直義・師直の不和」に乗じて足利を自滅に追い込もうという親房の目論見もまた、失敗に終わったことになる。しかし、南朝と直義との和平交渉は、むしろこれ以降の方が活発になっていく。

師直の誅戮から半月余りたった三月十一日、南朝は楠木の代官を使者として京都の直義に勅書を送り、これに対して直義は四月二十七日、同じく楠木の代官を使者として南朝に返書を奉った（「観応二年日次記」）。この足かけ二カ月にわたる使者の往復が、両朝和睦を議題とするものであったことは、『園太暦』の記事などからも明白であるが、この際、楠木氏の代官が両朝和平の使者となっていることは注目に値しよう。先にも述べたとおり私は、正成以来、楠木一族は常に足利との和睦を模索し続けていたと考えているわけだが、今回の和平仲介もまたその一つに違いない。

ただし、言うまでもなく楠木は、和平の仲介役を務めたに過ぎず、あくまでも和平交渉の主役は、賀名生の親房と京都の直義であった。この両者が、いかなる立場で和平に臨んでいたか。この興味深い課題を知りうる好個の史料として、先にも述べた「吉野御事書案」がある。

「吉野御事書案」　『群書類従』合戦部に収められたこの史料には、まず前半に南朝方の主張が述べられた後、後半に「錦小路殿より御返事」として、直義の返事が記されており、観応二年（正平六年）の三月から四月にかけて、楠木の代官を使者として、南朝と直義との間で交わされた往復書簡を記録したものと考えられている。

興味深いのはその前半部分、すなわち南朝方から直義に対して提示されたと思しき、次のような文書である。

我が朝は神国なる故に、ことさら上を上とし、正を正として、神代の昔より人は九十余代の今に至るまで、此の道は変はらずして数万歳を経たり。おのづからその理に背く輩、遂に運命を全する者なし。已往を見て将来をはかるべし。文治已来・承久以後、武家兵権を専らにせし、その故なきに非ず。頼朝の卿、義兵をおこして乱世を鎮めし、叡感の余り朝奨他に異なり。されば三代の間、全く上をゆるがせにせず、諸国の警固を承りて、朝家を守護し申すばかりなり。

わが国を「神国」と捉える点、頼朝政権を「朝家を守護し申すばかり」のものとして高く評価する点、そして何よりその文体など、どこから見てもこの文章は、親房の手になるものとして間違いない。そのような文章の最後を、親房は次のように締めくくっている。

大かた我が君は、人皇正統として神器を受け侍ること誰か疑い申すべき。況《いわん》や元弘・建武の天下は誰人の天下ぞや。事改まりて十六年、先皇御事有りて今年十三廻に当たらせ給へり。かつうは正理を存じ、かつうは怨霊をやすめ申されて、其の上に諸国を鎮めらるる謀あらば、本朝中興の時至り、理世安民の道に帰り、美名を後代に残し、当時の抽賞に預かられんこと、尤《もっと》も庶幾あるべき者也。いかでか遠慮を存ぜられざるべきや。

親房は、後村上天皇こそ「正統」の天皇であるという主張を毫も譲らず、今年が十三回忌に当たる後醍醐天皇の「怨霊」まで動員して、「元弘・建武の天下」を取り戻そうとしていた。言うまでもなくこれは和平の交渉と呼べるようなものではない。親房の姿勢は、正平五年（観応元年）末に直義の降参を認めた時から、何ら変わってはいなかった。降参するならこちらの条件を呑め。それが嫌なら交渉の余地はない。

和談決裂

もとよりかかる親房の主張は、降参人としての直義ならばともかく、既に北朝の天皇・上皇を確保し、宿敵高師直を葬り去った後の直義にとって、到底呑めるはずもない無理難題であった。同じく「吉野御事書案」に収められた直義の返書には次のように見える。

諸国の勇卒等、又元弘の如く公家の被官となり、卿相雲客の家臣僕徒ならむ事をば欲すや否や。よくよく御了簡有るべきか。所詮天下の大平を御庶幾あらば、旧の如く武家の計らい申さるる旨に任せて御入洛あらば、先皇の御継嗣、断絶せずして、祚を無窮に伝しめ給べき者か。

今さら武家が公家の従僕に戻れるか否かよく考えてみよ。「武家の計らい」に任せて上洛してくれれば、後醍醐天皇の皇統が断絶しないよう取り計らうというのである。

恐らくここで直義が想定していたのは、鎌倉後期のような武家主導による両統迭立の再現であったに違いない。しかし、武家政治の否定のみを宿願としてきた親房にとって、これまた呑めるはずのない無理難題であった。同年五月十九日、半年にわたって続けられた「公武御合体」の和睦交渉は、遂に「北畠禅門」親房の反対により決裂を迎えた（「観応二年日次記」）。なお北朝の公家である洞院公賢は、「和睦」の方向性がほぼ決定していたにも関わらず、これを「申し破る輩」がいたため交渉が決裂したと、その日記『園太暦』で嘆いているが、言うまでもなくこの「申し破る輩」とは、北畠親房その人に他なるまい。

それでは、かくして最後まで直義との妥協を拒否し続けた親房の胸中には、何らかの勝算が秘められていたのだろうか。それとも彼は、勝負を度外視して講和条件にこだわり続けていたのであろうか。私はそのどちらも正しいと思う。親房は、理想を異にする寄せ集めの政権がいかなる結末を迎えるかを、建武の失敗で痛感していた。たとえ理想を捨てて和睦を実現したとしても、そのような平和は永くは続くまい。そもそも「直義・師直の不和」にしても、師直が誅殺されたからといって簡単に解決する話ではないのではないかと。

3　正平の一統

尊氏の全面降服

親房の予測は外れてはいなかった。観応二年七月末、尊氏が佐々木征伐と称して近江に出陣、義詮が赤松征伐と称して播磨に向けて出陣すると、直義は尊氏・義詮の父子に東西から挟撃される恐れを察して京都を出奔し北国に向かった（『園太暦』）。尊氏・直義兄弟の和睦は、わずか半年足らずで決裂したのである。

こうして再び弟直義と対決することになった尊氏は、後顧の憂いをなくそうと同年八月、法勝寺の恵鎮上人円観《えんかん》を使いとして南朝に和睦を申し入れてきた。円観といえば、かつて後醍醐天皇の寵遇をほしいままにし、今では尊氏の帰依を受けている天台僧であり、南北両朝に顔が利く人物として使者に選ばれたらしい。ところが数日後、円観はあっけなく南朝から和談を拒否され、京都へと追い返されてきた（『園太暦』）。考えてもみれば、直義との交渉にすら一分の妥協も許さなかった親房である。尊氏との和談が容易に進むはずもなかった。

ここに尊氏は同月二十五日、誰もが（そして恐らく親房もまた）予測し得なかった行動に出た。すなわち南朝の後村上天皇に対し、「天下の事、よろしく聖断あるべし」として、事実上の全面降服を申し出てきたのである（『園太暦』）。この余りにも思いがけない展開に、しばらく対応を躊躇していた南朝であったが、二カ月ほど経った十月二十四日、次のような綸旨を発して、ついに尊氏の降服を受け入れた（『園太暦』）。

元弘一統の初めに違わず、聖断を仰ぎ申さるべきの由、聞しめしおわんぬ。尤も以て神妙。此の上偏に天下安全の道を存じ、無二の忠節を致さるべし。てへれば天気かくの如し。よって言上件の如し。

正平六年十月二十四日　　左中将具忠

進上　足利大納言殿

それにしても、尊氏が「元弘一統の初め」に戻すなどという条件を本気で呑むはずがあるまい。またたとえ彼一人がその気になったとしても、周囲の客観情勢がそれを許さなかっただろう。では尊氏は、なぜこの期に及んで南朝に全面降伏したのだろうか。尊氏は、直義と南朝が手を結び、北と南から挟撃してくることを何よりも恐れていた。それを避けるためには手段を選ばなかった。南朝への降服は、それを避けるための方便に他ならなかったのである。

しかし、尊氏がそこまで追い詰められていたとすると、親房には、ふたたび直義と手を組んで尊氏を挟撃するという選択肢もあったのではないか。足利の内部分裂に付け込むという当初の「ねらい」からすれば、この時こそ、尊氏を討つ最大のチャンスだったのではないか。正直な講和条件にこだわり続けた直義との和平を蹴り、面従腹背が明らかな尊氏の降服を受け入れるというのは、余りにも目先の条件にとらわれ過ぎた短慮ではないか。そんな疑問が私たちの脳裏に去来する。もとより、尊氏の面従腹背に気づかない親房ではあるまい。尊氏が偽って降服してきたならば、こちらも偽って受け入れよう。たとえ直義と組んで尊氏を討ったとしても、武家政治が続いてしまったのでは意味がない。親房はそう考えていたのではないか。彼は、尊氏を討つことより、もっと根本的な解決策を探っていた。私はそう思う。

赤松則祐との連携

親房の真のねらいがどこにあったのかという問題はしばらく措き、ここでは、八月の尊氏降服から十月の勅免にいたるまで、南北朝の間を和議のために立ち働いていたのが、播磨の赤松則祐《のりすけ》であったという事実に注目したい（『園太暦』九月三日条など）。

『太平記』巻三十を見ると、尊氏・直義兄弟の仲が再び険悪になり始めた観応二年七月、赤松則祐は南朝から「故兵部卿親王の若宮」を大将として迎え、近国の軍勢を集め、吉野・十津川の武士たちや和田・楠木らと示し合わせて、都に攻め上ろうとしていた。この時点において赤松則祐は南朝に属していたわけである。その

赤松則祐
（宝林寺蔵／上郡町教育委員会提供）

赤松を征伐するためと称して、同年七月二十九日、足利義詮が播磨に向けて出陣したことは先に述べた。むろんこの出陣は、京に留まっていた直義を、近江出陣中の尊氏と東西から挟撃しようとする策謀であったことが、すぐ明らかになるわけだが、だからと言って赤松則祐の南朝への帰属まで、直義を欺くための謀略であったとは考え難い。

そもそも播磨赤松一族は、第二章でも述べたとおり、護良親王の下、畿内におけるゲリラ戦の主力を担う形で歴史の表舞台に登場してきた。なかでも赤松則祐は、護良親王とともに山伏に身をやつして熊野落ちに同行したことすらある（『太平記』巻五「大塔宮熊野落事」）。赤松氏は明らかに、護良親王によって見出され、組織された武士だったのである。そのような則祐が「故兵部卿親王の若宮」、すなわち護良親王の王子興良親王を奉じて挙兵したことの意味は重い。

しかも興味深いことに、この興良親王は親房の妹の所生と伝えられ、興国二年（一三四一）には親房の籠る常陸小田城に迎えられて「常陸宮」と呼ばれていた（第二章・第四章参照）。その興良親王が、今度は赤松則祐に擁されて「赤松宮」と呼ばれるようになっていたのである。この則祐挙兵の背後には、尊氏よりむしろ、親房の影の方が見え隠れしてこよう。

北畠親房と赤松円心が、元弘・建武の初め、ともに護良親王を中心とする一派に属し、後醍醐天皇から疎んじられていたことは、第二章で詳しく述べた。その後、親房は南朝、円心は北朝へと分かれていったわけだが、それでもなお、両者の交友関係は継続していた（岡野「赤松円心——北畠親房との友好関係」）。かかる不思議な友好関係の背後には、赤松が北畠と同じ村上源氏を自称していたことが関係しているらしい。

『赤松記』によると、村上源氏の祖師房の孫季房が、故あって播磨国佐用荘赤松谷に流され、配流地の豪族の娘との間に子をなした。やがて彼は許されて都に戻ったが、その子は播磨に留まって赤松家の始祖になったとされている。『源氏物語』明石の巻を彷彿とさせるこのような伝承が、何らかの事実を反映したものであったか否かは定かではない。ただここでは、播磨国の一介の地頭に過ぎなかった赤松家が、こうした「貴種流離譚」を用いて、中央の名門貴族村上源氏の一門を自称していたという事実に注目したい。

源氏長者親房

ここで注目されるのは、赤松一族を討幕のゲリラ戦へと組織していった護良親王が、天台座主として討幕活動を開始した嘉暦二年（一三二七）当時、北畠親房その人が、源氏一門の官位推挙権などを握る源氏長者の地位にあったという事実である（第一章参照）。思うに赤松家は、護良親王を通じて、親王のブレーンであった北畠親房に接近し、当時源氏長者であった親房から、村上源氏と称することを許されていったのではなかろうか。

もとより、この仮説を直接証明し得る史料は一つもない。ただその後の赤松家は、北朝と南朝に分かれて敵対したはずの北畠家に対し、単に同じ村上源氏一門ということだけにしては不自然なほどの友好関係を続けている。親房の甥でもある興良親王を奉じての挙兵や、観応二年八月から十月にかけての南北両朝間の使者・斡旋もその一つである。赤松家は確かに、北畠家との間に深いコネクションを有していた。

思えば建武三年（一三三六）正月、北畠顕家らに敗れて九州に落ち延びることになった足利尊氏に対し、持明院統の光厳上皇から院宣を受けるよう進言したのも、赤松円心その人であった（『梅松論』）。つまり、赤松の進言によって擁立された北朝が、今また赤松の暗躍によって廃されようとしていたのである。これを「赤松の変節」と難じるのは容易い。しかし、むしろここで注目すべきことは、播磨赤松一族が、他の北朝武士などに比べ、対朝廷工作に卓抜した能力を有していたという事実であろう。そして恐らくそうした赤松の能力は、かつて護良親王・北畠親房と組んで、元弘の争乱を戦い抜いてきた中で、鍛えられたものに相違ない。

また、もし嘉暦二年当時、親房が源氏長者の地位を利用して、護良親王による赤松一族のオルグに協力していたとすると、親房はやはり、元弘の討幕活動に積極的に関わっていたということになる。親房は鎌倉末期において、決して「事態を静観」などしていなかったのである。

親房の「ねらい」

話を元に戻そう。正平六年（一三五一）十月末、後村上天皇から勅免の綸旨を受け取った尊氏は、十一月三日、次のような奉答状を送って南朝に忠誠を誓うと、翌四日、ただちに直義追討のため、関東へと発向していった（『園太暦』）。尊氏の降服が、直義追討のための方便であったことは、この一事からも明白であろう。

綸旨跪きて以て拝領す。御沙汰の旨、忝く畏まり申すの趣、芳言を加へ、洩れ奏せしめ給ふべし。謹言。

正平六年十一月三日　　権大納言尊氏　判
頭中将殿

しかし、一方で南朝方の動きも敏速であった。尊氏が京都を発つと間もなく、入れ替わるかのように賀名生から、四条隆資《しじょうたかすけ》・洞院実世の二人が京都執政官として上洛してくる（『園太暦』）。そして十一月七日、ついに崇光天皇と皇太弟直仁《なおひと》親王が廃され、ここに北朝というものは存在しなくなった（『椿葉記』）。世に言う正平の一統の実現である。

すなわち親房は、尊氏の降服を好機として、ただちに京都を回復するとともに、北朝を廃するという作戦に出たのである。この同じ日、『園太暦』には、南朝が光厳・光明両上皇と崇光天皇を捕らえるらしいという噂が記されている。親房の真の「ねらい」は、北朝の皇族を南朝の勢力下に置くことによって、武家政権から「錦の御旗」を奪うことにあった。

しかし親房は、決して北朝の政務そのものを廃止しようとしていたわけではない。その証拠に十一月十三日、南朝は北朝方の有力貴族である洞院公賢に対し、左大臣に任じて政務を委任する旨を伝えている。この旨をいち早く京都に伝えに来たのが、親房の次男伊勢国司顕能であったこと、そして何より左大臣に任ぜられた公賢自身が、その日記『園太暦』の中に、「且つうは源一品の所存かくの如し」と記していることからも、この人事は親房の発案であったことが明白である。

親房は、たとえ北朝方に仕えた公家であっても、公賢のような学識豊かな人材については、これを積極的に登用しようとしていた。彼は、北朝方についた公家たちのことを、決して「敵」とは認識していなかったのである。彼にとっての「敵」はあくまでも武家であり、武家に担がれた公家ではなかった。

私たちは「南北朝」というと、そのネーミングから南朝と北朝という二つの朝廷の争いであったかのように勘違いしがちである。しかし「南北朝」対立の本質は、あくまでも公家中心の政治を目指す南朝と、武家中心の政治を目指す足利政権との争いであり、これが武家政権によって巧妙に「君と君との御争い」(『太平記』)に持ち込まれてしまったものに他ならない。そこで親房は、朝廷が二つに分かれたままでは、たとえ尊氏を討てたとしても問題は何一つ解決しないと考えていた。逆に朝廷を一つにしてしまえば、南北朝の対立は公家と武家の対立という本来の姿に戻り、足利は「朝敵」となって滅亡する。親房はそう考えていたのである。

なおこの時、親房が北朝の政務に変更を加える気がなかったことは、十一月二十四日、南朝の使者が洞院公賢に伝えてきた五カ条事書の中に、「要劇諸司の事、当用に随ひ相計らひ召し進すべき也」とあることからも明白である(『園太暦』)。ちなみにこの五カ条事書は「正平六年十一月十三日」付で記されており、先にも述べたとおり、この日は南朝が公賢を左大臣に任命したその日に他ならない。実際、この事書の中でも南朝は、公賢を「一上」(一の上卿、普通は第一の大臣である左大臣をさす)に任じて諸公事を奉行させるとともに、「後院別当」を兼ねさせており、先に述べた、諸司の人事を「当用に随ふ」こととした箇条や、北朝方の公家が賀名生に参仕することを禁じた箇条、北朝の皇族に対して驚動なきよう安堵するとともに、その経済的基盤である長講堂領の管領を認めた奥書とともに、京都の朝廷に対し、皇位継承以外は、基本的には何の変動もないことを伝えた内容となっている。

この五カ条事書は、『園太暦』に「已上勅筆」とあることから、後村上天皇の宸筆であったことが知られるが、その前後関係から推して、その内容は、親房の発案によるものであったと考えてほぼ間違いない。親房の政権構想、それは後村上天皇の下、南朝廷臣と北朝廷臣が手を携え、武家の介入を排除した、本来の朝廷の姿を取り戻すことにあった。

北朝神器の接収

五カ条事書が京都に届けられて一カ月後の十二月二十三日、南朝は、これまで北朝に伝えられてきた三種の神器を接収した。従来、この神器渡御の様子を伝えた『園太暦』の記事に、

件の三種、正物に於ては皆南方御所御所帯なり。京都御座虚器の条勿論なり。

とあることから、後醍醐天皇の京都脱出以来、南朝に伝えられてきた神器こそが「正物」であり、京都の北朝に伝えられた神器は「虚器」であるとされてきた。しかし、既に林屋辰三郎の指摘があるとおり（『内乱のなかの貴族』）、この記事の直前には「具忠朝臣先日仰せ詞の如くんば」という前置きがあり、この記事はあくまでも「南朝側の具忠朝臣のことばをそのまま記した」ものに過ぎない。むし

ろ公賢の認識としては、その前後に「此の条誠に不審」「其の器虚実は知らず」と見えるとおり、「不審であり意外でもあった」というのが正直なところだったのであろう。真相はしょせん歴史の闇の中ということになろうか。

いずれにせよ、これまで北朝に伝えられてきた神器が、本当に一顧の価値もない「虚器」であったとするならば、南朝がここまで神器の渡御にこだわるはずがない。この点について、南朝の使者中院具忠は、

しかれども先皇（後醍醐天皇）神器に擬し渡し献ぜらるるの上、一両代（光明・崇光）宝として用ひられ了んぬ。其の儀を改められざるの条しかるべからざるの間、今渡さるべきの旨之を申さる。

と弁明しているが、実際、それが虚器であるか否かは別として、延元元年（建武三年、一三三六）十一月、後醍醐天皇から光明天皇に渡されて以来、この神器は光明・崇光の二代にわたり、真器として内侍所の神事に用いられてきたのである。この神器を南朝が接収することなしには、真の意味での「一統」を実現することはできなかった。

北畠准后

そうした意味で、この正平六年十一月二十三日という日は、賀名生の朝廷にとって後醍醐天皇の無念を晴らし、念願の「一統」を実現し得た、記念すべき日と言える。そしてあたかも、そのことを記念するかのように、この日を目前にして親房の地位には大きな変化が訪れる。

すなわち『園太暦』の同月十八日条に「入道一品」と書かれていた親房が、二十二日条には「准后」と記されているのである。おそらく親房は、この間、正平の一統実現の功により、後村上天皇から准后の宣下を受けたのであろう。

准后とは准三后、すなわち太皇太后（天皇の祖母）・皇太后（天皇の母）・皇后（天皇の配偶）に准ずる待遇を与えられた人を指し、内親王をはじめとする皇族准后、女御や典侍などといった後宮准后、そして御修法勤行の功として与えられた僧徒准后を別にすると、摂関家の当主がこの地位に就くのを常とした。実に親房以前、摂関家以外の政治家で准后となったのは、治承四年（一一八〇）六月十日に宣下を受けた入道相国平清盛ただ一人である（岡野『源氏と日本国王』）。親房は、こうした先例を十分承知の上で、入道従一位准大臣として正平一統政権の首班となるべく、准后の地位を受けたに違いない。

『太平記』巻三十は、この時の様子を次のように伝えている。

北畠入道源大納言は、准后の宣旨を蒙りて華着けたる大童子を召し具し、輦《てぐるま》に駕して宮中を出入りすべき粧、天下耳目を驚かせり。此の人は故奥州の国司顕家卿の父、今皇后の厳君にてをはすれば、武功と云ひ華族と云ひ、申すに及ばぬ所なれども、竹園摂家の外に未だ准后の宣旨を下されたる例なし。平相国清盛入道出家の後、准后の宣旨を蒙りたりしは、皇后の父たるのみに非ず、安徳天皇の外祖たり。また忠盛が子と名付けながら、正しく白河院の御子なりしかば、華族の栄達も今の例には引きがたし。

賀名生皇居（奈良県五條市西吉野町和田）

もとより、この時親房はまだ賀名生にいたのであるから、輦に乗って宮中に出入りするなどといった准三后ならではの装いを天下に示すことはできない。しかし、「竹園（皇族）摂家の外に未だ准后の宣旨を下されたる例なし」と言われた准三后の地位（清盛は白河院の御落胤なので別とする認識も興味深いが）に親房が就いたことは、確かに「天下耳目」を驚かせたことであろう。まさしくここに、文字通りの「北畠親房政権」が誕生したのである。

京都へ

かくして正平六年は暮れ、正平七年は久しぶりに天下一統の春となった。しかし、皇居は未だ賀名生の山中にあり、白馬・踏歌の節会などは行われず、ただ四方拝が賀名生の皇居で行われたのみであったという（『園太暦』『太平記』）。天下一統がなった以上、後村上天皇を一刻も早く京都にお連れしなければならない。親房はそう考えていた。

しかるに、京都には尊氏の嫡男義詮がいて、容易に上洛することができない。また鎌倉にいる尊氏をそのままにして、京都だけを回復したところで、早晩、関東から尊氏軍が攻め上ってくるであろう。親房は様々な可能性を想定しなければならなかった。もう失敗は許されない。

正平七年二月二十六日、後村上天皇は賀名生の皇居を出発、二日後の二十八日には河内の住吉に到着した（『園太暦』『太平記』）。『太平記』によると南朝は、この住吉から由良信阿《ゆらしんあ》という武士を東国に遣わし、亡き新田義貞の次男義興《よしおき》・三男義宗《よしむね》と従兄弟の義治《よしはる》に対して、「早く義兵を起こして、将軍を追討し、宸襟を休め奉るべし」と命じている。『系図纂要』によると同年閏二月六日、宗良親王が南朝から征夷大将軍に補されており、由良信阿が東国に派遣されたのも、恐らくはこの日のことであったろう。なお、既に久保田収の指摘があるとおり（『北畠父子と足利兄弟』）、宗良親王自身の歌集『新葉集』には、「征東将軍の宣旨など下されしも」という詞書が見えており、この日親王が補されたのは、征夷大将軍ではなく征東将軍であった。

ことほどさように、これらの記録には不確かな点が多い。それはなぜかというと、この日、住吉から東国の宗良親王と、新田一族に向けて派遣されたこれらの使者が、決して足利方に露見してはならない密使であったからに他なるまい。南朝はほぼ同じ頃、鎮西の懐良《かねよし》親王にも密使を遣わした形跡がある。思うに親房は、元弘三年（一三三三）五月に六波羅と鎌倉、そして鎮西探題が同時に陥落し、鎌倉幕府があっけなく滅亡した、あの日を再現しようとしていたのではないか。

正平一統の大義はこちらにある。今、足利方の虚を衝いて京都と鎌倉、そして鎮西を同時に制圧してしまえば、足利幕府もまたあっけなく滅亡するであろう。ただし、ことは慎重に運ばなければならない。足利方に露見せぬように、期日を定めて、京・鎌倉・九州で、同時に軍事行動を開始しようと。

夢にまで見た京都は、今、親房の目の前に迫っていた。

第六章　ふたたび京都、そして吉野・伊勢…

1　親房の最期

「十七年を歴て旧里の塵を履む」

思えば北畠親房は、元弘三年（一三三三）十月二十日、四十一歳にして生まれて初めて京都を離れ、陸奥へと下向して以来、伊勢・常陸・吉野と、全国各地を転戦する生涯を余儀なくされてきた。その間、一回だけ建武二年（一三三五）の十月に帰洛したことはあったが、翌延元元年の十月、夜陰に乗じて伊勢へと下向して以来、足かけ十七年にわたって、京の土を踏むことはなかった。親房自身、これほど長期間にわたって都を離れることになろうとは、思ってもみなかったに違いない。そして恐らくこの間、親房にとって片時も忘れられない自宅とは、あくまでも京都の北畠邸であり、陸奥の多賀国府はもとより、伊勢の田丸城や常陸の小田城・関城、また吉野や賀名生の皇居すら、仮の寓居としか思えなかったことであろう。

そのような親房の思いを如実に示す文書が、洞院公賢の日記『園太暦』の正平七年(一三五二)閏二月二十六日条の中に記録されている。

そもそも顕能卿、重ねて江州に発向すべく、洛中の事また打ち捨てられがたし。隆俊卿たまたま大理の職に居り、扶持を加へ上洛すべきの由、再三父卿に仰せらるると雖も、固辞し候。仍て俄かにまた窮老の質を差され候。十七年を歴て旧里の塵を履む。自愛せざるにあらず。しかれども此の一挙に至っては是非に迷い候。一昨日罷り上るの處、計会常篇を絶す。仍て即ち案内を啓せず。恐惶々々。しかしながら参り申すべく候なり。恐々謹拝。

後二月廿六日　　覚空

ここに「一昨日罷り上る」とあるとおり、親房の上洛は正平七年閏二月二十四日のことであった。親房はこの文書の中で、旧友洞院公賢に対し、今回の上洛はあくまでも息顕能の代理であり、四条隆俊の父隆資もまた固辞したため、仕方なく老人(親房)が引き受けたと断っているが、「十七年を歴て旧里の塵を履む。自愛せざるにあらず」といったその文面からは、やはり京都に戻れたことに対する率直な喜びと望郷の念が、強く滲み出ていよう。

しかし、歴史の皮肉と言うべきであろうか。親房がそこまで愛慕して止まなかった京の地に、結局、彼は戻ることができず、彼にとって仮の寓居に過ぎなかった吉野の地に、その亡骸は葬られ、同じく伊勢の地に、その子孫が活躍していくことになる。

三上皇の確保

前章でも述べたとおり、正平七年上洛時における親房の「ねらい」は、北朝を完全に接収することで、「南北朝の対立」という名の下に隠れた「公家と武家の対立」を白日の下にさらし、以て足利方を名実ともに「朝敵」とすることにあった。その証拠に正平七年閏二月二十一日、すなわち親房入京の三日前、南朝軍は光厳・光明・崇光の三上皇と廃太子直仁親王を、八幡（石清水八幡宮山下）の陣に確保している（『園太暦』同日条、以下同）。その前日、南朝軍は足利義詮の率いる幕府軍と戦火を交え始めており、これら一連の行動（戦闘の開始・三上皇の確保・親房の上洛）は、いずれも既定の路線であった可能性が高い。そして、その三日前に当たる閏二月十八日、東国では新田義宗らが宗良親王を奉じて鎌倉に攻め込んでいる。親房が描いた東西呼応作戦というシナリオは、きわめて順調に進み始めたかのように見えた。

しかし、いかんせん「公家」と「武家」との戦いでは、軍事力の差は歴然としていた。僅か数日を経る間もなく、三月に入る頃には鎌倉は尊氏、京都は義詮の軍勢によって奪還されてしまう。親房をはじめとする南朝軍は、洛中から八幡へと退いた後、義詮の軍勢が八幡に攻め寄せてくるという情報の入った三月三日、まず光厳・光明・崇光の三上皇を河内国の東条へと移送している。この一事を以てしても、当該期の親房が、北朝の皇族を確保するということを、いかに重視していたかが知られよう。たとえ軍事力では足利方にかなわなかったとしても、北朝という「錦の御旗」を失った幕府は必ず崩壊する。親房はそう信じていた。

ところで、一般に北畠親房と言えば、三種の神器のあるところを「正統」とする立場であったとされることが多い。しかし、もし親房の持論がそのようなものであったとするならば、元来、真正なる神器は南朝の手中にあり、北朝が真器として扱ってきた「虚器」もまた、前年の十一月に南朝方が接収していたのだから、北朝が復活するなどということは、論理的にあり得ないということになりそうである。しかしこの時期の親房は、あくまでも三上皇の確保にこだわった。それは神器なくして新たな天皇が即位し得る可能性を、親房自身が強く意識していたからに他ならない。

後鳥羽天皇の前例　なぜ神器なくして新たな天皇が即位し得るのか。それは寿永二年（一一八三）八月、平家が安徳天皇と三種の神器を奉じて西国へと都落ちした際、安徳天皇の弟である尊成親王（後鳥羽天皇）が、祖父後白河法皇の院宣によって即位したという前例があったからである。親房自身、この事件を『神皇正統記』の中で次のように叙述している。

第八十二代、第四十四世、後鳥羽院。諱は尊成、高倉第四の子。（中略）先帝西海に臨幸ありしかど、祖父法皇の御世なりしかば、都はかはらず。（中略）還幸あるべきよし院宣ありけれど、平氏承引申さず。よりて太上法皇の詔にて此の天皇たたせ給ぬ。（中略）先帝三種の神器をあひ具せさせ給し故に、践祚の初めの違例に侍りしかど、法皇国の本主にて正統の位を伝へまします。

この叙述、特に「祖父法皇の御世なりしかば、都はかわらず」であるとか、「法皇国の本主にて正統の位を伝へましますﾞ」といった表現からは、神器がなければ即位できないとか、神器のあるところのみを「正統」とするといった意識は、微塵も感じ取ることができない。たとえ神器が西海にあったとしても、後白河法皇が「治天の君」である以上「都は変わらず」、後白河法皇その人が「国の本主」として「正統の位」を伝えることができた。そう親房は考えていたのである。

そもそも親房は、同じ『神皇正統記』の中で、三種の神器の内、神鏡は皇大神宮、宝剣は熱田神宮にその正体が奉斎されているのだから、「西海に沈みしは、崇神の御代に同じく造り替へられし剣」であり、「なべて物知らぬ類」が「上古の神鏡は天徳・長久の災いに遭ひ、草薙の宝剣は海に沈みにけり」などと言い伝えているのは、「返す返す僻事」であると非難している。もちろん彼は同書の中で、「内侍所・神璽も芳野におはしませば、いづくか都にあらざるべき」という有名な言葉も残しており、神器の所在を重視していたこともまた事実である。しかし、少なくとも鏡と剣については、その正体は伊勢と熱田にあり、たとえ平家の都落ちで神璽が西海に移ったとしても、都は変わらないと認識していた。親房は、神器の所在のみを以て、皇位の正統性を論じようとしてはいなかったのである。

かかる親房の「神器」観が、その後、どのような事情で、神器の所在のみを「正統」と見なす立場であったかのように誤解されていったのかという問題は、本章の最後に論ずることとして、ここでは、当該期の親房が、たとえ三種の神器を確保しても、「治天の君」となり得る上皇・法皇をすべて確保してしまわない限り、都に新しい天皇が誕生してしまう可能性、つまり北朝が復活してしまう危険性があることを、確かに認識していたという事実のみ、確認しておくことにしたい。

「彼の敷地の事」　北朝の復活を阻止し、足利を名実ともに「朝敵」とする。この時、親房が描いていたこのシナリオを完璧に実現するためには、持明院統の皇族をすべて吉野に確保しておく必要がある。そして実際、南朝は、光厳・光明・崇光の三上皇を河内東条へと移送した三月三日、光厳院の弟梶井宮尊胤《そんいん》法親王をも河内東条へと連行し（『園太暦』三月四日条）、四月に入る頃には、光厳院の第二皇子で崇光院の弟に当たる「三宮」なる皇族が、まだ京都にいたことに気づき、これをも捕らえようとしている（同四月二日条）。

しかし、結局南朝は「三宮」を確保することができなかった。そして実はこの失敗こそ、親房のシナリオを未完に終わらせる痛恨の失策へと結びついていくわけだが、ここではそのことを論ずる前に、この時期、明らかに劣勢に立たされていた親房が、まるで明日にでも上洛を果たすかのような書状を、京都の公家に送っていたという事実に注目しておきたい。

彼の敷地の事、左右なく□□恐れ憚り少なからざるの處、許容の貴報に□し、抃悦の至り、謝す所を知らず。若し本望を達し候はば、早く棟宇を構へ、須らく高門に擬すべし。更に私慾の自専を存ずるに非ず。将に乃祖の遺徳を聿修すべき者なり。殊に芳吻を加へ、伝達申さるべく候。恐々敬白。

四月廿五日　　覚空

國學院大學図書館所蔵「久我家文書」として伝わる本書状（口絵参照）は、親房の自筆に相違ないことが、村田正志によって明らかにされており（「北畠親房自筆書状について」『国史学』七号）、その内容としては、邸宅の敷地に関する希望が許可されたことを謝し、もし本望が達せられたならば、早速そこに邸宅を建築したいこと、これは私欲によるものではなく、祖先の遺徳を顕彰するためであることを述べている。宛先は記されていないが、「久我家文書」として伝わることから、久我家宛と考えて大過なく、第一章で詳述したとおり、久我家が北畠家と同じ村上源氏中院流であることから、時の久我家当主である長通に対し、親房自ら洛中の敷地について依頼し、これを許可されたものであろう。

「若し本望を達し候はば」

問題は本文書の年代推定である。本文書には年記が記されていないが、かつて村田正志はこれを「恐らくは正平七年のものか」と推定され、

> 若しこの文書を正平七年のものと仮定せば、四月末日に及んで親房はなお天下一統の実現を確信してゐたらしく、文中「若達本望候者、早構棟宇須擬高門、更非存私慾之自専」と云ってゐる。即ち一統の暁、住居すべき敷地を久我長通より譲り受け、国家経綸の本望の実現を期してゐたのではあるまいか。

と評価された。それに対して、刊本『久我家文書』の編纂委員長に当たられた小川信は、同書の編纂に際し、

親房の逝去した正平九年四月十七日以前に南朝方が京都を一時回復した時期は、正平七年閏二月・三月と正平八年六・七月の二回である。とくに七年の場合南朝方は京都撤退後も五月まで男山の行宮を守り、あたかも四月二十五日には幕府軍の総攻撃を一旦退けている。この点から一応（正平七年カ）とした。しかし前年の同六年四月には、南朝と足利直義との和平交渉が継続中で、五月に入ってその和談が決裂するので、正平六年に比定する方がより適切であったと思われる。

として、これを正平六年のものと推定しておられる（「『久我家文書』（全4巻）の編纂・刊行について」『院友会報』二二八号）。そして私もこれまで、この小川説に従い、本文書を正平六年のものと考えてきた（皇學館大学講演叢書『北畠親房』など）。たしかに「若し本望を達し候はば」といった前向きな姿勢は、京都撤退後の正平七年四月より、直義との和平交渉が継続中であった正平六年四月の方がふさわしいように思える。しかし、今改めて親房の生涯を辿りつつ、この文書に接する時、正平六年四月の時点で、親房が久我長通に対し、邸宅敷地の依頼をしていたとは考え難い。

前章で詳述したとおり、正平六年四月段階の親房はまだ賀名生におり、楠木氏の代官を使者として直義との間で和平への道を探っている段階にあった。この際の往復書簡を収めたと思しき「吉野御事書案」を見る限り、この時期の親房は、少しも京都の回復を急がず、原則論を貫いて直義との交渉に臨んでいたではないか。そのような親房が、その一方で、いかに一門とはいえ、北朝方に属する久我長通に対し、洛中敷地の依頼を行なっていたとは、到底考えられまい。

やはり本文書は、かつて村田正志が推定されたとおり、正平七年四月のものであった。つまり親房は、三月初旬、足利義詮の軍勢によって京都を奪い返された後も、京都を再び回復するという「本望」を決して捨ててはいなかったのである。

後光厳天皇の即位

しかし戦況は好転しない。五月に入るとついに南朝軍の敗北は決定的となり、後村上天皇も八幡の陣を捨て、河内東条に向けて退去した（『園太暦』五月十一日～十三日条）。さらに、六月に入るとその東条の陣も危うくなり、南朝軍は光厳・光明・崇光の三上皇を、東条から賀名生へと移送している（同六月二日～五日条）。

後光厳天皇
「天子摂関御影　天子巻」（宮内庁三の丸尚蔵館蔵）

状況は明らかに南朝方にとって劣勢であった。しかし親房は悲観していなかった。なぜなら、三種の神器とすべての上皇はこちら側にある。そうである以上、再び北朝が復活することだけはあり得まい。朝廷を仰がない幕府は必ず滅亡する。彼はそう確信していたからである。

確かに彼の予測は半分的中していた。足利義詮がいかに強大な軍事力を以て京都を回復しようと、朝廷が機能しない限り、幕府は何一つ政務を執行することができなかったからである。義詮は、様々なルートを使って三上皇の帰京を画策したが、南朝方が三上皇を手放すはずがない。そこで義詮は、親房が予想もしていなかった作戦に打って出た。すなわち同年八月十七日、京都に唯一残っていた皇族である光厳院の第二皇子「三宮」(弥仁王)を、光厳院の母、つまり弥仁王にとって祖母に当たる広義門院(西園寺寧子)の院宣によって践祚させてしまったのである。弥仁王は時に十五歳、後に後光厳天皇と呼ばれる新帝の誕生である(今谷明『象徴天皇の発見』)。

思えば前述したとおり同年四月、南朝軍はこの「三宮」なる皇族の確保を試みていた。つまり南朝方もまた、すべての皇族を吉野に連行しない限り、北朝が復活する可能性を予測していたことになる。しかし三種の神器もなく、「治天の君」もいない京都で、どうして新帝が践祚できるものか。

女院の院宣だと? そのようなことが認められるはずがないではないか!

親房はそう叫んだに違いない(本郷和人『天皇はなぜ生き残ったか』)。翌正平八年(文和二年、一三五三)六月、南朝軍が再び、一時的に京都を回復した際、南朝は北朝方の公家衆に対し、「去年偽朝践祚の時、出仕の人々」の名簿を提出するよう求めている(『園太暦』同年六月二十七日条)。これは、「偽朝践祚」に関わった公家衆を徹底的に糾弾しようとする意志の表れに他ならない。南朝が、北朝のことを「偽朝」と称するようになるのは、実はこの後光厳天皇以後に限られる。南朝は、そして北畠親房は、決して北朝の復活を認めようとはしなかった。

しかし、北朝は確かに復活してしまった。さすがに北朝方の公家衆も、広義門院（西園寺寧子）を「治天の君」の代わり（後鳥羽天皇即位に際しての後白河法皇の役割）としてしまったことに、幾分かの後ろめたさもあったのであろう。当時の日記は、あえて後鳥羽天皇の先例には触れず、「本朝継体天皇の往蠋を逐ひ、西漢孝文皇帝の古事を温ね、行はるる所也」とのみ記している（『園太暦』文和元年八月十七日条）。

「記紀」の伝える「継体天皇の往蠋」を先例とするのは、わが国の古今を通じ、皇位継承の危機に際して持ち出される常套句であるが、実際のところ、幕府にとって先例などどうでもよかった。「どうでもよい」先例で、北朝は復活し得たのである。京都における朝廷の権威は完全に失墜した。と同時に、親房にとって最後の作戦も、その終焉の時を迎えたことになる。親房が吉野で最期を迎えたのは、それから間もなくのことであった。

親房の没年

およそ「歴史上の人物」と言われる人々の中に、生年月日のわからない人物は数多いが、逆に没年月日のわからない人物はほとんどいない。これは、伝統的に誕生日より忌日の方が重視されてきた結果でもあり、また「生まれながらの英雄」がいない以上、「英雄の誕生」より「英雄の最期」の方が記録に残りやすいという、余りにも当然の結果でもあろう。しかるに、本書の主人公である北畠親房の場合、永仁元年（一二九三）正月の生まれであることが明白であるにも関わらず、いつ亡くなったかという、一番肝心なことを確定することができない。

すなわち親房の没年をめぐっては、大きく正平九年（一三五四）とするものと、正平十四年（一三五

正平九年四月十七日とするもの	「常楽記」「大日本史」「伊勢国司記略」など
正平九年九月十五日とするもの	「北畠准后伝」「南朝編年録」など
正平十四年三月上旬とするもの	「細々要記」「桜雲記」など
正平十四年夏とするもの	「北畠親房卿御伝記」「諸家伝」など

とするものがあり、忌日まで入れると、正平九年四月十七日・同年九月十五日・正平十四年三月上旬・同年夏の四種類に分かれてしまう。

これら諸説の長短については、既に久保田収の詳細な検討があり（『北畠父子と足利兄弟』）、「鎌倉時代末期から室町時代にかけて書きつがれた過去帳」である「常楽記」が、「当時の記録」であって「後代の編纂物」でないことから、これを最も「信頼してよいであろう」として、正平九年四月十七日が最有力とされている。

とすると親房は、正平七・八年の京都回復に失敗してからまもなく、失意のままにその生涯を終えたということになる。いずれにせよ、北畠親房ほどの人物が、その没年月日すら確定できないという、その一事のみを以てしても、私たちは、彼の晩年が、いかに苦難に満ちたものであったかを窺い知ることができよう。

親房の墓

それでは親房の亡骸は、いったい南山のどこに葬られたのであろうか。前述したとおり、久保田収が最も信頼できるとされた「常楽記」（『群書類従』所収）によると、「四月十七日、北畠入道一品准后覚空、紀州賀名生に於て円寂」とあり、親房は賀名生（ただし賀名生は紀州ではなく大和国）で亡くなったとされている。実際、賀名生の皇居跡の近くには、親房の墓と称する墳丘が残されているが（口絵四頁上参照）、その上に立つ五輪塔は、文中二年（一三七三）の銘文を持つ法華供養塔であり、親房の墓ではない（大西源一『北畠氏の研究』）。

しかるに、親房の伝記として「正に古伝を存して誤らない」（平泉澄編『北畠親房公の研究』）と評価された「北畠准后伝」（神宮文庫所蔵写本、原本は伝田中勘兵衛所蔵）を見ると、

中院一品准后親房公、和州宇陀郡福西灌頂寺阿弥陀院に閉居、九月十五日薨ず、春秋六十二歳

とあり、親房は大和国宇陀郡福西で亡くなったとされている。そして実際、奈良県宇陀市榛原《はいばら》区福西にある灌頂院阿弥陀寺跡の裏山や、奈良県宇陀市にある室生寺境内にも、親房の墓と称するものが残されており、その真相は判然としない（『北畠親房公終焉の地・大和宇陀福西と灌頂寺』）。

ただし、前述してきたとおり親房は、正平七年から八年にかけて、幾度となく南朝軍を率いて京都を脅かし続けていた。とすると、それから間もない正平九年段階において、彼が宇陀郡福西に「閑居」していたとは考えづらい。なお、一説によると正平八年六月、親房の娘である後村上天皇の女御が、中院具忠と密通のうえ逐電し、そのことをめぐって親房が鬱憤し、種々の企みをしたと伝えられていること（『園太暦』同月四日条）。さらには奈良県榛原町に、親房の娘で後村上天皇の中宮となった

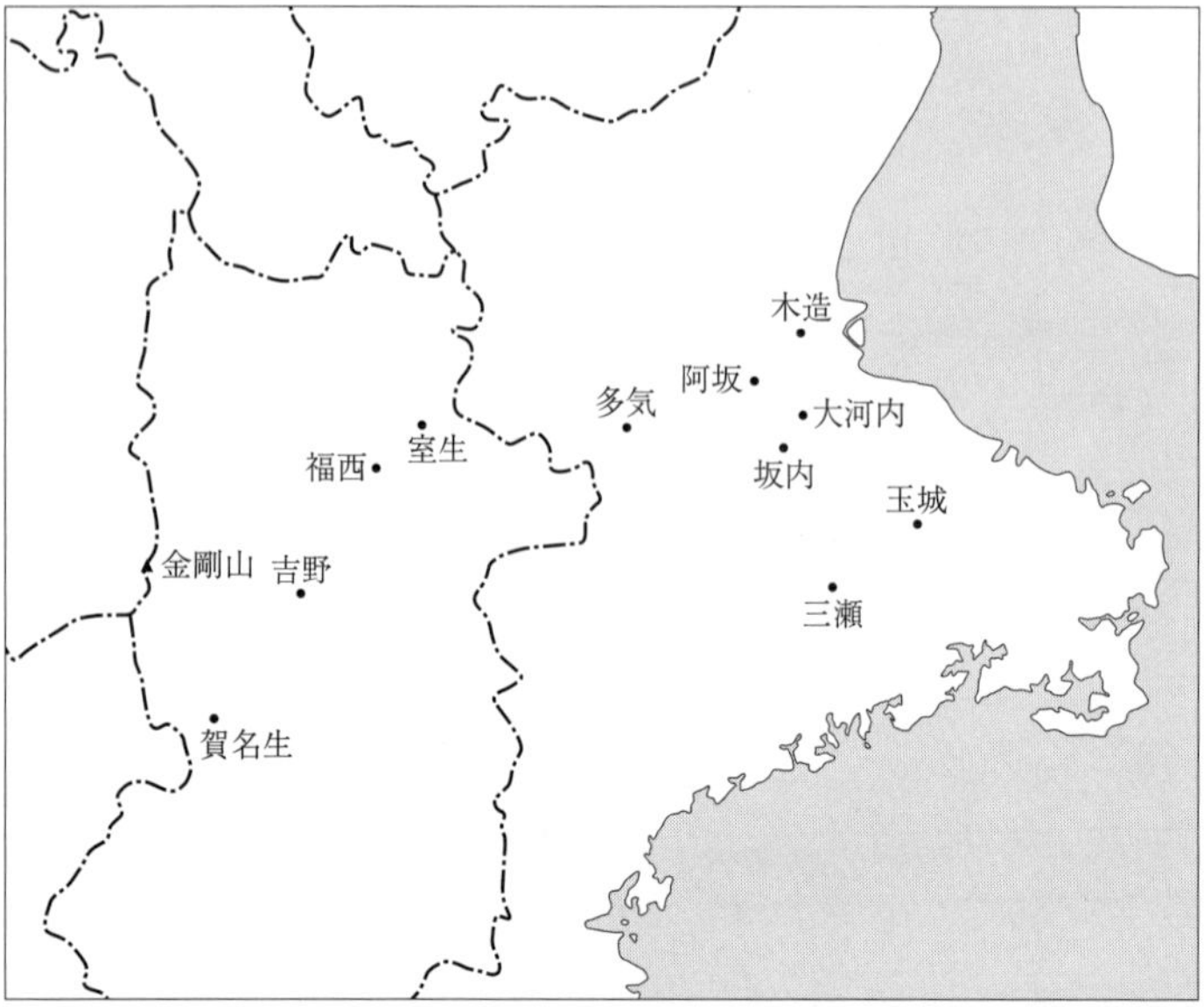

南朝・北畠関係地図

新陽明門院源顕子《けんし》の笠間山陵が残されていることなどから、親房が、その晩年において後村上天皇と対立し、娘顕子とともに宇陀郡に「閉居」していたとする説も存在する（永峯清成『北畠親房』など）。

しかし、この『園太暦』の記事は、既に前年五月の八幡合戦で討ち死にしている中院具忠（同五月十三日条）を密通相手とするなど、辻褄が合わない。公賢自身、この記事を「虚実未だ弁ぜざると雖も、以ての外の事か、京都潤色の由沙汰也」と弁明しており、恐らくは、かつて林屋辰三郎が、「まさに南北より夾撃され戦場化せんとする京都の人々のはかない希望が、いっそうまことらしく、こうした巷説を流伝せしめたことであろう」と述べたとおり（『内乱のなかの貴族』）、流言飛語にも等しい誤情報であったに違いない。

親房は、やはり最後の最後まで後村上天皇のそばを離れず、賀名生で亡くなった。私はそう考えたい。それでは、宇陀郡福西で亡くなったとする「北畠准后伝」の記事は、全くとるに足らない伝説ということになるのであろうか。

これまたそうではあるまい。そもそも大和国宇陀郡は、親房の子孫たち、すなわち伊勢国司北畠氏が、伊勢の国境を超えてその勢力を誇った地域であった（西山克「戦国大名北畠氏の権力構造」『史林』六二巻二号）。とすると、伊勢国を本拠とする北畠一族にとって、その勢力範囲の最西端ともいうべき大和国宇陀郡は、賀名生で亡くなった始祖親房を追慕し、遙拝するための最善の土地ではないか。しかも、「北畠准后伝」という伝記が、室町時代、伊勢国司北畠氏に襲蔵された文書・記録などを中心として編纂されたと考えられていること（『吉野時代東北勤皇史』）を考えあわせるならば、宇陀郡で亡くなったと伝える同書の記事は、宇陀郡という土地が、伊勢国司北畠氏にとって、始祖親房の菩提を弔う場所に他ならなかったことの反映と見なせよう。奈良県宇陀市榛原や室生寺に残る親房の墓は、そうした追悼施設として位置づけるべきではないか。私は今そう考えている。

2 親房の子孫たち

かくして親房の夢は、正平九年（一三五四）、彼の生涯とともにその終焉を迎えたかのように見えた。しかし伊勢の地には、彼の夢を引き継ぐその子孫たちがなお健在であった。

南北朝合一

延元三年（一三三八）九月、親房が次男顕能に伊勢を任せて東国へと下向して以来、顕能が伊勢国司として北朝の大軍を相手によく戦っていたこと。しかしながら興国三年（一三四二）八月、その顕能もまた高師秋《もろあき》の総攻撃を受けて多気に退去していたことを先に述べた。その後顕能は、親房が没すると伊勢国司の地位を嫡男顕泰《あきやす》に譲って吉野に入り、後村上・長慶両天皇の側近として活躍した（大西源一『北畠氏の研究』）。

大西源一によると、南北朝時代の末期、南朝内部には硬軟二派の対立があり、その軟派の代表が楠木正儀《まさのり》、硬派の代表が北畠顕能であったという。そもそも本書の随所で述べてきたとおり、足利に対して和睦の道を探ろうとする楠木と、決して和睦を認めようとしない北畠という構図は、実は楠木正成と北畠親房以来のものであった。しかるに弘和三年（一三八三）七月、その顕能が没すると（「南方紀伝」）、もはや足利との和睦に反対する者は、南朝内部にいなくなってしまった。そして元中九年（明徳三年、一三九二）、南北両朝は以下の三条件を以て、念願の講和＝南北朝合一を果たしたのである

(『南方紀伝』)。

(1)南朝の後亀山天皇が北朝の後小松天皇に譲位する形式を取り、三種の神器を渡すこと。

(2)皇位継承は今後、両朝交互とすること。

(3)皇室領荘園は北朝皇統(持明院統)、国衙領は南朝皇統(大覚寺統)のものとすること。

この三つの講和条件は、どれをとっても南朝方に有利な条件となっていた。特に第一条は、それまでの北朝が「偽朝」であったことを公式に認めたものに他ならず、大義名分はここに正されたことになる。それでは、軍事的には明らかに劣勢にあった南朝が、ここまで有利な条件で足利方と講和することができたのはなぜなのだろうか。

それは言うまでもなく「三種の神器」の存在である。元弘元年(一三三一)、光厳天皇践祚に際して使われた神器が「偽器」であったか否かはともかく、正平七年(一三五二)、後光厳天皇が践祚する際、三種の神器は(それまで南朝から「偽器」とされてきたものをも含めて)全て間違いなく南朝方の手にあった。北朝ではその後、後円融・後小松という二代の天皇が即位していたが、彼らの手元には「偽器」すらなく、明らかに正統性を欠いていた。北朝そして幕府にとって、南朝が保有する神器は、喉から手が出るほど欲しい宝器だったわけである。

そこで幕府は、軍事的には明らかに南朝勢力を圧倒していたにもかかわらず、南朝方の主張を大幅に受け入れざるを得なかった。伊勢国司として幕府に抵抗し続けていた北畠顕泰の所領が、この際、幕府からそのまま安堵されたのもそうした事情による（「南方紀伝」）。正平一統に際して、親房が確保した「三種の神器」という切り札は、四十年の年月を越えて、南朝と北畠氏に大きな遺産として引き継がれていたと言えよう。

北畠満雅の乱

しかし、先に掲げた三つの講和条件のうち、第一の条件に従って、いったん神器が後小松天皇に渡されてしまうと、まるで何事もなかったかのように第三の約束は無視され、第二の約束もまた、応永十九年（一四一二）八月、後小松天皇が皇子の称光天皇に譲位したことで、完全に反古とされてしまった。

かかる状況を誰よりも憤ったのが親房の曾孫、北畠満雅《みつまさ》である。満雅は約定違反を訴えて応永二十二年春、伊勢国一志郡阿坂城（現・松阪市）に挙兵。幕府の大軍を伊勢で迎え撃った。この際、幕府軍に包囲され、給水路を断たれた阿坂城の満雅軍が、櫓の前に馬を立て、柄杓で白米を汲んで馬を洗い、遠目には馬を洗うほどの水があるかのように見せて敵を欺いたこと。そしてこれ以降、阿坂城が白米城《はくまい》と呼ばれるようになったことが「南方紀伝」に伝えられている。しかし衆寡敵せず、同年八月、満雅は幕府から、今後は南北交互の即位とすることを約束され、遂に和睦に応じた。

しかるに正長元年（一四二八）七月、称光天皇が皇子なきまま没すると、幕府は再び北朝方の伏見宮家から後花園天皇を践祚せしめ、第二の条件は二度にわたって踏みにじられてしまった。ここに北畠満雅は同年八月、後亀山天皇の皇孫小倉宮を奉じて再び挙兵（『満済准后日記』）。幕府の大軍を相手によく戦ったが、同年末に戦死した（『同』永享元年十月二十八日条）。これを北畠満雅の乱と呼んでいる（松山宏『日本中世都市の研究』）。

この満雅の乱は、大覚寺統＝南朝の皇統のみを「正統」と考える親房の理想が、いわば最後の光芒を放った瞬間であった。二年後の永享二年（一四三〇）六月、満雅の弟である大河内《おかわち》顕雅《あきまさ》が、満雅の遺児教具《のりとも》を奉じて幕府に降参し、満雅の遺領である伊勢国一志・飯高の二郡が、教具に対して安堵されると（『満済准后日記』）、もはや伊勢国司北畠家は、かつての南朝重臣としての家ではなくなっていた。これ以降、北畠家は、室町幕府体制下の一大名家としての道を歩み始めていくことになる。

白米城跡（三重県松阪市大阿坂町）

幕府の下の北畠家

それでは、教具（顕雅後見）以降の北畠家が、かつての南朝重臣としての立場を放棄していたことのわかる実例を、以下に三つほど挙げておこう。

北畠家の再興が認められてから十年ほど経った嘉吉元年（一四四一）六月、播磨の守護大名赤松満祐《みつすけ》が将軍足利義教《よしのり》を暗殺して領国に逃げ帰るという事件が起きた。嘉吉の変である。同年九月、満祐は山名持豊《やまなもちとよ》らの攻撃を受けて自害するが、その際、満祐の嫡男教康《のりやす》は、北畠家を頼って伊勢に落ち延びている（『建内記』）。赤松家と北畠家の永年にわたる不思議な友好関係については、既に前章で詳述したが、この時期はさらに、大河内顕雅の娘が赤松教康に嫁いでおり、教康は妻の実家を頼ったことになる。しかも北畠と言えば親房以来、常に反幕の旗を掲げ続けてきた家ではないか。北畠は必ずや、将軍を殺した赤松を見捨てはすまい。教康はそう考えていたことであろう。しかし顕雅は、教康をかくまって幕府から敵視されることを望まなかった。教康は伊勢で自害（『師郷記』）。北畠家は、もはや昔の北畠家ではなかった。

さらにその二年後の嘉吉三年九月、南朝の遺臣が内裏に侵入して神器を奪い去るという事件が起きた。これを禁闕《きんけつ》の変という。幕府の攻撃によって首謀者の日野有光《ひのありみつ》らは討たれ、宝剣は取り戻されたが、神璽は吉野山中に持ち去られてしまった。この事件は、後南朝勢力最後の抵抗運動として夙に有名だが、当該期の北畠家は、この事件に一切関与していない（『後南朝史論集』）。そもそも親房の思想が、三種の神器、なかんずく神璽のあるところを「正統」とするものであったとすると、この嘉吉三年から、神璽が京都に戻る長禄元年（一四五七）まで、再び吉野山中には、正統な天皇が即位していたということになるはずではないか。にもかかわらず当該期の北畠家は、吉野山中に駆け付ける素振りすら見せていない。南朝皇胤の践祚という課題は、もはや当該期の北畠家にとって、目指すべき目標ではなくなっていたのである。

最後に文明二年（一四七〇）頃、伊勢国司北畠家が、幕府から伊勢の守護に補任されているという事実に注目したい。この事件については近年、慶應大学院生の大藪海によって、次のような興味深い指摘がなされている（「室町時代の「知行主」」『史学雑誌』一一六編一一号）。すなわち応仁の乱の最中、西軍内に後南朝皇胤を擁立する計画があり、これに対して細川勝元が、かつての南朝重臣北畠家を東軍に引き留めておくため、これを伊勢守護として優遇したというのである。この推測が当たっているとすると、親房から満雅へと至る歴代の北畠家が、南朝のために示した忠勤は、満雅の乱から四十年を閲した後も、幕府に対して隠然たる脅威を与え続けていたということになろう。まさに「死せる親房、生ける勝元を走らす」とでも言えようか。

しかし当該期の北畠家は、西軍に身を投じて後南朝擁立に与する道を選ばなかった。確かに親房の理想は、幕府に対する見えざる脅威として、その子孫北畠家に、伊勢国司・守護の併任という隆盛をもたらした。しかしそれは皮肉なことに、北畠家が親房の理想を捨てたことによって得られた隆盛に他ならなかったのである。

戦国期の北畠一族とその滅亡

北畠氏が伊勢守護に任ぜられてから十六年ほど経った文明十八年（一四八六）の暮れ、北畠一族が伊勢外宮の門前町である山田に放火するという事件が起こった。ことのきっかけは次のようなことである。今日、伊勢神宮の門前町は一般に「宇治山田」と呼ばれているが、本来、内宮の門前町である宇治と、外宮の門前町である山田は別の町であり、特に式年遷宮の途絶した戦国時代、この両者は参宮客の獲得をめぐって、時として激しく対立していた。そうした文明十八年、山田の人々が宇治との境界線に当たる岡本町に番屋を建て、内宮への参宮客を遮断するという事件が起こった。京都からの伊勢街道はもちろん、熊野からの熊野街道を通るにしても、内宮に行くためには、外宮門前の山田を通らざるを得なかったからである。これに対して宇治は、伊勢国司北畠氏に裁許を仰ぎ、北畠氏は山田に対して番屋の撤廃を命じた。しかし山田はこれを承引せず、中でも榎倉武則は宮川に近い浦口町に砦を築いて国司に抵抗した。そこで北畠氏は軍勢を率いて宮川を渡り、山田に火を放つに至った。武則は外宮社頭で切腹、外宮は全焼したという（「延徳以来内宮注進状」）。

この宇治山田合戦は、参宮客の獲得を巡って内宮と外宮の門前町が争った事例として夙に有名だが、伊勢国司北畠氏の歴史としてこれを見るとき、それは元来、一志・飯高の二郡のみをその拠点としてきた北畠氏が、神宮直轄の「神郡」であった度会・多気・飯高の三郡にまで、その勢力を拡大した事件として再評価することが許されよう。しかし、かつて何のゆかりもない北畠親房が伊勢に下向してきた時、彼を喜んで出迎え、数々の協力を惜しまなかったのは、他ならぬ外宮の神官、度会家行らであった。それから百年以上が経っていたとは言え、その恩義を忘れ、外宮門前の山田に放火した時点で、北畠家はかつての北畠家ではなくなっていたと言えるかもしれない。

そのような戦国時代の北畠家に、いよいよ最後の時がやってきた。永禄十二年（一五六九）八月、織田信長は七万余の軍勢を以て大河内城に籠る北畠具教《とものり》の軍を包囲し、同年十月、信長の次男茶筅丸《ちゃせんまる》（後の信雄《のぶかつ》）を具教の嫡男具房《ともふさ》の世嗣として和睦することに成功。その後、具教父子は大台の三瀬谷《みせだに》に隠棲していたが、天正四年（一五七六）十一月、信長の密命を帯びた北畠家臣の裏切りに遭い、暗殺されてしまった。具教は、塚原卜伝《つかはらぼくでん》から免許皆伝を受けた剣豪として知られていたが、信長方に内通した小姓によって刀の刃が抜き取られ、鞘と柄が結び付けられていたため、刀を抜くことができず、暗殺されてしまったという（「勢州軍記」）。

なお近年の研究では、その後の北畠家が、ほぼそのまま北畠（織田）信雄の権力基盤へと継承されていたことが明らかにされつつあり（藤田達生編『伊勢国司北畠氏の研究』）、厳密に言うと伊勢国司北畠家の滅亡は、織田（北畠）信雄が、小牧・長久手の戦いで秀吉に屈服させられ、南伊勢を没収された天正十二年（もしくは信雄が完全に改易されてしまう天正十八年）まで下るということになろう。

陸奥浪岡御所

ところで戦国時代には、遠く陸奥国にも、親房の子孫を名乗る人々が活躍し続けていた。すなわち、天文十五年（一五四六）の成立とされる「津軽郡中名字」（『青森県史』所収）なる史料の中に、次のような記述が見て取れる。

浪岡《なみおか》御所、本名中院源氏北畠殿、在京の時万里小路と言ふ。奥州国司顕家卿右大臣没後、閉伊・船越御所と言ふ。（中略）今、都遐流《つがる》三郡の大名は、鼻和郡三千八百町は大浦の屋形南部信州源盛信と申す也。平賀郡二千八百町は大光寺南部遠州源政行と申す也。田舎郡二千八百町・奥法郡二千余町・沼深保内一千貫は浪岡御所源具永卿也。

つまり天文十五年当時、陸奥国津軽郡（現在の青森県）には、「奥州国司顕家卿」の末裔で、「中院源氏北畠殿」と称する源具永《ともなが》なる武将が、「浪岡御所」として、五千町近くの所領を領有していたというのである。この源具永なる人物については、山科言継《やましなときつぐ》の日記である『言継卿記』や、その言継がまとめた公家昇進の記録『歴名土代』にもその名が見えており、実在の人物であったことが間違いない。そして何より青森市浪岡町には、十五世紀後半から十六世紀後半にかけての遺構を持つ浪岡城跡が現存しており（『浪岡城――中世城館の復元』）、戦国期浪岡の地に、「浪岡御所」が栄えていたことは、動かしがたい事実と言える（八一頁地図参照）。

ただし、「浪岡北畠家系図略」などによると、源具永は北畠顕家の遺児顕成《あきしげ》の五代孫とされているが、そもそも弱冠十六歳で陸奥に下向して以来、打ち続く戦塵の中、東奔西走の日々を余儀なくされ、最終的には大阪の石津で僅か二十一年の生涯を終えた顕家が、本当に陸奥国で顕成という嫡子をなしていたか否かは、実は判然としない。ましてや顕家が拠点としていた多賀城や霊山から、北に数百キロ以上も離れた浪岡の源具永と、顕家とを結ぶ糸は限りなく細い。

しかし、今はその系譜の真偽を論ずることよりも、むしろ、親房の死から二百年近く経った十五世紀半ば、本州最北の地津軽において、未だに「陸奥国司北畠」の末裔を自称することが、当該地を支配する正統性の根拠となり得ていたという事実に注目したい。親房の遺産は、まぎれもなく伊勢と陸奥の地に、脈々と引き継がれていたのである。

3　その後の『神皇正統記』

もとより、親房最大の遺産といって、おそらく誰もが思い浮かべるもの、それは「伊勢国司」や「浪岡御所」ではなく、その渾身作『神皇正統記』に他なるまい。

「続神皇正統記」

実際、伊勢国司北畠家は天正四年（一五七六）、織田信長によって、浪岡御所北畠家はその二年後の天正六年、津軽為信《ためのぶ》によって滅ぼされ、いずれも中世の終焉とともに歴史の表舞台から姿を消した。しかし『神皇正統記』は、不朽の名作として人々の間に読み継がれ、江戸時代はもとより近現代に至るまで、日本人の歴史意識に多大な影響を与え続けたのである。そこで最後に、その後の『神皇正統記』について瞥見し、以て本書を閉じることにしよう。

『神皇正統記』の「正統」が、単に南朝の正統性を示すものではなく、「神武天皇から後村上天皇に至る九十六代の天皇の中で、父子継体の一系の天皇を意味」しており（平田俊春『南朝史論考』）、『神皇正統記』は、後村上天皇自身が「己が欲を捨て、人を利するを先として」「正道」を積み重ねていかなければ、南朝もまたその正統の地位を失う懼れがあることを説いた教訓の書であったことを、既に第四章で詳述した。

親房の理想が「父子一系」である以上、いかに「三種の神器」が受け渡されたとしても、北朝の血を引く後小松天皇や称光天皇は正統であるはずがない。親房の理想を引き継ぐ満雅が、後亀山天皇の皇孫小倉宮を奉じて挙兵したのは、南朝を正統と考える以上、当然の行動であった。しかし満雅の乱が鎮圧されて以降、北朝の血を引く皇統のみが皇位を継承することに対し、これを公然と批判する者はいなくなっていく。

ここに、神武天皇から当代の天皇へと至る「父子一系」を正統と考えた親房の理想は、亡き親房の真意を越えて、奇妙な展開を見せる。戦国初期の文明年間（一四六九〜八七）、壬生官務家の小槻晴富《おづきはるとみ》が、『神皇正統記』を書き継ぐという形式を採って、北朝を正統とする「続神皇正統記」を著したのである。その評判は後世甚だ悪く、例えば近世前期の国学者天野信景は、「弁続神皇正統記」を著して同書を批判し、宝永五年（一七〇八）には、南朝を正統とした上で、神器授受後の後小松天皇以降を正統とする「改正続神皇正統記」を著している（両書は「続神皇正統記考」と題して『改訂史籍集覧』に所収）。

しかし、『神皇正統記』の「正統」が「父子一系」を意味していた以上、一方で南朝を正統としながら、その一方で、北朝の血を引く後小松天皇を正統と考える天野のような発想は、本来あり得ない。南朝を正統と考える以上、北畠満雅の如く、その「父子一系」の末裔である後南朝皇子の即位を訴え続けるべきであり、逆に室町以降の皇統を正統と考えるならば、小槻晴富の如く、その「父子一系」の祖先である北朝を正統とするより他ない。小槻の「続神皇正統記」は、天野ら後世の批判に反して（また亡き親房の真意を越えて）、確かに「親房の理想」を引き継ぐものであった。そしてまたその認識は、中世後期における公家社会の歴史観を、正確に反映したものでもあったのである。

『大日本史』の真意

しかるに天正元年（一五七三）、かつて北朝を擁立した足利の幕府が滅亡し、次いで慶長八年（一六〇三）、南朝の重臣新田源氏の末裔を称する徳川が江戸に幕府を開くと（岡野『家康はなぜ江戸を選んだか』）、南北朝に対する評価にも大きな変化が訪れた。その最たるものが明暦三年（一六五七）、水戸の徳川光圀《みつくに》によって始められた『大日本史』の編修である。

『大日本史』が、いわゆる三大特筆の一つとして、南朝を正統としたことはよく知られているが、それが時の朝廷に対する、極めて挑戦的な「危険思想」であったことは、余り知られていない。例えば、光圀の片腕として知られる安積澹泊《あさかたんぱく》の書簡によると、澹泊がはじめて史館に入った時、光厳天皇から後円融天皇に至る北朝五主の伝記は、列伝に降されていた。これに対して澹泊は、たとえ北朝でも、今の天子の祖宗を列伝に入れるのは穏やかでないと建言し、これを後小松天皇紀の首に帯書したという（鳥巣通明「大日本史と崎門史学の関係」）。

『大日本史』が採用した紀伝体という形式は、皇帝在位中の年代記である「本紀」と、臣下の伝記である「列伝」から構成されていた。つまり光圀が立てた当初の構想は、時の天皇を「臣下」の子孫と見なしていたことになる。安積はこの点を懸念し、北朝五主の伝記を後小松天皇紀の冒頭に移した。しかし、それにもかかわらず南朝を正統とする『大日本史』の見解は、「時勢に不可なるところあり」、あるいは「当世のために忌むべきものあり」などとして（藤田幽谷「校正局諸学士に与ふるの書」）、永らく朝廷への献上が実現せず、『大日本史』の書名についても、その勅許を得ることができなかった（日本思想体系『水戸学』）。

それでは光圀は、なぜこのような危険を冒してまで、南朝を正統としたのであろうか。この点について、極めて明解な見通しを示されたのが、近世思想史の大家尾藤正英である。尾藤は、後に藤田幽谷《ふじたゆうこく》が「易姓革命のないわが国では、史書に国号を冠するのがそもそも誤りである」として、『大日本史』という書名を批判していることに注目され、『大日本史』が、

(1)紀伝体という中国のオーソドックスな史書の体裁に準拠しようとした点
(2)神武天皇から南朝の滅亡までの期間を対象として立てられていたこと

などから、

当初の計画では、南朝を正統の王朝とみなすとともに、その滅亡によって、一つの王朝の歴史が完結したと考えられていたのであろう。

という括目すべき見解を示された（「水戸学の特質」）。すなわち『大日本史』とは、後漢の班固・班昭らが、前漢の歴史を『漢書』という紀伝体の史書として編修したのに倣い、武家政権（いわば「後日本」）の正統なる継承者である徳川家が、「神武天皇に始まって南朝へと継続した王朝の、建国から滅亡にいたる歴史」（これこそ『大日本史』）を編修しようとしたものであり、そう考えたとき、

室町時代以降の北朝は、武家政権に擁立された新王朝であって、前の王朝の正統なる後継者とはみなされない。それが南朝正統論の本来の意味であった。

というのである。

栗山潜鋒の神器正統論

南北朝時代を画期として、武家政権が朝廷に取って代わったとする一種の「王朝交替史観」は、山鹿素行《やまがそこう》の『武家事紀』や、新井白石の『読史余論』などにも見出されるものであり、近世前期の儒学者の間では、むしろ常識的な見方であったとすら言える。しかし、言うまでもなくそうした歴史観は、京都の朝廷には決して受け入れられるものではなかった。近世の朝廷は、あくまでも神武天皇以来、自らが正統な王朝を継承してきたと自覚しており、そう考える以上、北朝を正統とするより他なかったのである。寛政十年（一七九八）の柳原紀光『続史愚抄』へと結実する歴史認識は、その典型例と言える。

ここに、現皇統の正統性を主張する公家社会の認識と、南朝を正統と考える武家政権の歴史観とをつなぐ、新たな哲学が求められることになった。この難問に対し、「三器を擁するを以て正と為すべし」（『保建大記』）とする神器正統論により、南朝と現皇統の双方を正統とすることに成功したのが、貞享元年（一六八四）から元禄二年（一六八九）まで後西天皇の皇子尚仁《なおひと》親王に仕え、元禄六年以降、水戸彰考館に招かれたことで、公家・武家双方の歴史観に通暁することができた栗山潜鋒《くりやませんぽう》、その人である（松本丘『尚仁親王と栗山潜鋒』）。

潜鋒の神器正統論は、その後、文化七年（一八一〇）に『大日本史』が朝廷に献納されるに際して水戸藩の公式見解とされ、ひいては明治四十四年（一九一一）、北朝の末裔である明治天皇が南朝を正統とされたことで、明治政府の公式見解とされて今日に至っているため、一見きわめて平凡な説のように見て取れる。しかしその説は、当初、「正統は義にありて器にあらず」（三宅観瀾《かんらん》「中興鑑言」）であるとか、あるいは「若し然らば、則ち仮に盗賊をして神璽・宝剣・内侍鏡を持たしめんか、盗賊もまた皇統と為すなり」（頼山陽「保建大記を読む」）などと酷評され、むしろ奇想天外な説と見なされていた。

実際、三種の神器を単なる「器」（モノ）と考えるならば、これを盗んだ者でも「皇統」たり得るのかという、頼山陽のごとき批判があり得よう。しかし、潜鋒らの学説において、神器は不思議の霊力をそなえた神物であり、おのずから義の正しい所に帰するものと考えられていた。これは既に鳥巣通明が指摘しているとおり、「神道に造詣のふかい人々にしてはじめて可能」な神秘主義的発想であり（「大日本史と崎門史学の関係」）、垂加神道の蘊奥を極めた栗山潜鋒ならではの神学説であったと言える。

『神皇正統記』と明治維新

ことほどさように神器正統論は、十七世紀の後半、崎門《きもん》（山崎闇斎《やまざきあんさい》学派）の鬼才栗山潜鋒によって初めて唱えられた学説であり、北畠親房によって唱えられたものではない。もとより親房が、三種の神器を重視していたことは事実であり、そうした親房の思想が、潜鋒らの神器論に多大な影響を与えていたことも疑いない。

そして確かに、潜鋒をはじめとする水戸学派の人々は、親房の思想を敬仰して已まなかった。それは、既に名越時正が指摘しているとおり（「北畠親房公と水戸学の道統」『北畠親房公の研究』所収）、親房が、「同じ常陸国に於いて大敵包囲の中に死を決しつつ」神皇正統記を書き記した、地元の先哲であったことも関係していよう。その意味において親房は、彼にとって仮の寓居の一つに過ぎなかった常陸の地にも、「思想」という確かな足跡を残していたことになる。

しかし、既に本書を通じて再三述べてきたとおり、親房の「正統」論は、あくまでも「父子一系」を重視したものであり、決して三種の神器を絶対視したものではなかった。恐らく親房にとって、自らの思想が後世、北朝の末裔に正統性を与えることになろうなどとは、思いも寄らないことであったに違いない。

しかるに時代は、いわゆる後期水戸学の「尊王攘夷論」を中心として進んでいく。そうした中で『大日本史』の南朝正統論は、討幕運動の理論的推進力となり、親房の『神皇正統記』は、明治維新の精神的支柱となった。かくして北畠親房は、楠木正成・新田義貞を左右に従えた「建武元勲」の筆頭に数えられ（xv頁、口絵解説参照）、「大日本は神国なり」というその高らかなスローガンは、大日本帝国のいわば「建国の精神」へと昇華していった。

その結果、再び思いも寄らないことが起きた。明治三十八年（一九〇五）六月、日露戦争勝利の直後、井上哲次郎・有馬祐政の共編で刊行された『武士道叢書』中巻に、「神皇正統記抄録」が収載されたのである。編者は、親房を「忠節義気あり、最も尊皇報国の精神に富めり」と評し、以て『神皇正統記』を武士道の書としている。しかし、「武士たる輩、言へば数代の朝敵なり」と断じた親房が、果たして自らを武士道の鏡とされることを望んだであろうか。

さらに、太平洋戦争が始まって半年ほど経った昭和十七年（一九四二）五月、井上哲次郎監修のもと、佐伯有義《ありよし》らの責任編輯で『武士道全書』全十二巻が刊行され始めると、『神皇正統記』は、その第一巻に収載された。軍事色が濃くなる中、もはや『神皇正統記』は戦意高揚・武士道称揚に不可欠のバイブルと化していったのである。それが果して親房の真意に沿うものであったのか、今となってはそれを知る術もない。

戦後、一転して北畠親房は、「保守反動」の象徴的人物と見なされ、不当に低く評価されてきた。しかし、親房を批判してきた人々はもちろん、彼をむやみに称揚してきた人々も、まずは、近世・近代を通じて彼に付与されてきた様々な虚像を取り去り、中世を生きた一人の公家として、その実像を見直すべき時が来たと私は思う。そのための準備は今、十分に整ったのだから。

参考文献

＊図書館等で参看しやすいように、ここでは主として単行本のみを掲げ、雑誌論文等は文中に示した。なお発行年は西暦に統一した。

全体にわたるもの

〔史料〕

『北畠親房文書輯考』横井金男著、大日本百科全書刊行会、一九四二年
刊行後六十年以上を経た今日でもその価値を失わない親房文書の集大成。
『白河市史』第五巻　資料編2古代・中世、白河市、一九九一年
常陸転戦時代を中心に親房文書を網羅。豊富な文書写真の掲載が貴重である。
『神皇正統記・増鏡（日本古典文学大系）』岩波書店、一九六五年
『太平記（日本古典文学大系）』一〜三、岩波書店、一九六〇〜六二年
『保暦間記（重要古典籍叢刊2）』和泉書院、一九九九年

〔著書〕

中村直勝『北畠親房』星野書店、一九三二年
戦前における親房伝の決定版。戦時下の一九四三年には『北畠親房公景伝』と改題された。

大西源一『北畠氏の研究』鹿東文庫、一九六〇年
伊勢国司北畠氏研究の基本図書。一九八二年、松阪郷土史料刊行会から復刊された。
佐藤進一『南北朝の動乱』中央公論社、一九六五年
中公文庫「日本の歴史」としてベストセラーとなる戦後初の南北朝期の本格的通史。
我妻建治『神皇正統記論考』吉川弘文館、一九八一年
伊藤喜良『東国の南北朝動乱──北畠親房と国人』吉川弘文館、二〇〇一年
岡野友彦『北畠親房』皇學館大学講演叢書、一九九五年
加地宏江『伊勢北畠一族』新人物往来社、一九九四年
久保田収『北畠父子と足利兄弟』皇學館大学出版部、一九七七年
下川玲子『北畠親房の儒学』ぺりかん社、二〇〇一年
白山芳太郎『北畠親房の研究』ぺりかん社、一九九一年
中村孝也『北畠顕家卿』小学館、一九四三年
平泉澄編『北畠親房公の研究』日本学研究所、一九五四年
平田俊春『南朝史論考』錦正社、一九九四年
八代国治『北畠顕能公』北畠顕能公顕彰会、一九三三年
山本隆志『新田義貞』ミネルヴァ日本評伝選、二〇〇五年
吉井功兒『中世政治史残篇』トーキ、二〇〇〇年

第一章　京都での日々

阿蘇品保夫『阿蘇社と大宮司』一の宮町、一九九九年

岡野友彦『中世久我家と久我家領荘園』続群書類従完成会、二〇〇二年
岡野友彦『源氏と日本国王』講談社現代新書、二〇〇三年
岡野友彦「源師房」（古代の人物6『王朝の変容と武者』清文堂、二〇〇五年）
金井静香『中世公家領の研究』思文閣出版、一九九九年
小島鉦作『神社領知制の研究』吉川弘文館、一九九五年
角田文衛「村上源氏の土御門第」（『王朝の残映』東京堂出版、一九九二年）
森　茂暁『鎌倉時代の朝幕関係』思文閣出版、一九九一年
森　茂暁『南朝全史』講談社選書メチエ、二〇〇五年

第二章　陸奥への旅立ち

井上宗雄『中世歌壇史の研究　南北朝期』明治書院、一九六五年
岩佐美代子『京極派歌人の研究』笠間書院、一九七四年
入間田宣夫「陸奥府中ノート」（『日本中世政治社会の研究』続群書類従完成会、一九九一年）
入間田宣夫『北日本中世社会史論』吉川弘文館、二〇〇五年
岡野友彦「尊氏を高氏と表記すること」（皇學館大学史料編纂所報『史料』二一八号、二〇〇八年）
小川　信『中世都市「府中」の展開』思文閣出版、二〇〇一年
玉井幸助『中務内侍日記新注』大修館書店、一九六六年
森　茂暁『皇子たちの南北朝』中公新書、一九八八年
湯山　学『相模国の中世史』上、私家版、一九八八年

第三章　伊勢の神風

『建武の中興と神宮祠官の勤王』神宮祠官勤王顕彰会、東洋社、一九三五年
伊藤裕偉『中世伊勢湾岸の湊津と地域構造』岩田書院、二〇〇七年
岡野友彦『家康はなぜ江戸を選んだか』教育出版、一九九九年
岡野友彦『蒙古襲来と伊勢神宮』伊勢神宮崇敬会講演録8、二〇〇二年
岡野友彦「伊勢中世都市の歴史的位置づけ」(『都市をつなぐ』新人物往来社、二〇〇七年)
久米邦武『南北朝時代史』早稲田大学出版部、一九一六年
萩原龍夫『神々と村落』弘文堂、一九七八年
森　茂暁『闇の歴史後南朝——後醍醐流の抵抗と終焉』角川選書、一九九七年
綿貫友子『中世東国の太平洋海運』東京大学出版会、一九九八年

第四章　常陸での苦闘

『土浦史備考』第三巻　小田氏編、土浦市教育委員会、一九九四年
『日野市史史料集』高幡不動胎内文書編、日野市史編纂委員会、一九九三年
茨城県立歴史館編『中世東国の内海世界——霞ヶ浦・筑波山・利根川』高志書院、二〇〇七年
茨城県東町史編纂委員会編『東町史　通史編』二〇〇三年
河内祥輔『中世の天皇観』山川出版社、二〇〇三年
小路田泰直・広瀬和雄編著『王統譜』青木書店、二〇〇五年
高柳光寿『足利尊氏』春秋者、一九五五年
永原慶二編『慈円・北畠親房(日本の名著9)』中央公論社、一九七一年

松本新八郎「神皇正統記の童蒙」(『岩波日本古典文学大系付録月報』八七号、一九六五年)
村井章介編『中世東国武家文書の研究』高志書院、二〇〇八年
結城宗廣公事蹟顕彰会編『結城宗広』一九四一年

第五章　吉野からの反撃

『園太暦』巻三~四、続群書類従完成会、一九七一年
飯倉晴武『地獄を二度も見た天皇　光厳院』吉川弘文館、二〇〇二年
岡野友彦「赤松円心——北畠親房との友好関係」(『歴史読本』六六五号、一九九六年)
佐藤進一『日本中世史論集』岩波書店、一九九〇年
林屋辰三郎『内乱の中の貴族——南北朝と「園太暦」の世界』角川選書、一九九一年

第六章　ふたたび京都、そして吉野・伊勢…

今谷　明『象徴天皇の発見』文春新書、一九九九年
大島延次郎『吉野時代東北勤皇史』春秋社松柏館、一九四五年
後南朝史編纂会『後南朝史論集』新樹社、一九五六年
鳥巣通明「大日本史と崎門史学の関係」(『大日本史の研究』立花書房、一九五七年)
浪岡町歴史資料館『浪岡城——中世城館の復元』浪岡町中世の館、一九九〇年
尾藤正英「水戸学の特質」(日本思想体系五三『水戸学』岩波書店、一九七三年)
藤田達生編『伊勢国司北畠氏の研究』吉川弘文館、二〇〇四年
本郷和人『天皇はなぜ生き残ったか』新潮新書、二〇〇九年

松本　丘『尚仁親王と栗山潜鋒』勉誠出版、二〇〇四年
松山　宏『日本中世都市の研究』大学堂書店、一九七三年

あとがき

本書は、私にとって四冊目の単著となる。一冊目『家康はなぜ江戸を選んだか』で中世太平洋海運を、二冊目『中世久我家と久我家領荘園』で中世公家領荘園を、三冊目『源氏と日本国王』で源氏長者を研究し、三重県に住み、神道系の大学に勤めている私にとって、中世公家社会に生まれ、鎌倉末期に源氏長者を務め、南北朝初期に伊勢から東国へと船出した、伊勢国司北畠家の祖にして『神皇正統記』の著者である北畠親房を研究することは、決して避けて通ることのできない責務のようなものと考えてきた。しかるに平成十四年、当時皇學館大学大学院教授であった上横手雅敬先生のご推薦で、本評伝選の『北畠親房』を担当させて頂くことになってから、なんと八年近くの歳月が経ってしまった。その間、私はいったい何をやっていたのだろうか。

十八歳人口の減少により、大学経営はどこも厳しい。そのような中、私の勤務先も生き残りをかけて様々な課題に取り組んでいる。学生の評価を受けつつ「学力の保障」が求められる授業とその準備、毎週のように開かれる会議とその資料作り、そして何日も続く遠方への出張といった毎日の中、もう執筆を諦めようかと思ったことも一度や二度ではない。しかしその都度、私の心を奮い立たせてくれたのは、延元四年（一三三九）、足利の大軍に包囲された小田城内で、『神皇正統記』を書き上げた親房公の面影であった。いくら「大学冬の時代」と言っても、どこからも矢が飛んでくるわけではあるまい。敗色濃厚な戦場で、日本史学史上に残る不朽の名作を書き上げた親房公の労苦を思えば、研究書に囲まれた平和な環境で、何も書かない方がどうかしていると。

しかしそれでもなお、筆が進まなかった二つ目の事情がある。私は、東京の國學院大學で歴史学の手ほどきを受けた。私の恩師小川信先生は『足利一門守護発展史の研究』で日本学士院賞を受賞され、その恩師高柳光寿先生には名著『足利尊氏』がある。この先生方の学統に属することなくして、私の研究はありえなかったと思う。しかし私は今、伊勢の皇學館大学で教鞭を取っている。同僚の白山芳太郎先生には『北畠親房の研究』があり、その恩師久保田収先生には『北畠父子と足利兄弟』がある。実際、皇學館大学図書館に所蔵される久保田文庫を利用することなくして、本書の執筆はあり得なかったであろう。しかし、同じ神道系の大学で、史料主義・実証主義を標榜する学派に属しながら、たとえば「尊氏」と記すべきか、「高氏」と記すべきかといった初歩的な問題からして、なぜここまで違うのか。私は両学統の間で、常に揺れ動かざるを得なかった。そのような中、最後に私を思い切らせてくれたのは、泉下の親房公に恥じるところがなければそれでよいという思いのみである。

本書の本来の入稿予定日（平成十七年九月）を過ぎてから、私のゼミではほぼ毎年、北畠親房文書の講読を続けてきた。これは、横井金男先生の『北畠親房文書輯考』にも明らかなとおり、親房がきわめて多くの古文書を遺しているにも関わらず、従来の親房伝が、多く後世の伝記類に拠って書かれてきたことに省み、高柳光寿先生の名著『足利尊氏』に倣って、古文書だけで親房の伝記を叙述してみようと試みたからに他ならない。むろん、そのような無謀な試みは途中で挫折せざるを得なかったが、私が本書執筆に当たり、数ある近世の親房伝にあえて目を通さなかったのは、そうした事情による。私の個人的事情に付き合ってくれたゼミ生たちに感謝するとともに、親房公の「生の声」に耳を傾けようとした努力をご賢察いただければ幸いである。

明和九年（一七七二）の春、本居宣長は吉野・飛鳥周遊の帰路、北畠八幡宮（現在の北畠神社）に参詣し、祖先の「本居惣助」が北畠家臣であったことに想いを寄せている（「菅笠日記」）。宣長翁に倣うのもおこがましいが、実はかく言う私も、「多気侍屋敷名付」（『北畠氏の研究』所収）という史料の中に、「岡野因幡」という人名を見つけて以来、ひそかに彼をわが祖先ではないかと思っている。そうした意味で本書は、私にとってルーツ探しの旅でもあったわけだが…。そのことはまた別に機会があれば論ずることにしよう。

最後になりましたが、写真掲載を許可して下さった所蔵者、諸機関、それと締切を過ぎても、辛抱強く原稿を待ち続けて下さったミネルヴァ書房編集部の田引勝二氏、そしていつもながら「最初の読者にして批評家」の役を引き受けてくれた妻智子に対し、深甚の謝意を表します。

平成二十一年四月二十八日　美杉の北畠神社に参りて後、しるす

岡野友彦

北畠親房年譜

和暦	西暦	齢	関係事項	一般事項
永仁元	一二九三	1	正月北畠親房生まれる（以下親房）。6・24親房、従五位下に叙せらる。	
正安二	一三〇〇	8	閏7・14親房、兵部権大輔となる。	
嘉元元	一三〇三	11	この頃、親房、祖父師親の養子となり元服する。	
三	一三〇五	13	1・4親房、亀山法皇の御幸始に供奉する。	
徳治元	一三〇六	14	12・22親房、左少弁に任ぜらる。	
二	一三〇七	15	11・1親房、冷泉頼俊の右大弁任官に抗議して左少弁を辞す。	
延慶元	一三〇八	16	11・8親房、従三位に叙せらる。	8月後二条天皇没。花園天皇践祚。9月尊治親王（後醍醐天皇）皇太子となる。
三	一三一〇	18	3・9親房、正三位に叙せらる。12・11親房、参議に任ぜらる。	
応長元	一三一一	19	4・28親房、応長改元の儀に参仕する。12・21親房、	

			権中納言に任ぜらる。	
正和元	一三一二	20	8・10親房、従二位に叙せらる。	
四	一三一五	23	3月北畠師親没。4・17親房、祖父師親の喪に服し権中納言を止める。	
五	一三一六	24	1・5親房、正二位に叙せらる。	
文保二	一三一八	26	2・26後醍醐天皇践祚に際し親房、文書の文庫搬入に従事する。2・27親房、後醍醐天皇に清涼殿で拝謁する。12・10親房、権中納言に還任される。	2月後醍醐天皇践祚。
元応元	一三一九	27	4・28親房、元応改元の儀に参仕する。8・5親房、中納言に任ぜらる。	
二	一三二〇	28	10・21親房、淳和院別当となる。	
三	一三二一	29	2・23親房、元亨改元の儀に参仕する。	12月後宇多院政を廃止、後醍醐天皇の親政とする。
元亨三	一三二三	31	1・13親房、権大納言に任ぜらる。5月親房、奨学院別当となる。6・15親房、按察使を兼ねる。	
四	一三二四	32	4・27親房、大納言に任ぜらる。	6月後宇多法皇没。9月正中の変。
正中三	一三二六	34	4・26親房、嘉暦改元の儀に際し上卿となる。	3月皇太子邦良親王（後二条皇子）没。
嘉暦四	一三二九	37	8・29親房、元徳改元の儀に参仕する。	

元徳二	一三三〇	38	9・17世良親王没。親房、同日出家する。	
元弘元	一三三一	39	8月北畠具行、元弘の変に際し六波羅追討の宣旨発給に携わる。	8月元弘の変。9月量仁親王（光厳天皇）践祚
二	一三三二	40	6・19北畠具行、斬首される。	3月幕府、後醍醐天皇を隠岐に配流する。
三	一三三三	41	10・20親房、嫡男顕家とともに義良親王を奉じて陸奥へ下向。	5月鎌倉幕府滅亡。12月足利直義、成良親王を奉じて鎌倉へ下向。
建武元	一三三四	42	4月～11月親房・顕家父子、得宗被官残党曾我光高らを討伐する（津軽合戦）。	正月恒良親王立太子。10月護良親王逮捕され、翌月鎌倉に配流される。
二	一三三五	43	10月親房、上洛。12月北畠顕家、軍勢を率いて奥州を発す。	7月中先代の乱。10月足利尊氏、建武政権に反旗を翻す。
建武三 延元元	一三三六	44	正月親房、従一位に叙せらる。1・27北畠顕家、足利軍を破り入京。3月北畠顕家、再び陸奥へ下向。10月親房、伊勢へ下向する。	2月足利尊氏、九州へ敗走する。5・25湊川合戦、楠木正成戦死。足利尊氏入京。8月光明天皇践祚。12月後醍醐天皇、吉野に遷る（南北朝分立）。
延元二	一三三七	45	12・13北畠顕家、義良親王を奉じて再度上洛、鎌倉を攻略する。	

延元三 暦応元	一三三八	46	5・22北畠顕家、和泉国で戦死。9月親房、伊勢大湊より東国に向かうも難破し常陸に着く。11月親房、小田城に入る。	閏7・2新田義貞戦死。8・11足利尊氏、征夷大将軍となる。
延元四	一三三九	47	この秋、親房、「神皇正統記」を著す。	8・16後醍醐天皇没。後村上天皇践祚。
延元五	一三四〇	48	正月南朝、親房に関東八カ国の成敗を委任する。2月親房、「職原抄」を著す。	
興国二 暦応四	一三四一	49	5月南朝の近衛経忠吉野を出奔し、小山氏らを藤氏一揆に誘うとの風聞立つ。11・10親房、小田城を出て関城へ、春日顕時、大宝城へ移る。	
興国三 康永元	一三四二	50	5月律僧浄光、東国に下向し、南朝の「勅裁」錯乱する。8・19伊勢玉丸城、高師秋の攻撃により落城。	9・3土岐頼遠、光厳上皇の御幸に行き合い暴言を吐いて車を射る。
興国四 康永二	一三四三	51	7・3親房、足利直義・高師直不和の噂を結城親朝に伝える。8月結城親朝、足利方に転ずる。11月関・大宝両城落ち、親房吉野へ発つ。	
興国五	一三四四	52	この春、親房、吉野に到着し、南朝で准大臣となる。	
正平三 貞和四	一三四八	56	正月親房、後村上天皇を奉じ賀名生へ遷る。	正月四条畷合戦、楠木正行戦死。高師直、吉野の皇居を攻め落とす。10月崇光天皇践祚。

正平四 貞和五	一三四九	57		閏6月足利直義と高師直不和。12月足利直義出家。
正平五 観応元	一三五〇	58	12・13南朝（親房）、足利直義の降服を認める。	11・23足利直義、高師直討伐のため挙兵し、南朝に降服する（観応の擾乱）。
正平六 観応二	一三五一	59	5・19直義と南朝の講和交渉、親房の反対で決裂する。10・24南朝（親房）、足利尊氏の降服を認める。11・7南朝（親房）、北朝の天皇・皇太子・年号を廃止する（正平の一統）。同月親房、准三后となる。	2月足利直義、尊氏と講和。上杉能憲ら高師直を殺す。7月尊氏と直義の和睦決裂。8・25足利尊氏、南朝に降服する。
正平七 文和元	一三五二	60	閏2・24親房、南朝軍を率いて上洛する。3月親房、足利軍に追われ出京する。6月南朝（親房）、光厳・光明・崇光三上皇と皇太子を賀名生に連行する。	8・17後光厳天皇、祖母広義門院寧子の院宣で践祚。
正平八	一三五三	61	6月親房、娘（後村上天皇女御）の密通事件をめぐり鬱憤との風聞立つ。	6月楠木正儀らの南朝軍、京都に突入。7月足利義詮、京都を回復。
正平九	一三五四	62	4・17親房没す（他に9・15没とする説、正平十四年没とする説などあり）。	

人名索引

あ 行

か 行

さ　行

た　行

な　行

は　行

ま 行

や 行

ら・わ行

《著者紹介》
岡野友彦（おかの・ともひこ）
1961年　神奈川県生まれ。
1984年　國學院大學文学部卒業。
1989年　國學院大學大学院文学研究科博士課程後期修了。
現　在　皇學館大学文学部国史学科教授。
博士（歴史学）（國學院大學）。専攻は日本中世史。
著　書　『家康はなぜ江戸を選んだか』教育出版，1999年。
『中世久我家と久我家領荘園』続群書類従完成会，2002年。
『源氏と日本国王』講談社現代新書，2003年。
『院政とは何だったか――「権門体制論」を見直す』PHP 新書，2013年，
など。

ミネルヴァ日本評伝選
北《きた》畠《ばたけ》親《ちか》房《ふさ》
――大日本は神国なり――

2009年10月10日　初版第１刷発行　〈検印省略〉
2015年２月20日　初版第３刷発行

定価はカバーに
表示しています

著　者　岡野友彦
発行者　杉田啓三
印刷者　江戸宏介

発行所　株式会社　ミネルヴァ書房
607-8494 京都市山科区日ノ岡堤谷町１
電話（075）581-5191（代表）
振替口座 01020-0-8076番

共同印刷工業・新生製本

ISBN978-4-623-05564-7
Printed in Japan

刊行のことば

歴史を動かすものは人間であり、興趣に富んだ人間の動きを通じて、世の移り変わりを考えるのは、歴史に接する醍醐味である。

しかし過去の歴史学を顧みるとき、人間不在という批判さえ見られたように、歴史における人間のすがたが、必ずしも十分に描かれてきたとはいえない。二十一世紀を迎えた今、歴史の中の人物像を蘇生させようとの要請はいよいよ強く、またそのための条件もしだいに熟してきている。

この「ミネルヴァ日本評伝選」は、正確な史実に基づいて書かれるのはいうまでもないが、単に経歴の羅列にとどまらず、歴史を動かしてきたすぐれた個性をいきいきとよみがえらせたいと考える。そのためには、対象とした人物とじっくりと対話し、ときにはきびしく対決していくことも必要になるだろう。

今日の歴史学が直面している困難の一つに、研究の過度の細分化、瑣末化が挙げられる。それは緻密さを求めるが故に陥った弊害といえるが、その結果として、歴史の大きな見通しが失われ、歴史学を通しての社会への働きかけの途が閉ざされ、人々の歴史への関心を弱める危険性がある。今こそ歴史が何のためにあるのかという、基本的な課題に応える必要があろう。評伝という興味ある方法を通じて、解決の手がかりを見出せないだろうかというのも、この企画の一つのねらいである。

狭義の歴史学の研究者だけでなく、多くの分野ですぐれた業績をあげている著者たちを迎えて、従来見られなかった規模の大きな人物史の叢書として、「ミネルヴァ日本評伝選」の刊行を開始したい。

平成十五年（二〇〇三）九月

ミネルヴァ書房

ミネルヴァ日本評伝選

企画推薦
梅原　猛
ドナルド・キーン
佐伯彰一
角田文衞

監修委員
上横手雅敬
芳賀　徹

編集委員
石川九楊
伊藤之雄
猪木武徳
今谷　明
今橋映子
熊倉功夫
佐伯順子
坂本多加雄
武田佐知子
竹西寛子
西口順子
兵藤裕己
御厨　貴

上代

*俾弥呼　古田武彦
日本武尊　西宮秀紀
仁徳天皇　若井敏明
雄略天皇　吉村武彦
*蘇我氏四代　遠山美都男
推古天皇　義江明子
聖徳太子　仁藤敦史
斉明天皇　武田佐知子
小野妹子・毛人　大橋信弥
*額田王　梶川信行
弘文天皇　遠山美都男
天武天皇　新川登亀男
持統天皇　丸山裕美子
阿倍比羅夫　熊田亮介
*藤原四子　木本好信
柿本人麻呂　古橋信孝
*元明天皇・元正天皇　渡部育子
聖武天皇　本郷真紹
光明皇后　寺崎保広
*孝謙・称徳天皇　勝浦令子
藤原不比等　荒木敏夫
橘諸兄・奈良麻呂　遠山美都男
吉備真備　今津勝紀
*藤原仲麻呂　木本好信
道　鏡　吉川真司
*藤原種継　木本好信
大伴家持　和田　萃
*行　基　吉田靖雄

平安

*桓武天皇　井上満郎
嵯峨天皇　西別府元日
宇多天皇　古藤真平
醍醐天皇　石上英一
村上天皇　京樂真帆子
花山天皇　上島　享
*三条天皇　倉本一宏
藤原薬子　中野渡俊治
小野小町　錦　仁
藤原良房・基経　瀧浪貞子
菅原道真　竹居明男
*紀貫之　神田龍身
源高明　所　功
*安倍晴明　斎藤英喜
藤原実資　橋本義則
*藤原道長　朧谷　寿
藤原伊周・隆家　倉本一宏
藤原定子　山本淳子
紫式部　竹西寛子
和泉式部　ツベタナ・クリステワ
大江匡房　小峯和明
*阿弖流為　樋口知志
坂上田村麻呂　熊谷公男
*源満仲・頼光　元木泰雄
平将門　西山良平
藤原純友　寺内　浩
空　海　頼富本宏
最　澄　吉田一彦
円　珍　岡野浩二
*空　也　石井義長
奝　然　上川通夫
*源　信　小原　仁
慶滋保胤　吉原浩人
*後白河天皇　美川　圭
式子内親王　奥野陽子
建礼門院　生形貴重
藤原秀衡　入間田宣夫
平時子・時忠　元木泰雄
平維盛　根井　浄
守覚法親王　阿部泰郎
藤原隆信・信実　山本陽子

鎌倉

源頼朝　川合　康
*源義経　近藤好和
源実朝　神田龍身
後鳥羽天皇　五味文彦
九条兼実　加納重文
九条道家　上横手雅敬
北条時政　野口　実
熊谷直実　佐伯真一
*北条政子　関　幸彦
北条義時　岡田清一
曾我十郎・五郎　杉橋隆夫
北条時頼　山本隆志
北条時宗　近藤成一
安達泰盛　山陰加春夫
平頼綱　細川重男
竹崎季長　堀本一繁
西　行　光田和伸
藤原定家　赤瀬信吾
*京極為兼　今谷　明
*兼　好　島内裕子
重　源　横内裕人
*運　慶　根立研介

快慶　井上一稔
法然　今堀太逸
慈円　大隅和雄
明恵　西山厚
親鸞　末木文美士
恵信尼・覚信尼　西口順子
覚如　今井雅晴
*道元　船岡誠
叡尊　細川涼一
忍性　松尾剛次
*日蓮　佐藤弘夫
一遍　蒲池勢至
*宗峰妙超　竹貫元勝

南北朝・室町

後醍醐天皇　上横手雅敬
護良親王　新井孝重
*赤松氏五代　渡邊大門
*北畠親房　岡野友彦
楠正成　兵藤裕己
*新田義貞　山本隆志
*光厳天皇　深津睦夫
足利尊氏　市沢哲
佐々木道誉　下坂守
円観・文観　田中貴子
足利義詮　早島大祐
足利義満　川嶋将生
足利義持　吉田賢司
足利義教　横井清
大内義弘　平瀬直樹
伏見宮貞成親王　松薗斉
山名宗全　山本隆志
細川勝元・政元　古野貢
日野富子　脇田晴子
世阿弥　西野春雄
雪舟等楊　河合正朝
宗祇　鶴崎裕雄
*満済　森茂暁
一休宗純　原田正俊
蓮如　岡村喜史

戦国・織豊

北条早雲　家永遵嗣
*毛利元就　岸田裕之
毛利輝元　光成準治
*今川義元　小和田哲男
*武田信玄　笹本正治
*武田勝頼　笹本正治
*真田氏三代　笹本正治
*三好長慶　天野忠幸
*宇喜多直家・秀家　渡邊大門
*上杉謙信　矢田俊文
島津義久・義弘　福島金治
長宗我部元親・盛親　平井上総
吉田兼倶　西山克
山科言継　松薗斉
*雪村周継　赤澤英二
正親町天皇・後陽成天皇　神田裕理
織田信長　三鬼清一郎
豊臣秀吉　藤井讓治
*北政所おね　田端泰子
*淀殿　福田千鶴
前田利家　東四柳史明
*黒田如水　小和田哲男
*蒲生氏郷　藤田達生
*細川ガラシャ　田端泰子
伊達政宗　伊藤喜良
*支倉常長　田中英道
*長谷川等伯　宮島新一
顕如　神田千里
教如　安藤弥

江戸

徳川家康　笠谷和比古
*徳川家光　野村玄
徳川吉宗　横田冬彦
*後水尾天皇　久保貴子
光格天皇　藤田覚
崇伝　杣田善雄
春日局　福田千鶴
宮本武蔵　渡邊大門
*池田光政　倉地克直
保科正之　八木清治
シャクシャイン　岩崎奈緒子
*田沼意次　藤田覚
*二宮尊徳　小林惟司
末次平蔵　岡美穂子
*高田屋嘉兵衛　生田美智子
*林羅山　鈴木健一
吉野太夫　渡辺憲司
中江藤樹　辻本雅史
*山崎闇斎　澤井啓一
山鹿素行　前田勉
*北村季吟　島内景二
伊藤仁斎　澤井啓一
貝原益軒　辻本雅史
松尾芭蕉　楠元六男
*ケンペル　B・M・ボダルト＝ベイリー
新井白石　大川真
荻生徂徠　柴田純
*雨森芳洲　上田正昭
石田梅岩　高野秀晴
前野良沢　松田清
平賀源内　石上敏
本居宣長　田尻祐一郎
杉田玄白　吉田忠
木村蒹葭堂　有坂道子
*大田南畝　沓掛良彦
菅江真澄　赤坂憲雄
*鶴屋南北　諏訪春雄
良寛　阿部龍一
*山東京伝　佐藤至子
*滝沢馬琴　高田衛
平田篤胤　山下久夫
シーボルト　宮坂正英
本阿弥光悦　岡佳子
小堀遠州　中村利則
狩野探幽・山雪　山下善也
尾形光琳・乾山　河野元昭
*二代目市川團十郎　田口章子
与謝蕪村　佐々木丞平
伊藤若冲　狩野博幸
鈴木春信　小林忠
円山応挙　佐々木正子
*佐竹曙山　成瀬不二雄
葛飾北斎　岸文和
酒井抱一　玉蟲敏子
孝明天皇　青山忠正
*和宮　辻ミチ子

徳川慶喜　大庭邦彦
島津斉彬　原口　泉
＊古賀謹一郎　小野寺龍太
永井尚志　高村直助
＊栗本鋤雲　小野寺龍太
西郷隆盛　家近良樹
＊塚本明毅　塚本　学
＊月　性　海原　徹
＊吉田松陰　海原　徹
＊高杉晋作　海原　徹
久坂玄瑞　一坂太郎
ペリー　遠藤泰生
ハリス　福岡万里子
オールコック　佐野真由子
アーネスト・サトウ　奈良岡聰智
緒方洪庵　米田該典
冷泉為恭　中部義隆

近代

＊明治天皇　伊藤之雄
＊大正天皇　F・R・ディキンソン
＊昭憲皇太后・貞明皇后　小田部雄次
大久保利通　三谷太一郎
山県有朋　鳥海　靖
木戸孝允　落合弘樹
井上　馨　伊藤之雄
＊松方正義　室山義正
北垣国道　小林丈広
板垣退助　小川原正道
長与専斎　笠原英彦
大隈重信　五百旗頭薫
伊藤博文　坂本一登
井上　毅　大石　眞
＊井上　勝　老川慶喜
＊桂　太郎　小林道彦
渡辺洪基　瀧井一博
＊乃木希典　佐々木英昭
＊児玉源太郎　小林道彦
＊高宗・閔妃　木村　幹
山本権兵衛　室山義正
＊金子堅太郎　松村正義
高橋是清　鈴木俊夫
小村寿太郎　簑原俊洋
＊犬養　毅　小林惟司
＊加藤高明　櫻井良樹
加藤友三郎・寛治　麻田貞雄
牧野伸顕　小宮一夫
田中義一　黒沢文貴
内田康哉　高橋勝浩
石井菊次郎　廣部　泉
平沼騏一郎　堀田慎一郎
鈴木貫太郎　小堀桂一郎
宇垣一成　北岡伸一
＊宮崎滔天　榎本泰子
＊浜口雄幸　川田　稔
幣原喜重郎　西田敏宏
関　一　玉井金五
水野広徳　片山慶隆
広田弘毅　井上寿一
安重根　上垣外憲一
＊グルー　廣部　泉
＊永田鉄山　森　靖夫
東條英機　牛村　圭
今村　均　前田雅之
蔣介石　劉　岸偉
石原莞爾　山室信一
木戸幸一　波多野澄雄
＊岩崎弥太郎　武田晴人
伊藤忠兵衛　末永國紀
五代友厚　田付茉莉子
大倉喜八郎　村上勝彦
＊安田善次郎　由井常彦
渋沢栄一　武田晴人
益田　孝　鈴木邦夫
山辺丈夫　宮本又郎
武藤山治　阿部武司・桑原哲也
西原亀三　森川正則
小林一三　橋爪紳也
大倉恒吉　石川健次郎
大原孫三郎　猪木武徳
＊河竹黙阿弥　今尾哲也
イザベラ・バード　加納孝代
＊林　忠正　木々康子
＊森　鷗外　小堀桂一郎
＊二葉亭四迷　ヨコタ村上孝之
夏目漱石　佐々木英昭
徳冨蘆花　半勝英明
巌谷小波　千葉信胤
樋口一葉　佐伯順子
＊島崎藤村　十川信介
泉　鏡花　東郷克美
上田　敏　小林　茂
＊有島武郎　亀井俊介
永井荷風　川本三郎
北原白秋　平石典子
菊池　寛　山本芳明
＊宮沢賢治　千葉一幹
正岡子規　夏石番矢
高浜虚子　坪内稔典
与謝野晶子　佐伯順子
＊種田山頭火　村上　護
＊斎藤茂吉　品田悦一
＊高村光太郎　湯原かの子
萩原朔太郎　エリス俊子
＊原阿佐緒　秋山佐和子
＊狩野芳崖・高橋由一　古田　亮
＊小堀鞆音　小堀桂一郎
竹内栖鳳　北澤憲昭
黒田清輝　高階秀爾
中村不折　石川九楊
横山大観　高階秀爾
＊橋本関雪　西原大輔
小出楢重　芳賀　徹
土田麦僊　天野一夫
岸田劉生　北澤憲昭
＊山田耕筰　後藤暢子
松旭斎天勝　川添　裕
中山みき　鎌田東二
佐田介石　谷川　穣
＊ニコライ　中村健之介
出口なお・王仁三郎　川村邦光
島地黙雷　阪本是丸
＊新島　襄　太田雄三
木下広次　冨岡　勝
海老名弾正　西田　毅
嘉納治五郎　クリストファー・スピルマン

柏木義円　片野真佐子
津田梅子　田中智子
*澤柳政太郎　新田義之
河口慧海　高山龍三
山室軍平　室田保夫
大谷光瑞　白須淨眞
*久米邦武　髙田誠二
フェノロサ　伊藤 豊
三宅雪嶺　長妻三佐雄
*岡倉天心　木下長宏
志賀重昂　中野目徹
徳富蘇峰　杉原志啓
竹越與三郎　西田 毅
内藤湖南・桑原隲蔵　礪波 護
岩村 透　今橋映子
*西田幾多郎　大橋良介
*金沢庄三郎　石川遼子
柳田国男　鶴見太郎
厨川白村　張 競
天野貞祐　貝塚茂樹
大川周明　山内昌之
西田直二郎　林 淳
折口信夫　斎藤英喜
辰野 隆　金沢公子
シュタイン　瀧井一博
*西 周　清水多吉
*福澤諭吉　平山 洋
福地桜痴　山田俊治
田口卯吉　鈴木栄樹
*陸 羯南　松田宏一郎
黒岩涙香　奥 武則
長谷川如是閑　織田健志
*吉野作造　田澤晴子
山川 均　米原 謙
*岩波茂雄　十重田裕一
*北 一輝　岡本幸治
*穂積重遠　大村敦志
中野正剛　吉田則昭
満川亀太郎　福家崇洋
*北里柴三郎　福田眞人
高峰譲吉　木村昌人
田辺朔郎　秋元せき
*南方熊楠　飯倉照平
寺田寅彦　金森 修
石原 純　金子 務
辰野金吾　河上真理・清水重敦
*七代目小川治兵衛　尼崎博正
ブルーノ・タウト　北村昌史

現代

昭和天皇　御厨 貴
高松宮宣仁親王　後藤致人
*李方子　小田部雄次
吉田 茂　中西 寛
マッカーサー　柴山 太
石橋湛山　増田 弘
重光 葵　武田知己
市川房枝　村井良太
*池田勇人　藤井信幸
高野 実　篠田 徹
和田博雄　庄司俊作
朴正煕　木村 幹
竹下 登　真渕 勝
*松永安左エ門　橘川武郎
鮎川義介　井口治夫
*出光佐三　橘川武郎
松下幸之助　米倉誠一郎
渋沢敬三　井上 潤
*本田宗一郎　伊丹敬之
井深 大　武田 徹
*佐治敬三　小玉 武
幸田家の人々　金井景子
*正宗白鳥　大嶋 仁
大佛次郎　福島行一
*川端康成　大久保喬樹
*薩摩治郎八　小林 茂
松本清張　杉原志啓
安部公房　鳥羽耕史
*三島由紀夫　島内景二
井上ひさし　成田龍一
R・H・ブライス　菅原克也
柳 宗悦　熊倉功夫
バーナード・リーチ　鈴木禎宏
イサム・ノグチ　酒井忠康
川端龍子　岡部昌幸
藤田嗣治　林 洋子
*井上有一　海上雅臣
*手塚治虫　竹内オサム
古賀政男　藍川由美
*吉田 正　金子 勇
武満 徹　船山 隆
*八代目坂東三津五郎　田口章子
*力道山　岡村正史
*西田天香　宮田昌明
安倍能成　中根隆行
サンソム夫妻　平川祐弘・牧野陽子
和辻哲郎　小坂国継
矢代幸雄　稲賀繁美
石田幹之助　岡本さえ
*平泉 澄　若井敏明
安岡正篤　片山杜秀
島田謹二　小林信行
田中美知太郎　川久保剛
前嶋信次　杉田英明
唐木順三　澤村修治
保田與重郎　谷崎昭男
*福田恆存　川久保剛
井筒俊彦　安藤礼二
小泉信三　都倉武之
*瀧川幸辰　伊藤孝夫
矢内原忠雄　等松春夫
*フランク・ロイド・ライト　大久保美春
大宅壮一　有馬 学
今西錦司　山極寿一

*は既刊
二〇一五年二月現在